JN188547

仏陀の修行法・四神足より

四神足瞑想法

湯田浩二
Kohji Yuda

仏陀の修行法としては、一般的に八正道(八聖道)が有名である。

この八正道は四念住(四念処)・四正断(四正勤)・四神足(四如意足)・五根・五力・七覚支・八正道(八聖道)の三十七道品とか三十七菩提分法と呼ばれてきた仏陀の修行法の一つである。

今回、第一弾としてその中の中核である四神足法に光を当てたい。

まえがき

約二五〇〇年前インドにおいて、ゴータマ・シッダッタという一人の修行者が三十五才という若さで「解脱」を成し遂げて、偉大な仏陀(ブッダ)になられた。

そして今も尚、仏教徒からは「お釈迦様」として信仰され、仏教徒以外の世界中の多くの人々からも尊崇されている。

仏陀が説かれた教え(法)は世界三大宗教の一つである「仏教」として日本にも伝わり、多くの宗派に分かれ、多くの経典が伝えられている。

仏陀が説かれた法には、解脱(輪廻を脱した境地、涅槃)へ導く教えと実践方法(修行法)がある。修行法の一つであり、かつ中心であるものは「四神足」という瞑想を主体とした修行法である。

今回紹介する「四神足瞑想法」は、仏陀の修行法である「四神足」を、宗教・宗派という立場からではなく、人間性を高めて日常生活に活用するという立場、心身ともに健康で充実した毎日を送るためという立場から解釈して編成したものである。

仏陀は、健康・仕事・生活上の悩みや苦しみを始めとして、人間関係を含めた全ての苦しみと不幸は、心の中にある煩悩(我)によってもたらされると説いている。

煩悩とは、電子計算機(コンピューター)で例えると、内蔵されているプログラムの一部に相当する。

煩悩とは、人間一人一人の心(意識)に内蔵されているプログラムのうち、怒り・憎しみ・怨み・羨望・畏れ・妄想・偏見・自己限定など自己中心の心の働きを作動させるプログラムである。

例えば、同じ場面・状況に遭遇しても、Ａさんは怒りや憎しみの感情が湧くが、Ｂさんは感謝の感情が湧くというように、心(意識)に内蔵されているプログラムに従って異なる感情が湧き、異なる行動を起こす。

Ｃさんは肯定的(プラス)に受け取り希望を持って積極的に行動するが、Ｄさんは否定的(マイナス)に受け取り希望を失って行動を中止するなど、心(意識)に内蔵されているプログラムに従って異なる判断をし、異なる選択をする。

心(意識)に内蔵されているプログラムの一部である我(煩悩)は、生まれてから現在までの行為、思考、思念が蓄積されて形成されたものだけではなく、前世の行為、思考、思念も蓄積されて形成されていると言われている。

そのため、今この瞬間の心の状態(思い)も、常に客観的に注意して改善しようと努めない限りは、心(意識)に内蔵されているプログラムの一部である我(煩悩)に従って形成されることになる。

人間の心は、非常に大きな力を秘めている。

人は今この瞬間の心の状態(思い)によって行動が形成され、そして人生(運命)が作られていく。

ここで注意しなければいけないのは、思いというのは今この瞬間でしか形成することが出来ないということである。

人が生きているのは、今この瞬間である。

一〇分経とうが、一年経とうが、今この瞬間を生きている。今この瞬間しか存在しない。

今この瞬間の心を、喜びや楽しさや感謝で満たし、周囲の人達の健康や幸せを願う思いで満たすことが、そのまま自分や周囲の人達の健康や幸せにつながる。

ところが煩悩が出ると、今この瞬間の心を憎しみや恨みや怒りで満たし、周囲の人達の健康や幸せを逆に損なうように行動してしまうのである。その結果、自分を含め周囲の人達を傷つけ苦しめてしまう。

仏陀は、そうした全ての苦しみと不幸のもとである煩悩(我)の危険性を指摘され、煩悩(我)を解消する方法を教えられた。その方法が、抜苦与楽(苦しみや不幸を除き、平安と幸せをもたらす)の仏陀の修行法である。

仏陀の登場

インド・アーリア人によりバラモン教が成立し、紀元前一二〇〇年～紀元前五〇〇年頃にかけ、バラモン教の聖典「ヴェーダ」が編纂される。現在のヒンズー教は、バラモン教から発展した。ヴェーダとは「知識」を意味し、ヒンズー教にも組み入れられ、現在もインド人の信仰や生活の中に根付いている。「ヴェーダ」の中で、人間は業(行ない)によって生まれ変わり、延々と生死を繰り返すと説かれている。これを「輪廻」という。

仏陀は、紀元前七～五世紀頃(諸説あるが、紀元前四六三年説が有力とされる)、シャカ族の王スッドーダナとその妻マーヤーのあいだに王子としてルンビニーで生まれ、ゴータマ・シッダッタと名付けられる。

十六歳でいとこのヤソーダラーと結婚し、二十九歳で城を出て出家者となり、解脱を目指す。そして、三十五歳で「解脱」を成し遂げたという。その後、四十五年にわたり自らの覚り(教えと修行法)を各地に伝える。八十歳の時、身体の衰えがひどく、死期が近いと感じた仏陀は故郷カピラヴァットゥへの最後の旅に出る。その途中のクシナガラの、沙羅双樹の下で入滅する。

仏陀の教え

三法印(諸行無常、諸法無我、涅槃寂静)がよく知られている。


「諸行無常」 全ての物は変化する。条件・原因次第で結果は変化する。

原因・条件(因縁という)で、全てが生じ起こる。これを、縁起(因縁生起)とも言う。


「諸法無我」 全ての物に実体(永遠に変化しないもの)はない。

全ての物は、存在(変化を伴う)はするが、実存(永遠に変化しない)ではない。


「涅槃寂静」 仏教においては輪廻を苦と捉え、輪廻から解脱することを目的とする。

なぜ輪廻するかというと、人間の心の奥には煩悩(我)というものがあるからだという。

煩悩(我)がある限り、人間は延々と生死を繰り返すことになるという。そして、輪廻から解脱した境地、煩悩の消え去った境地を「涅槃寂静」と説いている。

輪廻について

ヴェーダでは、ブラフマン(梵)は宇宙の本源であり宇宙の根本原理であり聖なる知性であり、宇宙の全ての存在に浸透しているとされている。全ての存在を存在ならしめ、全ての活動を背後で支えている唯一の実存であるとされている。また、アートマン(真我)は人間各個人(自己)の中心であり、ブラフマンと同一(等価)であるとされている。(梵我一如)

ヒンズー教は、解脱する前はブラフマン(梵)とアートマン(真我)をあたかも別個として認識している。仏教ではヴェーダでいうブラフマン(梵)とアートマン(真我)をまさに別個として認識し、輪廻において主体となる永遠不滅の我(アートマン)を否定している。何故なら、永遠不滅(恒常)ならば輪廻から永久に解脱(解放)できないからである。

ここで別の角度からみると、ブラフマンとアートマンと輪廻は次のようなものである。

① ヴェーダでいうブラフマン(梵)は唯一の実在であり、キリスト教やユダヤ教などの一神教では神と呼ばれ、宗教とは一線を画している知識人からは「宇宙法則」とか「真理」とか「宇宙意識」とか「大生命」などと呼ばれている。

② ヴェーダでいうブラフマン(梵)・唯一の実在を、ここでは「大生命」と称することにする。物質は根源的な元素によって構成されるが、それを成り立たせるものが「大生命」である。全ての物質、

生物、もちろん人間にも「大生命」が浸透しており、「大生命」が浸透しているからこそ全ての物質、生物、人間は存在することができる。「大生命」は宇宙の隅々まで浸透し、宇宙を構築し、全ての運動・行為も背後で支えている。

③　ブラフマン(梵)とアートマン(真我)は同じものであり、「大生命」のことを言っている。だからこそ、梵我一如が可能なのである。アートマン(真我)は、仏教が否定している「輪廻において主体となる永遠不滅の我」ではなく、仏教でいうところの「全ての人が仏陀になれる可能性を持っているという意味の仏性」「全ての人が等しく持っているという仏性」(一切衆生悉有仏性)のことを言っている。同一のものを別個と認識してしまうのがそもそも間違いではあるが、人間には各自に備わっている感情や感覚や執着などの心の働きによって、別個と認識してしまうことはどうしても避けることが出来ない。これが「無智」であり、輪廻の原因である。ブラフマン(梵)とアートマン(真我)は同じものなのである。ただ便宜上、人間におけるブラフマンをアートマンと言っているに過ぎない。あたかも、大海の表面のゆらぎ(小さな凹凸)を、便宜上、波と称しているのと同じである。波は大海の一部であり、大海そのものである。

仏陀の修行法

ゴータマ・シッダッタが目指し、三十五歳の時にそれを成し遂げて仏陀になられた方法「輪廻からの解放」すなわち「解脱」を達成するための方法について取り上げてみたい。

「解脱」を達成するための方法とは、煩悩(我)を解消する方法のことである。日常の心掛けや決まり事(戒律など)は、仏教、キリスト教を始めどの宗教も、また宗教を名乗らない各種の「充実した人生を目指す」実践団体、各種の公益財団も大差ない。例えば、殺さない、嘘をつかない、努力するなど

ここでは、仏陀が解脱を成し遂げた瞑想を主体とした実践方法(仏陀の修行法)について考察する。

仏陀の教えに最も近いとされる経典「阿含経」(ニカーヤまたはアーガマ)の中に、それはある。阿含経典の第四編である「雑阿含経」の中に、究極の目標である「解脱」に到達するための実践方法が集録されている。古来の仏教者たちは、その方法を「三十七道品」あるいは「三十七菩提分法」と称してきた。

即ち、四念住(四念処)・四正断(四正勤)・四神足(四如意足)・五根・五力・七覚支・八正道(八聖道)の七科の集計である。

七科あるのは、対機説法と同じく弟子達の能力や性格・気質に応じて指導したからである。基本的には、瞑想を主体とした修行法、日常の行動、心掛けを弟子の能力や性格・気質に応じて組替えたものと考えていい。修行の中心は、四神足という瞑想を主体とした修行である。

その修行法は、「雑阿含経」の中の「安那般那念経」に説かれている。

その内容は、「行息」＝気息を行(めぐ)らす　を中心とした十五種類の修行法である。

「内息」「外息」「入息」「出息」「行息」「身の行息・入息」「身の行息・出息」

「心の行息・入息」「心の行息・出息」「心の解脱入息」「心の解脱出息」
「滅入息」「滅出息」「身止息」「心止息」

各修行法の名称は列挙されてはいるが、その内容については「安那般那念経」には記載されてはいない。それは、当時の修行法は全て口承や実地指導で伝えられたためである。しかし、別のいくつかの経典の中には、修行法の内容について述べている個所もある。

「行息」＝気息を行(めぐ)らす　を中心としていることから、古代インド発祥の修行法であるヨガの一つ「ラージャ・ヨガ」と関係がある。ヨガは明確な起源は定かでないが、紀元前二五〇〇年〜前一八〇〇年のインダス文明に起源を持つ可能性が指摘されている。口承や実地指導により伝えられてきた。

おそらく、仏陀は修行時代にヨガも習得しており、それを取り入れて四神足という修行法を編成したものと考えられる。ヨガの内容は、紀元二〜四世紀頃にパタンジャリによって編纂された「ヨーガ・スートラ」で知ることができる。この中では、気息をプラーナと称している。

「行息」＝気息を行(めぐ)らす　を中心としていることから、中国の修行法である仙道の修行法とも関係がある。仙道の起源も定かでないが、仙道とヨガは酷似している所が多い。おそらく、ヨガが中国に伝わり、中国発祥の修行法に取り入れられて、中国の風土と風習の中で独自な形として発展していったものが、仙道の修行法であると考えられる。

仏陀の修行法の考察およびその再現化

仏陀の修行法は、実は取っつき易く、初心者でも習得できるようになっており、一つの段階を習得できると、次の段階の概要が自分自身でも自然に分かってくるように編成されている。まさしく、初心者（入門）の段階からの、体系的かつシステム的な修行法である。

今回、「安那般那念経」に記載されている仏陀の修行法をもとに、途中の段階までだが、トレーニングし易いように五つの課程からなる修行法に編成している。それが、次に紹介する四神足瞑想法の五つの課程である。

第一課程　‥「内息」「外息」をもとに、二つの段階で計六つの技法

第二課程　‥「入息」「出息」をもとに、二つの段階で計五つの技法

　第一課程と第二課程は、気功法に相当する。
　第三課程以降は、ヨガや仙道に特有な瞑想へと入っていく。

第三課程　‥「身の行息・入息」「身の行息・出息」の前半であり、
　　　　　　二つの段階で計五つの技法

第四課程：「身の行息・入息」「身の行息・出息」の後半であり、
「心の行息・入息」「心の行息・出息」の前半である。
計五つの技法

第三課程と第四課程において、ヨガで言うチャクラが開発される。

第五課程：「心の行息・入息」「心の行息・出息」の後半であり、
「心の解脱入息」「心の解脱出息」の前半である。
計六つの技法

第五課程において、クンダリニーが覚醒し、「明星」の発現がみられる。

「心の解脱入息」「心の解脱出息」の後半は、「滅入息」「滅出息」に向けての技法である。

「滅入息」「滅出息」は、「大生命」のもとに帰る技法と思われる。

「身止息」「心止息」は、「大生命」のもとに帰って「大生命」と一体となった境地(意識)というか、技法だと思われる。

さらには、「身止息」「心止息」は、「内息」「外息」から「滅入息」「滅出息」に至るまでの全ての修行を代表している言葉(名称)である。

第五課程までを「四神足瞑想法」と称して紹介している。

さらに、「心の浄化・強化法」についても、「四神足瞑想法」の主要課程として

基本課程

特別課程

応用課程

の計三課程を併せて紹介している。

再現化の一部紹介

第五課程の上級段階である「明星の発現技法」の一部を、筆者の体験を交えながら紹介する。

「明星の発現技法」は、【段階1】から【段階5】まである。

【段階1】から【段階4】は、段階ごとに手順1、手順2……と順を追って、実施方法を解説している。

【段階5】は、「明星の発現」に成功した時の発現状況と心理状況を解説している。

ここでは、【段階5】の一部を紹介する。

【段階5】明星の発現

意識がさらに深まった時、突然、揺れ動いていた光明が安定した光円となる。

（途中、省略）

光円は「満月」もしくは「夕暮れ時の太陽」といった感じで、約一m前方に、直径三〇㎝ほどの大きさで輝いている。まぶたを開けても閉じても輝いている。

（途中、省略）

すると、直径三〇㎝ほどの「満月」もしくは「夕暮れ時の太陽」は消えてゆき、同時に遠く彼方で瞬く本当の〝明けの明星〟のような「明星」が出現した。それと同時に、突然、ある音響が大きく聞こえ始めた。その音響は、滝とか渓流の音響と同じく、心をさらに安定させる。

（途中、省略）

明星の形態すなわち悉地（明星の発現技法の完成）の形態には、二種類あった。「満月」もしくは「夕暮れ時の太陽」と「明けの明星」の二種類である。

（途中、省略）

光明が「明星」になった瞬間、意識は「明星」にひとりでに溶け込んで一体となる。

（以下、省略）

明星の発現は、一定の方法・手順に従って瞑想を行なうと、必ず同じような生理・心理状態となり、同じ光明が発現する。

同じような現象は、弘法大師空海の著書の中や仙道の本の中にも見られ、密教の瞑想法を始めとする仏教の瞑想法の中に、この現象を様式化したと思われるものがある。

このことから、人間は誰でも瞑想を行ない習熟すると、このような現象を経験するものと思われる。

「四神足瞑想法」の特徴

(一) ヨガの聖典とも言われている「ヨーガ・スートラ」では、瞑想によって心の動きをしっかりと抑制することがヨガであるとされている。
　そのために、瞑想(精神集中)をするわけだが、精神集中への心理的過程を、制感・凝念・静慮・三昧の四つの段階に分けている。

　このうちの制感は身体的要素もあるので、凝念・静慮・三昧を特に瞑想の三段階と称している。第二段階の静慮(ディアーナ)は、中国では禅那と音訳し、略して禅と言う。静慮の瞑想法としては、まず「意識の集中」を行ない、その後に観想すなわち「意識の拡大」を行なう。その際の観想すなわち「意識の拡大」は意識的に行ない、その境地の獲得を目指している。

三昧は極限の境地であって、主観と客観とが一体となったものとされている。三昧(サマーディ)の瞑想法としては、具体的には記されていない。

(二) 仏教の一派である密教の瞑想法は、ヨガの瞑想法とは異なっているが、「意識の集中」を行ない、その後に観想すなわち「意識の拡大」を行なう手順は同じである。
　その際の観想すなわち「意識の拡大」は、静慮の瞑想法と同じように意識的に行ない、その境地の獲得を目指している。

㈢「四神足瞑想法」においても、「明星の発現技法」以外の瞑想法は、やはりヨガの静慮（ディアーナ）の瞑想法と同じように「意識の集中」を行ない、その後に観想すなわち「意識の拡大」を行なう。そして、その際の観想すなわち「意識の拡大」も意識的に行なう。

ただし、ヨガの静慮の瞑想法とは異なって、上級課程になるほど、気（のエネルギー）を用いて「意識の集中」を行ない、その後に気を用いて観想すなわち「意識の拡大」を行なう。

その理由は、例えば、「意識の集中」を行なう際、一つの対象物に集中することは、心身ともにリラックス状態に近づいてくるので、潜在意識の扉が開き易くなる。そうなると、心の奥（潜在意識）に記録されている様々な思い（記憶や煩悩）が心の表面（表層意識）に湧き出てくる。その時、心（意識）は、湧き出てきた様々な思い（記憶や煩悩）に、一瞬反射的に向いてしまう。そうなると、心（表層意識）と体（瞑想）に隙間ができるのである。その結果、湧き出てきた様々な思い（記憶や煩悩）に心（意識）がそのままとらわれてしまい、「意識の集中」は中断される。

様々な思い（記憶や煩悩）にとらわれないようにすることが出来るならば、「意識の集中」は中断されることはない。それを可能にするのが、気を用いての「意識の集中」なのである。気を用いての「意識の集中」は、「心（表層意識）と体（瞑想）に隙間ができるのを防止する」のである。

㈣「明星の発現技法」は、結果的には、同じように「意識の集中」から「意識の拡大」へと変化するが、しかし一つだけ異なっている。それは、「意識の集中」から「意識の拡大」への変化は、意識的に行なうのではなく、「明星」が発現すると同時にひとりでに行なわれる。すなわち、意識的に観想するのではなく、意識することなく行われる。意識することなく、主観と客観とが一体となる。そして、明星の発現までは、ただ意識を深く深く沈めていくのである。ひたすら、「意識の集中」だけを行なうのである。その際、気を用いて、「意識の集中」だけを行なうのである。

なぜそうすると、明星が発現するのかの明白な理由や理屈は分からない。ただ言えることは、「大生命」そのもの(全体像)は、知ることも説明することも決してできない。「大生命」は、心(人間)が作り出した観念(考え)や思想や心象(イメージ)では決してなく、今この瞬間において全ての生命を維持し、全ての存在を背後で支えている実在である。そのため、「大生命」に少しでも近づくためには、心(人間)が作り出す観念(考え)や思想や心象(イメージ)を全て排除する必要があるものと思われる。そうしない限りは、「大生命」に近づくことは決してできないからであろう。

「明星の発現技法」は、心(人間)が作り出す観念(考え)や思想や心象(イメージ)を全て排除する技法である。すなわち、「明星の発現技法」は、「大生命」に近づく方法の一つでもある。

(五) 尚、「四神足瞑想法」で紹介している瞑想法は、一般的に言われている瞑想法ではない。一般的な瞑想法は、常にある定まった流儀・型式に従うことが原則である。

しかし、常にある定まった流儀・型式に従うことは、自分の心を常にその流儀・型式に縛りつけ、その流儀・型式通りの自分の心、その流儀・型式によって限定された心を形造ってしまうことになる。本来あるべき瞑想法は、自分の心を限定することなく、捉われのない心で行なうべきである。

「四神足瞑想法」においては、各課程とも最初のうちは紹介している手順に従って訓練するが、訓練していくうちに自分に最も適した自分なりの技法が必ず見つかるようになる。

その段階になると、もう「四神足瞑想法」で紹介している手順(流儀・型式)に従う必要はない。それ以降は自分に最も適した自分なりの技法を行なっていけばよい。

(六)「四神足瞑想法」は、仏陀の修行法である「安那般那(アンナパンナ)」をもとに編成された修行法であり、「明星の発現」と「谷響の発現」の段階までを目標・テーマに取り上げて、その段階まで到達できるように編成したトレーニング法(修行法)であるが、しかし実際に行なって習得しない人にとっては単なる一つの理論とか仮説にしか過ぎない。

例えば、気功ができない人にとっては、第一課程と第二課程さえ単なる理論とか仮説にしか過ぎないし、気(のエネルギー)の存在さえ疑わしく、人によっては全く信じることができないものである。また、気功がある程度できる人にとっては、第一課程と第二課程はすぐに実施できる確固たる技術であるが、第三課程以上の上級課程は習得しない限りは単なる理論とか仮説にしか過ぎない。もし、熱心に「四神足瞑想法」を修練・修得するならば、各段階に到達した際の徴候(しるし)を体験することになる。

その徴候(しるし)とは、気の感知であり、チャクラの覚醒、クンダリニーの活動がそうであり、「明星」の発現と「谷響」の発現がそうである。場合によっては、クンダリニーの覚醒・上昇も同じくそうである。

そして何よりも、トレーニングが進むにつれて、怒りや憎しみなどの我(煩悩)がしだいに少なくなり我(煩悩)に悩まされることが少なくなること、すなわち心が平安になることが同じくそうである。心と体は密接な関係にあるので、いつのまにか心身ともに健全になり、充実した毎日を送るようになることがまさしくそうである。しかも、自分だけではなく、周囲の人達にも同じことが生じてくる。なぜなら、トレーニングが進むにつれて、今この瞬間の心を喜びや楽しさや感謝で満たすようになり、周囲の人達の健康や幸せを願う思いで満たすようになるために、それがそのまま周囲の人達の身の上にも現象化するからである。

人は誰でも、「幸せになりたい」、「人に愛されたい」、「健康でいたい」、「仕事で成功したい」と願っている。そうした願いが叶うようにと、宗教活動や助け合い運動などに参加したりもするし、ご利益がある神社や寺院に寄付したり、そこのお札やお守りを購入したりする。

その一方で、誰かを憎んだり、怒ったり、怨んだり、不幸を願ったり、復讐の思いを懐いている。「幸せになりたい」、「人に愛されたい」という同じ心(意識)で、誰かを憎んだり、怒ったり、怨んだり、不幸を願ったり、復讐の思いを懐いている。これは、とんでもない矛盾である。

そういう矛盾した心(意識)である限り、願いが叶う訳がない。心(意識)は、一度に二つのことを行なうことは出来ない。特に、相反する二つのことを同時に行なうことは決して出来ない。もし、「幸せになりたい」、「人に愛されたい」、「健康でいたい」、「仕事で成功したい」と願うならば、たとえ誰であろうとも、憎んだり、怒ったり、怨んだり、不幸を願ったりせずに、自分と同じように相手の幸せを祈り、相手を赦し、相手の健康や仕事の成功を祈るべきである。

熱心に「四神足瞑想法」を修練・修得するならば、怒りや憎しみなどの我(煩悩)が少なくなり、それが自然にできるようになってくる。今この瞬間の心を喜びや楽しさや感謝で満たすようになってくる。そして、それがそのまま周囲の人達の身の上にも現象化するようになる。

これこそが、「四神足瞑想法」の最大の特徴である。

目次

第一章　仏陀の生涯と仏教の成立

第一章　仏陀の生涯と仏教の成立

仏陀の登場以前

アーリア人(インド・ヨーロッパ語族)は、今のイラン周辺の中央アジアで遊牧をしていた。彼らの古宗教の起源は紀元前三〇〇〇年とも二〇〇〇年とも言われており、現世を善悪の戦いの場だとするもので、ゾロアスター教やバラモン教、ヒンズー教、仏教に影響を与えた。例えば、バラモン教とヒンズー教の神として有名なインドラは、紀元前十四世紀には既に中央アジアで信仰されていたという。

紀元前一五〇〇年頃、アーリア人(インド・ヨーロッパ語族)は二つに分裂したという。理由は判然としない。

紀元前一五〇〇年頃から、分裂した片方のアーリア人(インド・ヨーロッパ語族)が、インド北西部のパンジャーブ地方に侵入し、先住民族(トラヴィタ族)を征服・同化しながら、紀元前六〇〇年頃にはインド全土、スリランカにまで居住範囲を広げる。

古代においては民族移動など多人数による遠隔地への居住移動は、現代よりもむしろ容易であったと思われる。自然災害や他民族による迫害を避ける目的や、気候がより快適で、農耕に適した肥沃な土地、果実植物が生い茂り野生動物も多い狩猟に適した生活し易い土地を求めて、遠隔地まで移動していった。

その過程で、先住民族と同化したり、時と場合によっては征服したりして人種の混血や技術・文化の伝播や交流が行なわれていった。

現代においては、世界のどの地域においてもそれぞれに国がある。そして古代と違って人口が多く、余程の秘境や山林やジャングルの奥地でない限り、人が住めそうな所には町や村落が出来ていて、土地は誰かが所有している。そこでは国境線により領土領海を明確に区分しており、国境線を越えるためには法に定めた身分証を提示し必要な条件をクリアーしなければならない。自由勝手に国境線を越えることはできない。

しかし、古代においてはそういう手続きや条件はなかった。人口も少なく、至る所が空き地であり、どこにも誰にも属さない土地や海が圧倒的に多く、人々は生活するのに条件がいい場所(新天地)を求めて移動し定住してきた。

現代人の感覚からすると、中東とインドは数千キロも離れており、歩いて行くには遠すぎると感じる。今は歩いて行くのはせいぜい数キロ先までであり、それ以上は車を利用し、数百キロ以上は列車か航空機を利用している。特に、周囲を全て海に囲まれた日本人の感覚からすれば尚更そう思ってしまう。しかし、中東とインドは陸続きであり、歩いて行くことができる。移動が歩くしか手段がなかった時代は、数千キロ先でも工夫して歩いて行った。例えば、一日十㎞で三〇〇日歩けば、三〇〇〇㎞の距離を移動することができる。天候や食料確保、その他色々な事情で移動できない日があっても、年月をかければ移動できるのである。このようにして、人類は発祥の地と言われるアフリカ大陸からユーラシア大陸を横断し、アリューシャン列島を渡ってアメリカ大陸まで、そして地球全体へと居住範囲を拡げていったのである。

そしてインドにもヨーロッパや中東から多くの人が移住し、それに伴ない宗教や思想、技術、食文化などあらゆるものが流れ込んできた。

そして年月が経過するにつれて、人種も混ざり合い、その土地の風土や風習に同化しながらそれぞれの宗教や思想、技術、文化が形成されてきたものと思われる。

インドにおいて、アーリア人と先住民族(トラヴィタ族)が混血したインド・アーリア人により、バラモン(神官階級)を最高位とした四つの階級制度とバラモン教が成立する。四つの階級制度が、現在のヒンズー教にみられるカースト制度の起源である。

なお、バラモン教もヒンズー教もヨーロッパ人学者が命名したもので、学問上の区別名称が必要なために付けたものであり、当時自らそう名乗っていたわけではない。

古代宗教に名前などなく、古代人は自分たちの神を勝手に信じているだけで、何々宗教という概念はなかった。最初期の仏教もまた同じくそうであったと思われる。


紀元前一二〇〇～紀元前五〇〇年頃にかけ、バラモン教の聖典「ヴェーダ」が編纂される。ヴェーダとはサンスクリット語で「知識」や「智慧」を意味し、ヒンズー教にも組み入れられ、現在もインド人の信仰や生活の中に根付いている。「ヴェーダ」の中で、人間は業(行ない)によって生まれ変わり、善行をすれば喜びが多い境涯に、悪行をすれば苦しみの多い境涯になり(これを因果応報という)、延々と生死を繰り返すと説かれている。これを「輪廻」という。

また「ヴェーダ」の中で、宇宙の根本原理であるブラフマン(梵)と個人存在の根源であるアートマン(真我)が同一であること(梵我一如)を覚ることで、輪廻から解放されると説かれている。これを「解脱」という。「解脱」は、憎しみや怨みや苦しみや悩みなどの煩悩の束縛から解放されて、安らかな境地(覚り)に達することと一般的にはよく説明される。「ヴェーダ」は長い期間をかけて口承伝達され、インドにおいては十四世紀後半になって文字で記されるようになったという。

仏陀活躍の同時期、紀元前六世紀以降、ガンジス川中流域で、沙門と呼ばれるバラモン教以外の多くの出家者いわゆる自由思想家が現れ、多くの教団が生まれた。その中で、代表的な六人として、六師外道が有名である。因果応報否定論者、唯物論者、懐疑論者などがいる。尚、外道とは、仏教の立場から見て、異なった思想・間違った思想を意味している。

仏陀の登場

仏陀は、紀元前七~五世紀頃(諸説あるが、紀元前四六三年説が有力とされる)、シャカ族の王スッドーダナとその妻マーヤーのあいだにシャカ族の王子としてルンビニーで生まれ、ゴータマ・シッダッタと名付けられる。

ゴータマは「最上の牛」を意味する言葉であり、シッダッタは「目的を達したもの」という意味である。生後一週間で母のマーヤーは亡くなり、その後は母の妹、マハープラジャパティーによって育てられた。シャカ族は、インドと言ってもヒマラヤ山脈の南麓地方(現在のネパール領付近)に居住していた部族であり、モンゴル系の人種であったとする説もある。もしかしたら、アーリア人とモンゴル系の人種が混血していた可能性もある。

誕生時に、運命を鑑定できるアシタという仙人が、「将来、王子が王位を継いだら世界を統一する偉大な王(転輪聖王)になるが、もし出家したら解脱を成し遂げて偉大な宗教指導者(仏陀)になるとスッドーダナ王に告げた」と言われている。

そこで、王子が出家の道を選ばぬように、スッドーダナ王は様々な方策を尽くした。そのため、宮殿の中で何不自由のない生活を送り、幼少時よりヴェーダを中心とした学問、刀や弓などの武芸を習い、その全てにおいて並外れた才能を示したという。

十六歳でいとこのヤソーダラーと結婚し、息子ラーフラが生まれる。そして、有名なエピソードである四門出遊をきっかけに、出家への思いが募る。

四門出遊とは、

世の中からかけ離れた生活を送っていたシッダッタは、ある日、馬車に乗って遊園に赴くために東の城門を出ると、初めて老人を見かけた。老人の存在を知り、人間は誰でも老人になることを知って思い悩む。

また別の日、南の城門を出ると、初めて病人を見かけた。病人の存在を知り、人間は誰でも病人になることを知って思い悩む。

さらに別の日、今度は西の城門を出ると、初めて死者を見かけた。死の存在を知り、人間は誰でも死んでいくことを知って思い悩む。

こうして、老・病・死を知ることで、四苦(生きる上での苦、老いる苦、病気になる苦、死ぬという苦)について思い悩む。ここでいう「苦」とは、「苦しみ」という意味よりも、「思うようにならないこと」という意味に近い。

そして別の日、今度は北の城門を出ると、初めて出家修行者を見かけた。出家修行者の話を聞いて、四苦を解決するために出家への思いが募る。

二十九歳で、城を出て出家者となる。名声の高い師を求め、教えを請うために各地を訪ね歩いたという。二人の師が特に有名で、一人はアーラーラ・カーラーマといい、禅定によって「無所有処」という三昧の境地に達していたという。

シッダッタは、この師のもとですぐに「無所有処」という三昧の境地に達したという。しかし、それだけでは煩悩を解消・消滅することは出来ないことを悟った。

次にウッダカ・ラーマプッタを訪れた。ウッダカ・ラーマプッタは、禅定によって「非想非非想処」という三昧の境地に達していたという。

シッダッタは、この師のもとでもすぐに「非想非非想処」という三昧の境地に達したという。ここでも、それだけでは煩悩を解消・消滅することは出来ないことを悟った。

シッダッタの求めていたものは「輪廻からの解脱」であり、これらに満足しなかった。当時インドでは、禅定を行なう修行法と肉体を極限まで痛めつける苦行という修行法が主流だった。そこでシッダッタは、禅定に続いてもう一つの修行法である苦行を行なう。

六年間、他の誰も成し得ない過酷な苦行で、骨と皮だけの身体になったという。その苦行というのは、一日に胡麻と麦を一粒ずつだけしか食べないという修行、長時間息を止める修行などが伝えられている。

六年経ったある日、自分が求める真理は極端な苦行では到達できるものではないと悟り、苦行を止める。そして、ネーランジャラー川の岸で、セーナ族の村長の娘スジャータから乳粥を供養され、それを食し体力が回復する。

ネーランジャラー川の西岸の一本の菩提樹の下で、東側を向いて深い瞑想に入り、満月の夜に真理(覚り)に到達したという。その際、六つの神通力を得たという。神境通、天眼通、天耳通、他心通、宿命通、漏尽通という。

仏陀は三十五歳で覚りを開いてから、四十五年にわたり、自らの覚りを各地に伝えた。そして、十大弟子を始めとして多くの弟子達を育て、彼らを覚りへと導いた。

八十歳の時、身体の衰えがひどく死期が近いと感じた仏陀は、アーナンダをはじめ数人の弟子達とともに故郷カピラヴァットゥへの最後の旅に出る。その途中のクシナガラの、沙羅双樹の下で入滅する。その時、アーナンダに次のように最後の説法をされたという。

「私がいなくなっても心配する必要はない。真理の法は不滅なので、自らを燈明とし、自らを拠り所としなさい。法を燈明とし、法を拠り所としなさい。ほかのものを拠り所としてはいけない。」

仏教の広がり

仏陀の死後、その教え(法)と戒律は各地に伝えられ、様々に解釈され、さらに土着信仰、民族信仰やヒンズー教などと融合しながら発展し広がっていく。

法‥輪廻を脱した境地(涅槃)へ導く教えと実践方法
戒‥個人(出家者、在家信者)が自発的に行なう規範、殺さない、嘘をつかないなど
律‥教団の秩序を守るための出家者の規則

仏陀はその教えを各地で説いたが、何も書き残さなかった。仏陀が語った言葉は、古代マガダ語と言われている。

仏陀の入滅直後、五〇〇人の弟子がラージャガハ(王舎城)の七葉窟に集まり、仏陀が説いた教えと戒律が確認される。十大弟子のマハーカッサパ(摩訶迦葉)が座長になり、アーナンダ(阿難)が記憶していた仏陀の教法を口述し、それを弟子達全員でその記憶が正しいかどうかを議論して教法はもとめられた。その教えが「経」であり、如是我聞(私はこのように聞いた)で始まる。

これを第一結集という。

「経」は、数百年間、口承で伝えられたという。

紀元前一〇〇年頃、口承で伝えられた「経」は、スリランカで初めてパーリ語の経典「ニカーヤ」(「アーガマ」ともいう)として編纂される。「ニカーヤ」の一部は中国に伝えられ漢訳されて、「阿含経」と呼ばれる。

仏陀入滅約一〇〇年後、仏陀が説いた教えのみを正当と主張する「上座部」(上座部仏教)と、時代に応じて伝統を改変すべきと主張した「大衆部」(大乗仏教)に分裂する。(紀元前二八〇年頃)

上座部仏教はスリランカを経て、東南アジアのタイ、ミャンマーなどに広がる。(南伝仏教)

大乗仏教は中国を経て、チベット、韓国、日本などに伝わる。(北伝仏教)

そして七世紀頃、インドでヒンズー教の影響を受けた密教が興り、チベット、ブータン、中国、韓国、日本に伝わる。

チベットでは、密教が民族信仰と融合してチベット仏教となり、八世紀に国教となってから現在にいたるまで、大多数のチベット人が信仰している。

仏陀の教えに近いとされる経典を持つ上座部仏教に対抗するため、大乗仏教は自らの正当性を主張する必要性があって、仏陀の教えに正当性を織り込んだ独自の大乗経典を創作する。

その際、ゾロアスター教やバラモン教、ヒンズー教なども参考にし、取り入れている。ゾロアスター教の至高神アフラ・マズダは六道輪廻の世界の一つである修羅界の王の阿修羅となり、バラモン教とヒンズー教の神インドラは同じ六道輪廻の世界の一つである天界の王の帝釈天として、ともに仏教の守護神として信仰されている。

紀元前一〇〇年頃からインドで仏教が衰退する十三世紀までの一四〇〇年間で、八万四〇〇〇と言われる膨大な大乗経典が創作される。

また、それらの経典をもとに多くの解説書が生まれ、それぞれの思想が理論的に展開された。色即是空で有名な「空思想」、誰もが仏陀になる可能性を秘めているとする「如来蔵思想」、すべては意識(心)から生まれるという「唯識思想」などが説かれた。

仏陀の教え

仏陀の教えの多くは、仏陀の弟子達および後世の仏教者達によって体系化されていった。その中から、よく知られている代表的な教えをいくつか挙げる。

『三法印』(諸行無常、諸法無我、涅槃寂静)

『四苦八苦』

「仏陀の教えは人生は苦であると説かれているので、マイナス思考の教えとか希望が見えない暗い教えである」と説明する有識者もいるが、そうではない。仏陀は人生において喜びや楽しさもあるが、それればかりではなく煩悩があるから必ず苦しみに出会うのだと説き、それを避けるためには煩悩を解消すればよいと説いた。そして、苦の原因が煩悩(我)であることを多くの例え話で説明された。さらに、煩悩(我)を解消・消滅させる方法(成仏法)も同時に教えられた。

ここでの苦は、「苦しみ」という意味よりも、「思うようにならないこと」という意味に近い。「娑婆(しゃば)世界」という言葉を聞いたことがあると思うが、娑婆というのは仏教ではこの世(現世)のことを意味する。サンスクリット語のサハーの漢訳(音訳)である。その意味する漢訳(意訳)は、「堪忍(かんにん)」と言って耐え忍ぶことである。この世は、苦の世界(なかなか思うようにならない世界)だからこそ、憎しみや怨みなどの煩悩(我)が生じ、その結果苦しむことになるが、逆にそうであるからこそ思い通りになった時や願いが叶った時には喜びや楽しさが湧いてくる。すなわち、この世界は「苦の世界」であるからこそ耐え忍ばなければならないことが多いかもしれないが、そうであるからこそ喜びや楽しさも味わうことができる「喜怒哀楽の世界」なのである。

『四苦』　生・老・病・死の根源的な苦である。

『八苦』　四苦に、社会生活を営む上で避けることが出来ない四つの苦を加えたものをいう。それは、

「愛別離苦」　誰でも、いつかは愛する人と別れなければならない。親兄弟、夫婦、恋人、友人で

あろうと、死別の場合もあるし、生き別れの場合もあるが、どんなに愛している人ともいつかは別れなければならない。その苦をいう。

「怨憎会苦」　顔を見るのも嫌な相手とか憎い相手とか、会いたくない人とも会わなければならない。その苦をいう。

「求不得苦」　人は欲望や欲求があるために、生まれてから死ぬまでずっと求め続ける。しかし、求めて得られるものはわずかであり、多くのものが得られない。その苦をいう。

「五蘊盛苦（ごうんじょうく）」　そうなると、人間の存在そのものが苦であるということ。全ての存在は、それ自身だけで独立した不変の存在ではありえない。人間も色（肉体）・受（感覚）・想（観念）・行（意志）・識（認識）の五つの構成要素（五蘊）で成り立っているとされた。

『四聖諦（四諦）』

よく、「苦集滅道」と言われることが多い。これは、「解脱」へのプロセスを説いたものであり、現実の様相とそれを解決する方法を説明したものである。

四聖諦の「諦」は「真理」を意味しており、「四つの聖なる真理」という意味である。四諦はその簡略形である。

「苦諦」（苦という現実の様相を示す真理）

この世は苦の世界であり、人は誰でも苦の人生を歩んでいることをいう。

「集諦」（苦の原因という真理）

苦には様々な原因の集まりがあることをいう。または、苦の原因となるものを集めるために、苦が生じることをいう。

「滅諦」（苦の消滅という真理）

そこで、苦の原因を消滅させれば、苦が消滅することをいう。

「道諦」（苦の消滅を実現するという真理）

苦の原因を消滅させる方法(解脱への道、仏道)があることをいう。

『業』

「業」の思想は、仏教成立以前から古代インドにあった思想であり、「行為」を表わす。仏教もまた「業」の思想を取り入れている。

自分の行為の結果は、必ず自分自身に現れるという考えを「自業自得」という。良い行ない(善行)は幸せな果報をもたらすことを「善因楽果」といい、悪い行ない(悪行)は不幸な苦しみの果報をもたらすことを「悪因苦果」という。

そして、人は永遠に生死を繰り返すという考え方と結びつき、現世の境遇は前世の行為の結果であり、現世の行為は現世の境遇を決めるだけではなく、来世の境遇も決めるというのが「輪廻」思想である。

空についての考察

宗教関係書や講演等において説明される「空」は、「縁起」や「無我」のことを言っていることが多い。色(物質)は存在はするが原因・条件しだいで変化するので、実存(永遠に変化しない)ではない。これを「空」という。と説明されることが多い。

仏教における「空」は、サンスクリット語のシューンニャの訳で、「実体がないこと」、「無我」という意味である。

ここで、筆者が考察した「空」を述べたい。

寺院で見かける五輪塔は五段になっており、上から順に「空・風・火・水・地」を象徴している。この「空・風・火・水・地」は、古代インドにおいて、宇宙の構成要素・元素と考えられ五大と称された。仏教でもまた同じである。

仏陀は王子時代に「ヴェーダ」を中心とした学問を習い、人並外れた才能を示したと伝えられているので、五大も当然習っていると思われる。

現代においては、ほとんどの人は「風・火・水・地」が宇宙の構成要素・元素であるとは思っていない。ましてや、ウパニシャッド哲学に代表される「ヴェーダ」を完成させた天才的な古代インドの賢人達が、「風・火・水・地」を宇宙の構成要素・元素と考えていたとはとても考えられない。

筆者は、古代インドの賢人達が宇宙(万物)の構成を、「空・風・火・水・地」で代表して表現したものであると考えている。

例えば、「地」は固体を代表し、「水」は液体を代表している。

「火」と「風」は気体を代表しているが、「火」は目に見える気体を、「風」は目に見えないさらに微細な気体として代表している。

そこで「空」だが、これは固体・液体・気体として存在する物質を構成する根本的な元素もしくはエネルギーを表現しており、それは決して知覚できないもので、宇宙全体に遍満している。条件が整えば、何もなかった空間から「空」という根本元素もしくはエネルギーが凝集して物質が生じる。この知覚できない根本元素「空」は、全宇宙に隈なく存在しており、不始不終であり、不生不滅であり、不垢不浄であり、不増不減である。

「空」は従来考えられていたように、決して「実体がないこと」の意味ではない。インド、ギリシャ、ローマ、中東、中国の古代(紀元前)の賢人達(学者)は、現代の宗教や哲学、自然科学、数学の全ての基礎を完成させたと言ってもいいほどの天才達である。現代の各分野の天才達に比べても、優るとも劣らない天才達だった。

そんな天才的な古代インドの賢人達により、宇宙の構成要素・元素と考えられ五大と称された「空・風・火・水・地」である。

五大のうちの「風・火・水・地」は、実体があり、そして知覚できるものである。そのため、五大のうちの「空」についても必ず実体があるものとして仮定したはずである。ただし、微細すぎて知覚できないものなので、特殊な名称を付けたはずである。

例えば、「実体は決して知覚できないもの」という意味を表す名称など。現代の物理学における素粒子も、仮説だけで存在はまだ最新の科学でも証明されていないものがあるが、名称はきちんと付けられている。

もしかすると、「空」の名称は、時が経つうちに「実体は決して知覚できないもの」という意味の名称から「実体がないこと」を意味する名称に変化したと考えられなくはない。

「空」は、固体・液体・気体として存在する物質を構成する根本的な元素もしくはエネルギーを表現しており、それは決して知覚できないものである。

よって、すべての物質(色)は存在はするが、原因・条件に応じて固体・液体・気体と様々に変化する。実存(永遠に変化しない)ではない。(縁起)

そして、それは知覚できない根本元素「空」によって構成されている。(色即是空)

知覚できない根本元素「空」から、すべての物質(色)は生じる。(空即是色)

知覚できない根本元素「空」は、今や荒唐無稽の話ではなくなっている。

二〇一二年、宇宙に遍満する「素粒子に質量をあたえる素粒子」ヒッグス粒子の発見のニュースが世界を駆け巡った。

ヒッグス粒子とは素粒子という自然界の最小単位の一つであり、真空に遍く存在し、「素粒子の質量の起源」と考えられている素粒子のことをいう。

素粒子は、素粒子に質量をあたえるヒッグス粒子以外に、電子・クォーク・ニュートリノなど物質を形づくる素粒子、光子など力を伝える素粒子に大別されるという。

これらは、「宇宙は、小さな灼熱の宇宙が大爆発を起こして誕生した」とする現代宇宙論の「ビッグバン宇宙論」を基礎としている。

また、最近の研究によると、宇宙の成分の約二十三%は知覚できない物質(ダークマター)であり、約七十三%は知覚できないエネルギー(ダークエネルギー)で、我々が星、星雲、ガスなどとして知覚できるのは、わずか四%しかないという。

アインシュタインが、質量はエネルギーと等価であるといい、エネルギーが遍満する空間から物質が生まれる可能性を示した。

相対性理論の有名な公式「E=m×C×C」で、その可能性を示した。

Eはエネルギー、mは質量、Cは光速度を意味し、質量に光速度の二乗を掛けたものが、エネルギーに等しいことを表わしている。

逆に、質量からエネルギーが生まれることを利用したのが、ウランの核分裂反応による原子力発電である。

核分裂反応により、ウランの約〇・一％の質量が膨大な原子力エネルギーに変換する。もし、一円玉五枚分(五g)の質量が全てエネルギーに変換することができるならば、東京ドーム一杯分の二〇℃の水を摂氏一〇〇℃の熱湯にすることが可能だという。

しかし、近年の研究によれば、情報がエネルギーと等価であり、情報のエネルギーの取り出し方が物理空間でも可能であるという。

質量は、エネルギーの一つの状態であるという。

この理論によると、心や思念という情報からエネルギー・物質は生まれることが可能である。

言葉という情報からエネルギー・物質は生まれることが可能である。

ヨハネによる福音書一章一節の
「初めに言葉があった。言葉は神と共にあった。言葉は神であった」

は、荒唐無稽の話ではなくなっている。

輪　廻

古代インドの賢人達が目指していた「輪廻からの解脱」をゴータマ・シッダッタも目指し、三十五歳の時にそれを成し遂げて仏陀になられた訳だが、この輪廻について考えてみたい。

(一) ヒンズー教の「輪廻」観

前世の信心と業(カルマ、行為)により現世の運命が決まっており、現世の信心と業(カルマ、行為)により来世の運命が決まると主張する。そして、信心と業によりカースト制度の位階も決まると主張する。ある行為(原因)が行なわれると、それに応じた結果が生じる。それだけに止まらず、行為は何らかの余力を残して、次の生(来世)においても影響を及ぼすとされた。すなわち、現世の人生は、前世の行為の結果であり、行為(カルマ)は輪廻の原因とされた。

そして輪廻の主体は身体の中にあって、他人と区別しうる不変の実体(霊魂のようなもの)であるアートマンと考えられ、真我と漢訳された。

アートマンは宇宙の真理であるブラフマン(梵)が本体なのに、輪廻するうちに業(カルマ)によって穢されたもので、輪廻する存在であるとされている。アートマン(真我)の穢れをなくしてブラフマン(梵)と一体化することが解脱とされ、梵我一如と称している。解脱すなわち梵我一如は、悪行は一切行わずに、常に信心と善なる業(カルマ)を行ない続けることで達成できるとされている。

信心と善なる業(カルマ)を行なって、シュードラ(奴隷階級)⇒バイシャ(平民階級)⇒クシャトリヤ(王族・武士階級)⇒バラモン(司祭階級)と生まれ変わり、さらに気の遠くなるほど多くの生まれ変わりを経て、しかもそれぞれの世において信心と善なる業(カルマ、行為)を行ない続けて、ようやくブラフマン(梵)とアートマン(真我)が同一であると覚ることができ、輪廻から解脱することができるとされた。そして、ブラフマン(梵)とアートマン(真我)は、永遠不滅の実存とされた。

(二) 仏教の「輪廻」観

仏教においても輪廻を苦と捉え、輪廻から解脱することを目的とする。そして、輪廻から解脱した境地・煩悩の消え去った境地を涅槃寂静と説いている。仏教では、輪廻において主体となる永遠不滅の我(アートマン)は想定しない。なぜなら、永遠不滅すなわち実存であるならば、永遠に輪廻し続けるからである。仏教では、無我の立場で輪廻からの解脱を説いている。

阿含経典の第四篇である「雑阿含経」の中の「出家経」で、

① 人は死んだ後、生まれ変わる。すなわち輪廻する。
② 人は煩悩を断じ尽くして心の解脱を得て、二度と生まれ変わることがない境地、すなわち輪廻からの「解脱」を得ることができる。
③ 仏陀が指導する教法によって、輪廻からの「解脱」を得ることができる。

と、仏陀は説いている。

婆蹉白仏。頗有比丘。於此法律得尽有漏。無漏心解脱。乃至不受後有耶。仏告婆蹉。不但若一若二若三乃至五百。有衆多比丘。於此法律尽諸有漏。乃至不受後有。婆蹉白仏。且置比丘。有一比丘尼。於此法律尽諸有漏。乃至不受後有不。仏告婆蹉。不但一二三比丘尼乃至五百。有衆多比丘尼。

婆蹉、仏に白(もう)さく、「頗(も)し比丘にして此の法律に於て有漏(うろ)を尽くし漏無く心解脱を得、乃至後有を受けざるもの有りや」と。

仏、婆蹉に告げたまわく、「但(ただ)に若(も)しくは一若しくは二若しくは三、乃至五百のみならず、衆多の比丘有りて此の法律に於て諸の有漏(うろ)を尽くし、乃至後有を受けず」と。

婆蹉、仏に白さく、「且(しばら)く比丘を置き、一比丘尼にして此の法律に於て諸の有漏を尽くし、乃至後有を受けざる有りや不や」と。

仏、婆蹉に告げたまわく、「但に一二三比丘尼乃至五百のみならず、衆多の比丘尼有りて此の法律に於て諸の有漏を尽くし、乃至後有を受けず」と。


(現代語訳)

ヴァッチャ・ゴッタ姓の出家は仏陀に次のように質問しました。

「仏陀の弟子の男性出家者の中に、仏陀が指導する教法によって、煩悩を断じ尽くして心の解脱を得て、二度と生まれ変わることがない人達がいますか?」

すると、仏陀は次のように返答しました。

「一人や二人というような少人数ではなく、五百人以上の弟子の男性出家者が、私が指導する教法によって、諸々の煩悩を断じ尽くし、解脱を得て、二度と生まれ変わることがない境地を得ています。」

ヴァッチャ・ゴッタ姓の出家はさらに仏陀に次のように質問しました。

「仏陀の弟子の女性出家者の中に、仏陀が指導する教法によって、煩悩を断じ尽くして心の解脱を得て、二度と生まれ変わることがない人が一人でもいますか?」

すると、仏陀は次のように返答しました。

「一人や二人というような少人数ではなく、五百人以上の弟子の女性出家者が、私が指導する教法によって、諸々の煩悩を断じ尽くし、解脱を得て、二度と生まれ変わることがない境地を得ています。」

(三) 輪廻についての考察

(一) 当時のインドにおいては、王族・貴族や知識階級の学問・教養の教材といえば、ヴェーダがその中心であった。極端に言えば、ヴェーダしかなかったと思われる。

ゴータマ・シッダッタも王族・貴族の必須の教養として、王子時代にインド哲学であるヴェーダを中心とした学問を習い、並外れた才能を示したと伝えられている。

そのため、ゴータマ・シッダッタの知識や教養には、その基盤・基本としてヴェーダがあったと考えられる。よって、ヴェーダの「輪廻」観をもとに、独自に解釈・理解した「輪廻」観を持って、輪廻からの解脱を目指したものと考えられる。

(二) ヴェーダでは、ブラフマン(梵)は宇宙の本源であり宇宙の根本原理であり聖なる知性であり、宇宙の全ての存在に浸透しているとされている。すなわち、全ての存在とその活動の背後にある究極で不変の実存とされている。すべての存在を存在ならしめている実存であり、全ての活動を背後で支えている唯一の実存であるとされている。

勿論、全てのヒンズーの神々もブラフマンの現れであり、宇宙の全ての存在と同じくブラフマンから生まれたものとされている。アートマン(真我)は人間各個人(自己)の中心であり、ブ

ラフマンと同一（等価）であるとされている。（梵我一如）

㈢ ヒンズー教は、解脱する前はブラフマン（梵）とアートマン（真我）をあたかも別個として認識している。

気の遠くなるほど多くの生まれ変わりを経て、しかもそれぞれの世において信心と善行を行ない続けることで、ようやくブラフマン（梵）とアートマン（真我）が同一であると覚ることができ、輪廻から解脱することができるとされた。

悪行を一切行わずに、さらに善行を行ない続けるということは、普通の一般人からすれば、永久に解脱できないと言われているのと同じである。

私達は幼小児の頃は誰でも本能の赴くままに行動してきており、そのため誰でも何らかの悪行（いたずら）を行なってきている。そして悪行を行なうたびに親や大人達から叱られ、その非を悟らされて始めて、その悪行を行なわなくなる。

大人になってからも、誰でも我（煩悩）のままに、何らかの悪行を行なっている。たとえ法律には触れなくても道義上は悪行である行為を、自分の我欲を達成する目的で、人には知られないように行なっているケースもある。普通の一般人は解脱していないので必ず我（煩悩）を持っている。そのため、悪行を一切行わないということは事実上不可能である。

ヒンズー教の「気の遠くなるほど多くの生まれ変わりを経て、しかもそれぞれの世において信心と善行を行ない続ける」という解脱の方法は、解脱する前はブラフマン（梵）とアートマン（真我）をあたかも別個として認識しているからだと思われても仕方がない。

仏教ではヴェーダでいうブラフマン（梵）とアートマン（真我）をまさに別個として認識し、輪廻において主体となる永遠不滅の我(アートマン)を否定している。何故なら、永遠不滅(恒常)ならば輪廻から永久に解脱(解放)できないからである。

㈣　ここで、別の角度からみると、「輪廻」とは次のようなものである。

①　ヴェーダでいうブラフマン(梵)は唯一の実在であり、キリスト教やユダヤ教などの一神教では神と呼ばれ、宗教とは一線を画している知識人からは「宇宙法則」とか「真理」とか「宇宙意識」とか「大生命」などと呼ばれている。

②　ヴェーダでいうブラフマン(梵)・唯一の実在を、ここでは「大生命」と言うことにする。物質(色)は根本元素「空」によって成り立つが、それを成り立たせているものが「大生命」である。全ての物質、生物、もちろん人間にも「大生命」が浸透しており、「大生命」が浸透しているからこそ全ての物質、生物、人間は存在することができる。

「大生命」は、宇宙の隅々まで浸透し、宇宙を構築している。また、全ての運動・行為も背後にある「大生命」により支えられている。

③　ブラフマン(梵)とアートマン(真我)は同じものである。すなわち二つとも「大生命」のことを言っている。であるからこそ、梵我一如が可能なのである。

アートマン(真我)は、仏教が否定している「輪廻において主体となる永遠不滅の我」ではなく、仏教でいうところの「全ての人が仏陀になれる可能性を持っているという意味の仏性」「全ての人が等しく持っているという仏性」(一切衆生悉有仏性)のことを言っている。

同一のものを別個と認識してしまうのがそもそも間違いではあるが、人間には各自に備わっている感情や感覚や執着などの心の働きによって、別個と認識してしまうことはどうしても避けることが出来ない。これが「無智」であり、輪廻の原因である。

ブラフマン(梵)とアートマン(真我)は同じものなのである。ただ便宜上、人間におけるブラフマンをアートマンと言っているに過ぎない。あたかも、大海の表面のゆらぎ(小さな凹凸)を、便宜上、波と称しているのと同じである。波は大海の一部であり、大海そのものである。

④ 大海と波の関係で説明すると、大海が「大生命」であり、波が人間である。波を発生させる風が、人間でいうと煩悩や業・行為の余力に相当する。風がなくなると波もなくなり、静かな大海だけとなる。

波の一つ一つが人間の一人一人に相当し、波の生滅の繰り返しが人間の生死の繰り返し、すなわち輪廻に相当する。一つ一つの波は大海としてつながっており、大海そのものである。同じように人間も、煩悩や業などにより他人とは別個の存在として認識してしまうが、実は同じ「大生命」により存在し、根源は「大生命」そのものである。全ての人間は兄弟であり、根源においては「大生命」として同一人である。

⑤ すなわち、

人を愛することは、自分を愛することになる。

人を赦すことは、自分を赦すことになる。

人を憎むことは、自分を憎むことになる。

人を傷つけることは、自分を傷つけることになる。

だからこそ、仏陀は今も経典の中で慈悲を私達に呼びかけている。

そう言えば、同じようにイエス・キリストも聖書の中で私達に教えている。

「あなたの隣人をあなた自身のように愛しなさい」と、

輪廻の主体と死後の世界

輪廻の主体を強引に説明すると、煩悩や業などにより他人とは別個の存在として認識している心（幽体をまとった霊）である。心そのものは具体的には説明できないので、心の状態（思い）を考察する。

また、輪廻（生死の繰り返し）するならば、生と次の生の中間である死後の世界が存在しなければならない。そこで、死後の世界も考察したい。

（一）心の状態（思い）についての考察

心の状態（思い）は、そのまま肉体と行動に影響を及ぼす。そして、その影響は年月が経過し積み重なって、五年後、十年後の自分の健康状態や環境、すなわち運命になる。

ここで注意しなければいけないのは、思い（心の状態）というのは今この瞬間でしか形成することが出来ないということである。そして、行動も今この瞬間でしか形成することが出来ない。言い換えると、人は今現在の思い（心の状態）によって肉体（健康）や行動が形成され、その人の人生（運命）となっていく。

例えば、仕事でも勉強でも趣味でも、「明日からやろう」とか「来週からやろう」というのは、明日になっても来週になってもやらずに、再び「明日からやろう」とか「来週からやろう」と、それを繰り返し易く、いつまで経ってもやらないことが多い。今この瞬間においてしか、やることは出来ないのである。

極言すると、今この瞬間だけしか存在しないということである。

人が生きているのは、今この瞬間である。十分経とうが、一年経とうが、今この瞬間に生きている。よって、いわゆる過去や未来は存在せず、過去や未来は人間が作り出した概念でしかない。過去は記憶でしかなく、未来は希望とか怖れとか予測でしかなく、あるのはこの瞬間だけしかない。

今現在の思い(心の状態)は、本人だけではなく、周囲の人達にも影響を及ぼす。これは、多くの人が日常生活において、少なからず経験していることである。

① 例えば、悲しい思いをしていると、その人の表情は勿論のこと体全体が悲しみの状態となり、そして行動も悲しみの行動となる。その人の体全体から悲しみの気(雰囲気)が周囲に発散され、周囲の人達にも影響を及ぼす。周囲の人達は、それを無意識に(敏感に)感じ取り、人によっては、悲しみが伝染してなぜか　悲しい気持になったり、悲しい記憶が甦ったりする。

人によっては、悲しんでいるその人に同情して、慰めたり、元気づけたり、助けたりする。

人によっては、悲しんでいるその人を見て、優越感や喜びを覚える不届き者もなかにはいる。

② 例えば、憎しみや怨みを心に懐いていると、その人の表情は勿論のこと体全体が憎しみや怨みの状態となる。その人の体全体から憎しみや怨みの気(雰囲気)が周囲に発散され、周囲の人達にも影響を及ぼす。周囲の人達は、それを無意識に(敏感に)感じ取り、人によっては憎しみや怨みが伝染して憎しみや怨みの感情が湧いたりする。

人によっては、憎しみや怨みを心に懐いているその人を何となく嫌な人間と感じて、その人を避けたり、その人に反感を覚えたり、反発したりする。

③　例えば、喜びや楽しさや幸せや感謝を心に懐いていたり、周囲の人達の幸せや平安の願いを心に懐いていると、その人の表情は勿論のこと体全体がその状態となる。

その人の体全体から喜びや楽しさや幸せや感謝の気(雰囲気)とか、周囲の人達の幸せや平安の願いの気(雰囲気)が周囲に発散され、周囲の人達にも影響を及ぼす。周囲の人達は、それを無意識に(敏感に)感じ取り、人によっては喜びや楽しさや幸せや感謝の気持が伝染して同じ気持が湧いたりする。

人によっては、その人を何となく好ましい人物、心清らかな人と感じて、親しくなりたいと思う。そして、その人に対しては、どういう訳か協力や応援をしたいと思うようになる。こういう人が、「徳のある人」とか「人徳が高い人」と言われる。喜びや幸せや感謝の心を持って、周囲の人達の幸せや健康を願うことが、功徳を積むことなのである。それは行動になって表れてくる。

このように、思い(心の状態)は、本人だけではなく、周囲の人達にも影響を及ぼす。思い(心の状態)とは、人間の心が発する念のことである。

私達が今生きているこの宇宙空間(物理空間)においては、どんな物質やエネルギーも全て「振動」(バイブレーション)という現象を有しているという。光子、電子、原子、分子、目に見える物質、エネルギーに至るまで、宇宙に存在している全てのものは振動している。

物質の基本は「振動」であり、それが物質やエネルギーに違いを作り出しているという。耳に聞こえない周波数の低い音、耳に聞こえる周波数の音、耳に聞こえない周波数の高い音、目に見えない赤外線、目に見える赤から紫の範囲の可視光線、目に見えない紫外線、測定可能な最低温度から最高温度、これらは全て「振動数」の違いから生じている。どんな物質やエネルギーも全て「振動数」の違いから生じている。

X線やガンマ線などの振動数の高い放射線は、科学が進歩して測定できる精密測定機器が発明されて、ようやくその存在が発見された。しかし、X線やガンマ線などの振動数の高い放射線(高エネルギー)は、それらが発見される以前から間違いなく宇宙に存在していたのである。このことから、現在最高の精密測定機器でも測定できないエネルギーが存在することは、どんな科学者も認めている。

思い(念)は、本人だけではなく周囲の人達にも影響を及ぼすことより、エネルギーの一種であると考えられる。

しかも、現在最高の精密測定機器でも測定できない高いエネルギーの一種であると考えられる。思い(念)は精神エネルギーとも称されており、古今東西の有識者達によって、その独特な性質もしくは特徴が言及されている。

その性質・特徴とは、次のようなものである。

① 心に思い(念)が生じると、大脳から思い(念)という精神エネルギーが波のように放出され、思い(念)・気持の強さに応じて、周囲へと、遠くへと広がり伝わっていく。

② また思い(念)・精神エネルギーには「指向性」があるという。すなわち、特定の個人や場所に向けると、目指すポイントに直行する。

③ 思い(念)・精神エネルギーが他人の心に伝わると、同じ振動(思い、念)を呼び覚ます。これを、「心の感化力」という。

それは、科学における「誘導」現象と同じような現象と思えばいい。たとえば、磁石は離れた物体に磁場を誘発するし、音波は遠く離れた物体に共鳴現象を誘発するのに似ている。

強く怒っている人（強い怒りの念を持った人）は、怒りの精神エネルギーを波のように周囲に放射しており、それが他の人に伝わると、他人の心の奥に眠っている怒りの感情を呼び覚ます。そのため、怒っている人が一人でも同じ場所にいると争いが生じ易い。

特に、怒りや憎悪は、その力が顕著であり広がりやすい。ひどい場合には、暴動に至ることもしばしばある。

④　しかも、それだけではなく、思い（念）・精神エネルギーを受けた他人は、波のようにそれを返してくるという。

すなわち、善い思いは他人の善意を呼び覚まし、他人の善意が返ってくる。表現を変えると、他人の善意を引き寄せる。悪い思い（悪念とか悪意）は他人の悪念・悪意を呼び覚まし、他人の悪念・悪意が返ってくる。表現を変えると、他人の悪念・悪意を引き寄せるという。

これを、「引き寄せ現象」という。

⑤　思い（念）・精神エネルギーは、それを発した本人の分身のように、めぐり巡って発した本人のもとに帰ってくるという。

⑥　思い（念）・精神エネルギーは、波と同じように、同じ思い（念）・精神エネルギーに出会うと、同調してエネルギーは強められる。また、反対の思い（念）・精神エネルギーに出会うと、互いに反発して打ち消しあう。すなわち、二つの思い（念）が出会うと、増幅するか減衰・中和するかのいずれかである。

たとえば、憎悪の思い(念)同士が出会うと、憎悪の思い(念)は増幅する。しかし、憎悪の思い(念)が、愛の思い(念)に出会うと、憎悪の思い(念)は和らぐ。そして、二つの思い(念)の力関係(思いの強さ、念の強さ)で減衰・中和の程度は決まる。たとえば、愛の思い(念)が強いと、憎悪の思い(念)は弱まり消えていく。逆に、憎悪の思い(念)が強いと、憎悪の思い(念)は弱まりはするが残ったままである。

⑦ 思い(念)・精神エネルギーは、波(波動)の性質がある光と同じように、地球から数十光年も離れた星が爆発して消滅しても、その光は数十光年もの距離を旅して地球に届くように、思い(念)を発した人が亡くなっても消えてしまうことはない。

⑧ 思い(念)・精神エネルギーは、同じ場所で繰り返し発すると、その場所にあたかも記録されたかのように残留して影響を与える。また、繰り返さなくとも、非常に強い思い(念)は、それを発した場所にあたかも記録されたかのように残留して影響を与える。

悲惨な出来事があった場所とか、昔の悲惨な戦場の跡といった、死者の怨念が今も残っていると言われている場所に行くと、何となく、どんよりとした独特な「空気」というか雰囲気を感じることがあるというのもそのためである。

また、文豪が泊りがけで小説を書いた旅館の同じ部屋に宿泊した人が、何かしら手紙とか日記とか文章を書きたくなったという話があるのもそのためである。

地域特有の雰囲気とか、会社特有の雰囲気があると言われるのもそのためである。その地域の住民の思い(念)の総和、その会社の社員全員の思い(念)の総和の所産である。

特に、地域の中心的な人物がいる場合はその人物が、会社では社長・重役が、周囲に大きな影響を及ぼし、それが地域や会社の特有な雰囲気になっていくと言われている。

⑨　悲惨な出来事があった場所とか、昔の悲惨な戦場の跡といった場所の雰囲気も、その場所で「慰霊供養」などを行なうと雰囲気が変わっていくと言われている。

そして、「愛」とか「慰め」とかの思い(念)が強ければ強いほど、また行なう人が多ければ多いほど、その効果は大きいと言われている。

これは、「愛」とか「慰め」とかの思い(念)によって、以前の独特な「空気」・雰囲気の元であった残留した思い(念)が中和し消滅していったためと思われる。

このように、善は善を引き寄せ、悪をはねつける。悪意は、相手に影響を与えるだけでなく、自分自身にも影響を与える。まさしく、「人を呪わば穴二つ」なのである。そのため、今現在の心を、喜びや楽しさや幸せや感謝で満たし、周囲の人達の幸せや平安を願う思いで満たすことが、そのまま自分や周囲の人達の幸せや平安につながる。そして、積極的な思い(やるぞ、できる、うまくいく、良くなっている)で満たすことが、自分や周囲の人達の幸せや平安につながっていく。そして、その思いで今やるべきことに全力を尽くす。

仏陀は、約二五〇〇年前、解脱をして自身と同じ如来(仏陀)になるための方法・教えを説き、修行を奨励した。未来のことや「死後の世界」や「宇宙」などに関して、ある弟子から質問されても、一切答えずに、沈黙したことがあったと伝えられている。(これを無記という)

これは、質問した弟子の理解力や能力に応じて臨機応変に説法した(対機説法という)一つの表れでもあると考えられる。

想像するに、質問した弟子に自力で問題を解決させるために、あえて一切答えずに沈黙したのかもしれない。解脱を成し遂げた仏陀は、我々普通の人間とは違って、「慈悲」そのもの、「愛」そのものの存在である。一般常識としては相手の質問に答えないのは失礼なのだが、その時は仏陀の深い愛情があり、あえてそうしたのかもしれない。何故なら、その弟子の修行の段階においては、仏陀が何らかの答えを出せば、その弟子が誤って理解することを仏陀はご存知だったのかもしれない。

また、解脱を成し遂げた仏陀は、我々普通の人間とは違って、「智慧」そのものの存在である。我々普通の人間は、自分の質問に相手が一切答えない場合には、「相手が自分を無視した」とか、「自分の質問があまりにも馬鹿げているので、相手はあきれて返答に窮した」とか思うものである。その弟子も一時的にはそういうことを思ったとしても、そのうちに仏陀の真意に気づいて、自力で問題を解決していくことを仏陀はご存知だったのかもしれない。

仏陀は常々、現在の心を善で満たし、如来(仏陀)になるための方法・教えを実践することを奨励した。今やるべきことに全力を尽くすことを奨励した。

仏陀は、入滅直前、最後の教えとして次のように説いている。

「怠ることなく、修行を実践し、成就しなさい」

(二) 死後の世界の考察

人間は、大きく別けて肉体と幽体(魂)と霊によって成り立っているという。

死んでこの世(物質世界、三次元世界)を去ると、物質としての肉体を脱ぎ捨てるので、幽体と霊(想念、心)として、死後の世界(想念の世界)で存続することになるとも言われる。

この世(物質世界、三次元世界)では、肉体があるから他人との識別は容易にできる。自分の肉体と他人の肉体との識別は、肉体に備わっている目をはじめとする五つの感覚器官(目、耳、鼻、舌、皮膚の触覚器官)によって容易にできる。他人の肉体的な行為は、この肉体に備わっている五つの感覚器官で知ることができる。それでは、他人の思いや考えはどのようにして知ることができるだろうか。それは、他人の肉体的な行為である発言や文章により直接知ることができる。

しかし、相手が黙っている場合はどのようにして感知しているだろうか。それは、相手の表情(特に目の動き)や体の動きや声色によって察知していることが多い。または、そういう肉体的な行為によらずに、何となく心で察知していることもある。たとえば、遠く離れている親兄弟や伴侶や親友などの思いや感情を察知した経験を、多くの人が持っている。これは、「心の感化力」により、肉体を介せず直接察知したためである。

このように、自分と言う存在は、この世(物質世界、三次元世界)においては、肉体以外に心というもので成り立っていることは想像できる。

この世(物質世界、三次元世界)での行為は、まず自分の心で思い(想念し)、時間を経過(時には瞬時、時には数日)して肉体的に行為に及ぶ。ついうっかりした行為や魔が差した行為も、その行為以前に自分の心で想念している。そして、その行為はある時間(時には瞬時、時には数年)を経過して、その行為に応じた結果をもたらす。

ここで、この世(物質世界、三次元世界)ではない「想念だけの世界」を考えてみよう。

想念の世界では、ある行為を自分の心で思う(想念する)こと自体が行為となり、すぐにその行為の結果が出る。想念の世界では、思い(想念)がそのまま行為である。そのため、原因である行為と結果の間には時間の経過はなく、原因となる行為(想念)は瞬時に結果(想念という行為に応じた出来事)をもたらす。すなわち、時間という概念は存在しないとも言える。

想念の世界では、自分の心(思い、想念)による行為によって瞬時に出来事(結果)が起き、すぐに自分の心がそれに反応し、新たにそれに応じた行為(思い、想念)を起こす。そして、瞬時に新たな出来事(結果)を経験することになる。次々に、自分の心(思い、想念)に応じた出来事を経験する。そのため、自分の行為の反省(自分の心、思い、想念の反省)を行なうことは、ほとんどと言っていいほど出来ない。夢の中の自分を考えれば、何となく理解できると思う。起きている間は、常に肉体を感じながら、自分を認識している。そして、自分の名前、自分の住所、今いる場所、今行なっている行為を認識している。

ところが夢の中では、自分の名前、自分の住所、今いる場所、今行なっている行為を認識することなく、ただ次々に変化する状況に対応して行動しているだけである。

この世では、前もって行為を検証したり、反省したり、結果を予想して行為を変更したり取り止めたり出来るが、想念の世界では思い(想念)がそのまま行為なので、その時の自分の心のままに行動し、環境が形成される。

① たとえば、憎しみに満ちた思い(想念)をしばしば心に懐いていると、心(意識)は次第に憎しみに満ちた心に変化していく。憎しみに満ちた心を持っていると、お互いに同じような心を持つ人達を引き寄せ合うので、そういう憎しみに満ちた心を持つ人達の集りになる。すなわち、憎しみに満ちた心を持っていると、常に憎んだり、逆に憎まれたりする「憎しみに満ちた環境」の中で過すことになる。

② たとえば、愛に満ちた思い(想念)をしばしば心に懐いていると、心(意識)は次第に愛に満ちた心に変化していく。愛に満ちた心を持っていると、お互いに同じような心を持つ人達を引き寄せ合うので、そういう愛に満ちた心を持つ人達の集りになる。すなわち、愛に満ちた心を持っていると、常に周囲を愛し、周囲から愛される「愛に満ちた環境」の中で過すことになる。

次々に自分の心(思い、想念)による行為に振り回され、次々にそれによる出来事(結果)に振り回される。振り回されることが多いと、反省とか改善・向上とかの余裕がなくなり、自分の心(思い、想念)に応じた行為と結果を延々と経験していく。今この瞬間の自分の心に応じて環境が形成され、生きる(存続する)ことになる。すなわち、永遠に今この瞬間(の心に応じた世界)を生きることになる。

死んでこの世(物質世界、三次元世界)を去り、あの世(想念の世界)に行くとするならば、出来るだけ憎しみ、怨み、失敗等を悔やむ心(想念)を無くし、愛とやさしさと赦しと慈しみの心(想念)と感謝の心を持つように心掛けなければならない。

結論としては、この世(物質世界、三次元世界)もあの世(想念の世界)も大差ない。この世(物質世界、三次元世界)は原因である行為と結果の間には時間の経過があるが、あの世(想念の世界)では時間の経過がないだけであり、他は同じである。今この瞬間の心に応じて環境が形成され、この世でもあの世でも生きる(存続する)ことになる。

ここで断わっておくが、以上の結論を得たからといって、死を超越したとか死ぬのが怖くないというのでは決してない。筆者は、自分は勿論のこと家族や親しい人達が死ぬのが嫌(いや)であり怖い。

そのため、日夜、自分は勿論のこと家族や親しい人達の健康・長寿と幸せを祈っている。そうは言っても、いつかは誰でもその日を迎えるのである。そうであるからこそ、繰り返しになるが、憎しみ、怨み、失敗等を悔やむ心を無くし、愛とやさしさと赦しと慈しみの心と感謝の心を持つように心掛けなければならない。

第二章　瞑想の効用

第二章　瞑想の効用

(一) 心(意識)と体と瞑想

私達は、心と体をもって生きている。

心は表層意識と潜在意識・深層意識に、体は脳・神経とそれ以外の肉体(ここでは身体と称す)に、便宜上分けて考えることができる。そして脳・神経が、心と身体を仲介する役目をしている。すなわち、脳・神経が、精神世界と物質世界を仲介する役目をしているとも言える。

脳は、神経を介して身体各部や外界から様々な情報を受け取り、身体機能をコントロールして行動を起こすための指令が発せられるところの中枢器官である。そして心は、脳を介して身体各部に指令を発しているが、逆に、身体各部や外界からの様々な情報に大きく影響される。

脳・神経(中枢神経系)は、ニューロンという基本単位となる神経細胞からなっており、脳にあるニューロンの数がおおよそ一〇〇〇億個で、脳以外の神経系にも少なくともこれと同数のニューロンがあるという。

身体各部や外界から受け取った情報をもとに身体機能をコントロールし、そして行動を起こすために出される指令は、微弱電流のパルスとしてニューロンの外層をなす細胞膜を伝導して伝わっていく。

例えば、「音を聞く」のは、音(空気中の圧力波)が耳の鼓膜や骨などの固体の振動に変換され、それが内耳の蝸牛という器官の内部にある液体の圧力波となり、コルチ器という器官で神経の電気信号(パルス)に変換され、最後に脳の聴覚中枢に届き、そこで解読・分析されて認識される。

「ものを見る」のは、外部から入った光が眼で電気信号に変換され、脳の視覚中枢に伝わって、ここで分析・解釈されて認識される。

同じように、「触る」「味わう」「匂いを嗅ぐ」のも電気信号に変換されて、脳にある各中枢に伝わってそこで解読・分析されて認識される。

すなわち、「目によってのみ物を見て」、「耳によってのみ音を聞き」「鼻によってのみ匂いを嗅ぎ」、「舌によってのみ物を味わい」、「皮膚によってのみ痛みや熱さ、冷たさを感じる」のではなく、「目を通して脳で物を見て」、「耳を通して脳で音を聞き」、「鼻を通して脳で匂いを嗅ぎ」、「舌を通して脳で物を味わい」、「皮膚を通して脳で痛みや熱さ、冷たさを感じる」のである。

その際、これらの感覚器からの刺激は、電気信号に変換されて、神経細胞(ニューロン)を伝導して脳に伝わり認識されるのである。

脳・神経は、このように、目に見える神経細胞(ニューロン)と目に見えない電気信号の二重性をもって、目に見える身体と目に見えない心とを仲介する役目をしている。

心の方はというと、私達が何かを考え、検討し、決意して行動する時、絶えず潜在意識から表層意識に働きかけがあり、表層意識は潜在意識の影響を受ける。

また、表層意識で考え、検討し、決意したこと自体、そして行動したこと自体が、さらに潜在意識に入力(インプット)される。そして、この潜在意識に入力されたものが、時を経て、表層意識をつき動かし、将来の思考と行動を左右することになる。その過程における精神活動(思考、意志、感情)は、身体にも少なからず影響を及ぼしている。

その際、間脳が重要な役目をしている。
・脳弓でつながっている海馬と乳頭は、情動や意欲に関係する。
・扁桃体は、情動に伴う自律的反応やホルモンの分泌を調節し、情動全体に関係する。
・視床下部は、体温や体の水分の調節など、身体の自律機能の制御に関与するとともに下垂体を通してホルモン系の制御にも関与している。

そのため、過度のストレスによりそれらの機能が損なわれると、体調を崩したり、ひどい場合には病気になったりする。

以上より、潜在意識・深層意識は、私達の精神活動、身体活動全般に大きく影響を及ぼしている。言葉をかえると、私達の人生を左右しているわけである。

そこで、人生を実りある有意義なものにするためには、適度にストレスを発散させて身体機能を調整しておくとともに、潜在意識に人生を有意義なものにさせようと働く要因（プラス要因：向上心、喜びの感情、成功への期待、周囲を幸せにするという使命感、他人に喜ばれるような行為を行なった記憶など）を積極的に入力し、反対に人生に悪い影響を及ぼす要因（マイナス要因：憎しみ、恨み、嫉妬、失敗への恐れ、他人を苦しめた行為の記憶など）を消し去るように努める必要がある。

それを自分自身の努力で可能にするためには、心身の緊張をほぐしてリラックスさせるとともに、潜在意識の扉を開かなくてはならない。

そして、心身ともにリラックスさせ、潜在意識の扉を開くカギが、瞑想なのである。

瞑想することで心と体が調整され、自分自身まだ気づいていない能力と可能性を発見することができる。

(二) 瞑想とは何か、瞑想の効用とは何か

それでは、「瞑想する」とは、具体的に、どうすることなのであろうか。

また、「瞑想の状態」とは、具体的に、どういう状態になることなのであろうか。

それは、端的に言えば、次のように言い表すことができる。

「瞑想する」とは、外界に向けていた心(意識)を、自分(心)の内側すなわち内界に集中して、その心(意識)を、深い意識(潜在意識・深層意識)まで深めていくことである。

「瞑想の状態」とは、そういう深い意識の状態になることである。

すなわち、「瞑想の状態」とは、一種の「トランス状態」である。

尚、「トランス状態」とは、「例えば、催眠中に見られる、心身ともにリラックスした、深く沈んだ特殊な意識状態」を、そのように称している。

そういう深い意識の状態(トランス状態)になると、次のような現象(効用)が生じる。

(一) 心身が弛緩し、リラックスする。
(二) 意識(心)が安定して、一つの対象に集中できる。
(三) 意識(心)が外界から内界へ移り、さらに深い意識の層へと移る。
(四) 忘れていた過去の記憶が、鮮明によみがえる。
(五) 意識することなく危険を避けるなど、本能的・直感的な能力が高まる。
(六) 一時的な幼児帰り(退行)

(七) 被暗示性が高まって、心身双方の交流が良くなり、心身の悪癖やひずみの解放・修正が促進される。

(八) 自分自身の思考、行動、感情を、客観的に判断できるようになる。

その結果、

(九) 心(意識)の動きを抑制できるようになる。すなわち、自分の心身を意識(心)でコントロールできる条件の一つを得ることができるようになる。

さらに、

(十) ストレス症である様々な心身症を癒す効用がある。

(十一) 自己疎外や孤独感、人間関係の悩みの解消につながる効用がある。

そのほか、

(十二) 意志を強くする効用

(十三) 脳のはたらきをよくする効用

(十四) 自分をつくりかえる効用

も挙げることができる。

これらは、私達がよりよく生きていく上で、実に必要なものばかりである。

ここで、〝一時的な幼児帰り(退行)〟について説明すると、年齢退行とも言われ、たとえば催眠状態での暗示によって、被験者の生涯を、中年期から青年期へ、さらに幼児期へとさかのぼらせることである。

その際、過去の体験をあたかも目の前で見ているかのように、アリアリと思い出すことができ、催眠性の記憶増加として古くから知られている現象である。

このような深い意識の状態（いわゆるトランス状態）は、催眠療法だけではなく、瞑想によっても得ることができる。

それでは、「催眠療法の治療過程におけるトランス状態」と「瞑想の意識状態」とは、全てにおいて同じものであるのだろうか。いや、根本的に違うのである。達成できた状態そのものは同じだが、その状態になるまでの過程（プロセス）と方法が全く違うのである。

「催眠療法の治療過程におけるトランス状態」は、催眠術師が被験者を催眠にかけて、催眠術師の誘導によって始めて達成される状態であり、催眠術師の他働的助力が必要なのである。

それに対して、「瞑想の意識状態」は、瞑想を行なう本人自身が瞑想法という技法（技術・方法）を行なうことで、自由自在に達成できる状態であり全く自働的なのである。

（三）瞑想と魔境

人間には、意識する心と意識しない心がある。

意識する心を表層意識といい、意識しない心を潜在意識・深層意識という。表層意識というのは、私達が何かを考えたり判断したりする時の意識であるが、これは人間の意識の中のごく一部分でしかない。氷山に例えると、氷山全体の一〇％にしかすぎない海上に現れている部分に相当する。

潜在意識・深層意識というのは、海面下に隠れている氷山全体の九〇％の部分に相当する。

潜在意識・深層意識には、これまで行なってきた行為の記憶や思考、感情などが入っており、一定の時間を経てから表層意識に影響を及ぼし、思考や行動を左右する。

すなわち、私達の考えや判断、そして行動を左右している。


実生活(人生)を有意義なものにさせようと作用する要因(プラス要因 ‥ 向上心、喜びの感情、成功への期待、周囲を幸せにするという使命感、他人に喜ばれる行為を行なった記憶など)がそこに入っていると、それらは実生活を有意義な実りあるものにさせようと働くし(プラスに働くし)、逆に、実生活に悪い影響を及ぼすように働く要因(マイナス要因 ‥ 憎しみ、恨み、嫉妬、失敗への恐れ、他人を苦しめた行為の記憶など)が入っていると、実生活に悪い結果をもたらす。

すなわち、私たちはこの潜在意識・深層意識の影響を受けて行動しているわけであり、健康を含めた私たちの境遇・状態、友人関係を始め私たちを取り巻く環境など、思考、感情、好みに至るまで、私たちの人生すべてに潜在意識・深層意識が大きく関与している。


さらにまた、意識することなく危険を避けたり、相手の考えていることが何となく分るなどの、いわゆるテレパシーと言われる科学的にはまだ解明されていない能力も深く関わっているという。

この潜在意識に秘められている力をよい方向に利用することができるならば、どんなにすばらしいことであろうか。

それはきっと、私たちの人生を充実した価値あるものにするに違いない。それを可能にするのが、瞑想なのである。

表層意識の奥にある潜在意識の扉を開くカギが瞑想であり、そこに秘められている力を利用できることが瞑想の効用である。

潜在意識・深層意識の扉を開くことができると、そこに入っている実生活に悪い影響を及ぼすように働く要因（マイナス要因）の浄化がよりスムーズになる。

瞑想に関する文献は多く、実に様々な方法が古来、考案・提唱されている。

その中には、瞑想の深さ、段階に応じて驚くべき効用を有するというものがあり、その一つに、瞑想に習熟し瞑想が深まっていくと、目の前に光が見えるようになるという瞑想法がある。多くは、ヨガや宗教関係の指導者によって紹介されている。

その中の一つに、まぶたの裏側の中心に視線をこらすことにより、円形や雲状の光が見えるという「ビンドゥ瞑想」と称されているものがある。

その時に見える光は、収縮したり、緑やオレンジなど様々な色に変化するという。そして、現れた光は安定したものではなく、すぐに消え去ろうとするので、それを安定させることで深いリラックス状態に入ることができるという。

二つ目の例として、「虚空蔵聞持の法」（いわゆる求聞持法）という修行法がある。

この法を成就すると、あらゆる経典を暗記し、理解することができると言われている。

この法を修すると、心身ともに深いリラックス状態に入ることより、一種の瞑想法と言ってよい。

弘法大師空海が、この法を成就した時の体験を、著書の中に次のように記している。

「……阿国大滝の岳にのぼりよじ、土州室戸の崎に勤念す。谷響を惜しまず、明星来影す。……」

すなわち、谷がこだまし、明星が発現するという現象があったというのである。

三つ目の例として、「ヨーガ・スートラ」の中に、次のように記されている。

「頭のなかの光明に綜制をなすならば、神霊たちを見ることができる。」

すなわち、頭頂の部分に光明が見えて、その光明に意識を深く集中すると、神霊と言われる霊的存在を見ることができる、会うことができるというのである。

このように、瞑想が深まり、脳に刺激が加わると、目の前に光が見えるようになる。そして、この光が見えるようになると、人間誰しもが本来持っている不思議としか思えぬような理解を超えた能力が発現してくるというのである。

こういった特殊な瞑想技術は、口や文章ではどうしてもうまく説明し切れない限界があり、自分自身で実際に行ない体験するしかない。

例えば、自転車に乗れない人に対して、ハンドルを持つ手の力の入れ具合、体のバランスの取り方やペダルのこぎ方など、口でどんなに詳しく説明してもなかなか相手に理解してもらえず、結局は実際に自転車に乗せて、手取り足取りで教える方がはるかに早く自転車に乗れるようになるのと同じである。

そのためであろうか、これまで、こういった光明が発現する際の状況とか、光明自体の様相については記述した文献はいくつか見られるが、方法について手順を踏まえて具体的に記述したものは、残念ながら見当たらない。

一子相伝とか、ごく限られた弟子への伝授、といった形で伝えられているのかもしれない。

ここで、注意しなければならないのは、禅でいう「魔境」という現象であり、それと混同する危険である。魔境というのは、瞑想中に色々な光や色彩が見えたり、人物、仏像など様々な映像が一時的に見えるという現象である。この「魔境」を「光明」と間違えたり、混同したりする危険がある。そのため、「光明が発現する際の状況」や、「光明自体の様相」についての説明だけでは、本物の光明なのか、それとも魔境なのかを、明確に区別することは困難であると思われる。

はっきり言えることは、魔境は一時的な現象であり、その現象は多種多様であるが、本物の光明は、定められた方法・手順にしたがってこれを行なうならば、必ず同じような生理・心理状態となり、同じ光明が発現する現象であるということだ。

すなわち、本物の光明は、一定の特殊な技術・方法により、一定の形態・様相をもって発現するものでなければならない。

以上の瞑想中における光明発現についての見解を、もう一度以下にまとめると、

◎光明発現の現象：瞑想に習熟し瞑想が深まってくると、瞑想中において目の前に光が見える現象

◎魔境という現象：禅において言われる現象で、瞑想中に色々な光や色彩が見えたり、人物、仏像など様々な映像が一時的に見えるという現象

●注意点：「魔境」の現象を、「光明発現」の現象と混同する危険性がある。そのため、「光明が発現する際の状況」や、「光明自体の様相」についての説明・記述だけでは、本物の光明なのか、それとも魔境の現象なのかを明確に区別することは困難である。

●「光明発現」の現象と「魔境」との違い：本物の光明は、一定の特殊な技術・方法により、一定の形態・様相をもって発現するものでなければならない。魔境は一時的な現象であり、その現象は多種多様である。

「光明発現」の現象と「魔境」を科学的見地から説明を試みると、次のように両者の違いを言い表す

ことができる。

「光明発現」の現象：人間には、心の働きのうちで最も単純な形である「感覚」が備わっている。それは、〝物を見る〟〝音を聞く〟〝匂いを嗅ぐ〟〝物を味わう〟〝皮膚によって痛み、熱さ、冷たさを感じる〟等である。

ここで、〝物を見る〟のは目だけで行なわれ、〝音を聞く〟のは耳だけで行なわれ、〝匂いを嗅ぐ〟のは鼻だけで行なわれ、〝物を味わう〟のは舌だけで行なわれ、〝痛み、熱さ、冷たさを感じる〟のは皮膚だけで行なわれると、私達は考えてしまいがちである。

ところが、そうではないことが近年の生理学的研究で明らかになっている。本当は、それらはすべて脳によって感じているという。

〝目を通して脳で物を見て〟〝耳を通して脳で音を聞き〟〝鼻を通して脳で匂いを嗅ぎ〟〝舌を通して脳で物を味わい〟〝皮膚を通して脳で痛み、熱さ、冷たさを感じる〟のである。

そして、目、耳、鼻、舌、皮膚の感覚器と脳とは神経によって繋がっており、これらの感覚器からの刺激は神経を介して脳に伝わるのである。

そのため、神経のどこかが遮断されたり、脳の働きが制止されたりすると、「見れども見えず」、「聞けども聞こえず」という現象が起こることになる。

逆に、これらの感覚器からの刺激ではなく、直接、脳に何らかの刺激を与えることによって、目を閉じているのに見えて「見ずとも見えて」、耳を完全に塞いでいるのに聞こえる「聞かずとも聞こえる」という現象が起こることになる。

「光明発現」の現象は、瞑想において意識を潜在意識の領域まで深く沈める際、意識を深く沈めるための技術・方法を用いるわけだが、その技術・方法を行なう過程で必然的にある刺激が脳に加わることで起こる現象なのである。

そのため、本物の光明は、一定の方法・手順に従って瞑想を行なうと、必ず同じような生理・心理状態となり、同じ光明が発現する。


「魔境」の現象∴自律訓練法において経験されるという「自律性解放」という現象が、「魔境」の現象であると思われる。

この「自律性解放」を説明する前に、自律訓練法について簡単に説明すると、自律訓練法とは、ドイツのベルリン大学のシュルツ教授によって考案された自己暗示法・自己催眠法の一種であり、手とか足などの身体各部に意識を集中して自己暗示を行ない、心と身体の緊張をほぐすことによって、心身ともにリラックスできるように考案された訓練法である。

そして、この訓練法は簡単で、催眠感受性の低い者にも広く適用でき、病気の治療以外にも、日常のストレス解消法として広く一般に行なわれている。

具体的には、仰向けに寝たり、椅子にゆったりと腰掛けたりして、目を閉じて心身ともにリラックスさせる。その状態で、「腕が重たい」という暗示とともに意識を集中すると、実際に腕の緊張がほぐれて重たい感じが経験される。腕の次は脚でもそれができるように訓練し、その後、「温かい感じ」の練習等へ段階的に訓練を進めていくことで全身の緊張をほぐし、心身のひずみを調整していく。

そこで、「自律性解放」はというと、日常生活で経験するいろいろな出来事は、心身両面に刺激を与えている。そして、その刺激は脳に伝わるわけだが、その刺激に対して、その度ごとに脳から発散しておくべき反応が発散されずにいると、それらの刺激の影響は脳に蓄積されていき、その結果、心身両面にひずみが生じることになる。

そのひずみが、自律訓練法を行なうと解放される場合があり、その時のひずみが解放される状況は、人の声や物音、音楽が聞こえる　目の前に、光や映像が現われる　不安や恐怖、性的興奮、多くの考えが雑然と浮かんでくるなど様々である。

これらの現象すなわち「自律性解放」は、脳に備わった一種の安全装置としての働きの結果であるという。すなわち、心身をリラックスさせ意識を深く沈めることで、脳に抑え込まれていた、いろんな刺激の影響が、上記のような様々な形で脳から解放される。

この「自律性解放」の現象が、「魔境」の現象であると思われる。

第三章　「四神足瞑想法」の基礎知識

第三章 「四神足瞑想法」の基礎知識

(一) 気というエネルギー

近年、気功法や太極拳健康法が広く知られるようになり、そして各地で行なわれるようになったせいもあって、「気」というある種のエネルギーが私達の体に存在しているということを、多くの人達が知るようになってきている。

気功法は、気功師と呼ばれる専門の医療師が体(一般には手)から気を放射して、患者の体に触れることなく治療する技術・方法である。

または、患者自身がそのトレーニングを行なうことで、体力が増進し健康の回復が早まるという気(という生体エネルギー)を活用する特殊な技術・方法である

テレビのニュースや雑誌等において時々紹介されているので、既にご存知の方も多いと思われるが、中国では気を多くの医療に役立てている。また、日本でも行なわれるようになってきた。

例えば、

(一) 気功師が手から気を放射・放出して患者に送り込むことで、麻酔作用を起こさせ麻酔なしで外科手術を行なった。

(二) 事故で意識不明の重体であった患者が、医師の治療に加えて気功も併用したところ、意識が戻

り目覚しい回復を遂げた。

㈢　手術後のリハビリに気功法の訓練を取り入れたところ、回復が早まった。

などがそうである。

また、太極拳健康法というのがある。これは、中国拳法の一派である太極拳に伝わる拳法の型を、一連の動きにより行なうことで、体内に気が発生して、健康をもたらし体力を向上させる技術・方法である。

その他にも、インド古来のヨガや中国仙道をはじめ、鍼灸、指圧などにおいても、気を感覚的につかみ利用してきた。

ヨガをやったおかげで、健康が回復し体力が向上した人達も多いという。

それは、ヨガのトレーニングを行なうことで、生命エネルギーである気が増強し、全身の細胞が活性化するとともに、自然治癒力が向上するからだとも言われている。

ヨガでは、この「気」を「プラーナ」と称し、動植物は勿論のこと、空気、水、火などにも存在し、さらには全宇宙に遍満していると説いている。

生物は、空気や水や食料(動植物)を体内に取り入れる際、それらが有している「気」も一緒に摂取することによって、生命を維持し活力を発揮しているという。

すなわち、気が体内に増加すると生命活動が盛んになり、逆に、減少すると生命活動は衰えてくるというのである。

この私達の生命活動の根源ともいうべき体内の気(のエネルギー)と私達の精神状態(心の状態)とは、非常に密接な関係がある。

誰でも山や海などの大自然の中にいると、心が落ち着いてきて爽快なリラックスした気分になり、体の中に何か力が漲ってくるような感じを持った経験があると思う。

このように大自然に包まれると心身ともにリラックスしてくるが、その時の脳波はアルファ波という安静状態や瞑想中にみられる脳波になっている。

ここで脳波について簡単に説明すると、人間の脳には微弱な電流が流れている。その脳に流れている微弱な電流を、頭皮上に電極を当ててそこから検出し、増幅器によって拡大して記録したものが脳波である。

そして、その脳波は精神状態・意識状態、すなわち心の状態に応じて変化する。

・ベータ波（14～30ヘルツ）――脳の働きが活発になったときの状態でみられる
・アルファ波（8～13ヘルツ）――安静状態、リラックス状態でみられる
・シータ波（4～7ヘルツ）――うとうとしている寝入りばなの状態でみられる
・デルタ波（1.5～3ヘルツ）――睡眠中にみられる

私達が日常活動している時に多く見られる脳波はベータ波であり、瞑想をするなどして安静にしているとアルファ波が見られるようになる。

そして瞑想が深まっていくとアルファ波が多くなり、さらにシータ波も見られるようになるという。

このアルファ波とシータ波の状態である安静状態・リラックス状態の時は、生体エネルギーである「気」が体内に流れ易くなり、そして発生し易くなる。

その結果、体の細胞が活性化し、また疲労もとれて自然治癒力が増してくる要因の一つであると思われる。

一般的には、安静状態・リラックス状態になると、自律神経系と内分泌系および免疫の機能が発揮さ

れるので、すなわちホメオスターシス（恒常性維持機能）がよく働くので、自然治癒力が向上すると言われている。

筆者はそれに加えて、安静状態・リラックス状態になると、体内の気が活性化して、気によっても全身の細胞が活性化し自然治癒力が向上するものと、体験上から考えている。

ここで、ホメオスターシスについて説明すると、恒常性維持機能と言われるもので、気温や湿度などの外部環境が変化しても、体温などの人体の内部環境がそれによってかき乱されることがないように、常に安定した状態を維持するという生体の巧妙な仕組みであり、自律神経系、内分泌系、および免疫がホメオスターシスを支える三本柱だという。

自律神経系とは、植物神経系ともいい、交感神経系と副交感神経系の二つに分かれており、消化、呼吸、血液循環、排泄および生殖など、生命を維持するのに必要不可欠な体の働きを調節する。

内分泌系とは、内分泌腺によってつくられ、血液、リンパ液中に分泌されて、微量でも遠く離れた部位によく作用する物質である〝ホルモン〟による化学的な作用によって、生命活動を調整する。

免疫とは、かび、細菌、ウイルスなどが体内に侵入してきた場合、体内にあるリンパ球などがそれらを体内から消滅させたり、または、体内にある不必要、不都合になった蛋白や細胞成分などを体内から消滅させるなどして、生命活動を維持・調整することを言う。

こういった、自律神経系と内分泌系および免疫の機能が発揮されることで自然治癒力が向上するだけではなく、気の発生・増加によっても自然治癒力は向上するものと思っている。

心の状態に応じて脳波も変化し、気の発生・流れも影響を受け、身体の状態も変化するのである。

このように、気とは、体のエネルギーであるとともに心のエネルギーでもあり、さらに大自然のエネルギーでもある。

気の存在については、科学的にはまだ証明されていない。

現在、多くの研究者の成果によって少しずつ明らかにされつつあるが、まだ疑問視している有識者がいるのも事実である。

しかし、昔から各地、各方面で活用されており、経験的にはその存在は明らかである。

(二) 気の通り道：経絡(けいらく)

全宇宙に遍満している気(のエネルギー)が体の中を流れていく通り道(ルート)を「経絡」といい、漢方医学や気功法の最も重要な理論の一つになっている。

この経絡の存在については、まだ完全には科学的に証明されてはいないが、近年、多くの研究者の多方面からの調査・実験によって、少しずつその存在が証明されつつある。

人体を縦に走る〝気の通り道〟を「経脈」といい、この「経脈」をつなぐ横に走る〝気の通り道〟を「絡脈」という。

この経脈に、「十二経脈」と「奇経八脈」というのがある。

・十二経脈

内臓とつながり、体の表面にある穴位(ツボ)で外界とつながっている。

そのため、内臓から遠く離れた体の表面にある穴位を、針の先やモグサ(ヨモギの葉を干し、揉んで綿状にしたもの）を燃やした熱によって刺激することで、内臓の働きを活性化したり沈静化したりするなど調整することができる。

これが、昔から行なわれている漢方医学の針灸である。

内臓は俗に五臓六腑と言われているが、臓は内部が詰まっている臓器で、腑は内部が空っぽの臓器をいう。そして、機能に属するものを含めて、六臓六腑という。

六臓：肺臓、心臓、肝臓、脾臓、腎臓に、心包という心臓を包み、機能させると考えられていたものを含める。

六腑：胃、胆、大腸、小腸、膀胱に、三焦という上・中・下に分かれ、それぞれ、心臓の下、胃の中、膀胱の上にあって、循環、消化、排泄を機能させると考えられたものを含める。

これに中国古代からの陰陽思想を取り入れて、六臓は「陰」に属し、六腑は「陽」に属するとしている。

そして、この六臓六腑につながる十二経脈のうち、六臓につながるものを「陰経」とし、六腑につながるものを「陽経」としている。

陰経：肺経、心経、肝経、脾経、腎経、心包経

陽経：胃経、胆経、大腸経、小腸経、膀胱経、三焦経

・奇経八脈

十二経脈とは別の経脈で、十二経脈が流れるための連結帯であり、以下の八本の経脈を指す。

督脈、任脈、衝脈、帯脈

陰維　、陽維　、陰蹻　、陽蹻

これらは独立した経脈で、十二経脈の気を調整する。

これら奇経八脈の中でも、脳・神経系とつながっている任脈と督脈は特に重要である。

任脈：身体前面の中心線に位置し、「陰」に属し陰経の総指揮をとる。気の前面ルートである。

督脈：身体背面の中心線に位置し、「陽」に属し陽経の総指揮をとる。気の背面ルートである。

そこで、この十二経脈と奇経八脈の中において「四神足瞑想法」で最も重要視するものは、任脈と督脈である。

今述べたように、任脈は陰経の総指揮をとり督脈は陽経の総指揮をとるとともに、脳・神経系とつながっているのである。

したがって、任脈、督脈に気が通るようになると、続いて、全身の各経絡に気が通るようになる。

そのため、「四神足瞑想法」では任脈と督脈に気を通すことに力を入れ、その準備として、気を感知し気を操作することをまず最初にトレーニングする。

一方、各経絡には気の中継所のような部位があり、これを穴位(ツボ)という。

「四神足瞑想法」では、穴位も重要視する。

これら経絡や穴位は、近年、多くの研究者達によって科学的にその存在が少しずつ証明されつつあり、それらについて多くの見解が発表されている。

例えば、

① 全身の皮膚表面の電気抵抗を測定し、特に抵抗値が低い所(すなわち電気が流れ易い所)を結んでいくと、その結んで得られたルートと経絡はほぼ一致するという。

② また、「神経体液説」という説も発表されている。これは解剖学的にみると、穴位(ツボ)のところに神経幹や神経の大きな分枝が多く見られることに基づいている。

これらの見解を含めて、今のところはまだ、万人を納得させるような科学的な証明までには至っていない。

しかし、昔から針灸などの漢方医学、武術、気功などにおいて、経験的にはその存在は明白でかつ多いに活用してきた歴史的事実がある以上、経絡の存在は認めてもよいと思われる。

(三) 小周天：気を体内にめぐらす技法

小周天は、中国の仙道における重要かつ基本的な修行法・修行課程であり、これをマスターすることで始めてさらに奥深い修行に入ることができるという必須の修行法である。

小周天を説明する前に、まず仙道について説明すると、仙道とは、仙人になるための方法、仙人になるための修行法である。

数千年の歴史を持つ中国においては、仙人と呼ばれる不思議な能力を持つ人々の逸話や伝説が語り継がれている。

一般的には、深山幽谷に住んで霞を吸って生きている不思議な術を駆使する人々として有名である。

彼らの不思議な術とは、天地自然に充満している「気」というエネルギーを活用するものであり、その術を駆使して望みを達成するものである。

その極めつきが、不老不死になって、望みのままにこの世に生きたりこの世を去るというものである。

そういう仙人になるための修行法である仙道の、基本的でかつ重要な一つの修行方法・修行課程が小周天なのである。

それでは、小周天について説明すると、気を感知するトレーニングを積むと、実際に気を感知できるようになる。

気は、風が当たる感じ、モゾモゾした感じ、圧力感、流体が流れる感じ、振動、熱感などの感覚として感知される。

最初は風が当たる感じとかモゾモゾした感じであるが、感知できる能力がかなり増してくると、振動とか熱感などの感覚として感知できるようになる。

トレーニングに熟練してくると、腹部(丹田)で気(のエネルギー)を集めて増強させ、増強させた気を任脈(前面ルート)と督脈(背面ルート)を通して、上半身を縦に一周させることができる。

【最　初　に】気を腹部(丹田)に集めて増強させる⇓
【任脈を下へ通す】腹部(丹田)を出発点に⇓気を尾てい骨付近まで移動⇓
【督脈を上へ通す】次に尾てい骨付近から⇓気を頭部まで上げる⇓
【任脈を下へ通す】頭部から⇓出発点の腹部(丹田)まで下げて一周させる

これを、小周天という。

尚、小周天をマスターするためには、睡眠と栄養を十分に摂るとともに、精力を漏らさないようにして、体に精力をつけることが必要である。

もっとも、小周天に習熟すると、いつでもどこでも行なうことができるし、小周天とは逆方向にも気を周回させることができる。

(四) 全身周天、大周天

全身周天という名称は、日本の著名な仙道研究家である高藤聡一郎師の造語である。もともと中国仙道には全身周天という用語はない。

全身周天とは、小周天をマスターしてから、さらにトレーニングを続けるうちにマスターできる、いわば大周天の前段階である。

高藤聡一郎師は一九四八年生まれで、それまでは断片的にしか日本に伝わっていなかった仙道を、本格的に詳細に日本に紹介された仙道研究の第一人者である。

小周天に習熟してくると、任脈・督脈の二つのルートだけではなく、全身の経絡に気をめぐらすことが出来るようになる。

そして、さらにトレーニングを積むと、腹部(丹田)で気を集めて増強させ、その増強した気を頭部に送るだけで、あとは、気が手足の先まで自然と流れて全身にゆきわたるようになる。

これを、全身周天という。

大周天というのは、ヨガのクンダリニーの覚醒・上昇に対応するもので、仙道修行の大きな関門であり極めて高度な段階である。

それは、尾骶骨に眠っているというクンダリニーと呼ばれる大量の気(のエネルギー)を、尾骶骨から頭頂部まで一瞬に上昇させるもので、その瞬間、すさまじい光、熱、音、衝撃が感じられる。

大量の気は、督脈のさらに奥にある衝脈という経脈を通って上昇するという説があるが、とにかく督脈を通って上昇させる小周天の要領でトレーニングする。

小周天はやろうと思えばいつでもできるが、大周天(クンダリニーの覚醒・上昇)は小周天とは異なり一回しか経験しない。

経験した人のなかには、軽度の大周天があって、その後に本格的な大周天があったという二つの段階を経験する人もいるが、軽度の大周天は不完全なものであり、完全な大周天は1回しか経験しないことには変わりがない。

そして大周天を経験すると、小周天を行なうために気を腹部(丹田)に集めようとするだけで、気は手足の先まで自然と流れて全身にゆきわたるようになる。

すなわち、全身周天の状態になる。

さらに大周天を経験すると、それまで経験したことがない感覚などが現れる。

(五) チャクラ：力の湧き出る泉

インドのヨガにおいて伝えられてきたもので、体には七ヵ所の「力の湧き出る泉」とか「力の中枢」、

「輻(や)」などと呼ばれている「チャクラ」という場所がある。

また、チャクラという語は、サンスクリット語で「輪」を意味する。

そこにエネルギーを集中すれば、体力、気力が増進し、さらに、それまで眠っていて使われることがなかった特殊な能力が発現すると言われている。

この七ヵ所のチャクラの位置は、漢方医学や仙道・気功法でいうところの穴位(ツボ)の中で、特に重要な穴位の位置に相当している。

そして七ヵ所のチャクラは、ヨガの経典やヨガの指導者達によって、次のように説明されている。

(一) ムラダーラ・チャクラ

ムラダーラ・チャクラがある場所については、二つの説がある。

一つは肛門と性器の中間にあるとする説であり、二つ目は尾てい骨付近にありクンダリニーと呼ばれる根源的な生命エネルギーが潜在している場所であるとする説である。

このチャクラが覚醒し開発されてくると、次のような効果があらわれるという。

内臓の消化機能が増強し、体力が増進して、普通人の三〜五倍の精力をもつようになる。

病気に対する抵抗力がつき、健康体そのものとなる。

このチャクラにサンヤマ(思念)を集中すれば、瀕死の病人でも床を蹴って立ち上がるほどだという。

身体に精気が漲って肌が美しくなり、実際の年齢より十歳以上若くなる。

(二) スヴァジスターナ・チャクラ

このチャクラがある場所も諸説があり、性器の根元付近とか、へそと性器の間とか、はたまた腎臓付近とか言われている。

このチャクラにエネルギーを集中すれば、気力が充実し、勇敢になって、積極果敢な行動力を発揮するようになるという。

そして、不動の信念をもって、どんな困難にもひるまずに、生死を超越した超人的手腕、力量を発揮するという。

(三) マニピューラ・チャクラ

マニピューラ・チャクラがある場所は、ヨガの経典等ではへそ付近とされている。

また、へその上方三〜五cm付近の丹田に相当する場所にあるとも言われており、いずれにしても、へそ付近である。

ヨガの経典であるヨーガ・スートラでは、マニピューラ・チャクラは臍輪と表現されており、「臍輪に綜制をほどこすことによって、体内の組織を知ることができる」と記されている。

「体内の組織を知ることができる」というのは、ただ知るというだけではなく、身体の組織を自由にコントロールすることができることだという。

それも、自分の身体だけではなく、他人の身体も自由にコントロールする力を持つから、人の病気なども治してしまうというのである。

別のヨガ経典であるシヴァ・サンヒターでは、「他人の体内に入り込むこともできる」と表現されている。

このチャクラは、五気のうちの「サマーナ気を克服するならば、身体から火焔を発することができる」とヨーガ・スートラにあるように、このチャクラを開発することにより、ある種のあたかも火炎に似た形態のエネルギーを身体から出すことができるようになる。

㈣ アナハタ・チャクラ

このチャクラがある場所も諸説があり、心臓付近とか、胸の中央付近とか言われている。

アナハタ・チャクラが開発されてくると、ヨーガ・スートラにある「心臓に意念を集中することで、心を意識することができる」という能力が備わるという。

この能力は、他人の心がわかると同時に、他人の心を動かす力でもある。

そして、霊的な高い心(聖霊、神霊など)と、心を交流することが出来るようになる。

また、このチャクラが開発されてくると、ある微妙な音が聞こえるようになる。その音を、ナーダ音という。

私達の心は、いつもコロコロころころと変化している。残念なことに、私達は自分の心を自由に制御(コントロール)することは出来ない。

それどころか、自分の心にいつも振り回されている。

このナーダ音というのが、その荒れ狂う巨象のごとき心を制御(コントロール)するところまではできないまでも、抑制することができる秘密のカギの一つなのである。

㈤　ヴィシュダー・チャクラ

このチャクラは、ヨガの経典等ではノドにあるとされている。

このチャクラも開発されてくると、ある微妙な音響が聞こえるようになる。

この音響は、アナハタ・チャクラが開発されると聞こえるようになるナーダ音の延長である。

かすかに聞こえていたナーダ音が、このチャクラが開発されると、大きな音で聞こえるようになる。

そして、あらゆる生き物の叫び声の意味が分かるようになり、神霊や主導霊の声をはっきり耳にするようになると説明されている。

㈥　アジナー・チャクラ

このチャクラは、眉間にあるとされている。

このチャクラは第三の眼とも言われており、このチャクラが開発されると異常な透視能力を持つようになるという。

どんなに微細なものでも、人目につかぬ所に隠されているものでも、遠く離れた所にあるものでも知ることができるという。

さらに、神霊や主導霊の姿を見るようになり、その言葉を聞くことができるという。

このチャクラは命令のチャクラとも言われ、神霊からの指示・命令を受けるようになる。

㈦　サハスララ・チャクラ

このチャクラは、梵の座、梵の裂け目という頭蓋骨の接合するところの真下に位置する。

梵の座、梵の裂け目とは、「梵」すなわち「聖なる場所」という意味である。

このチャクラを目覚めさせると、この部位に光明が現れて、燦然と輝くと言われている。

このチャクラは、すべてのチャクラを統括し自由に制御するチャクラである。

このチャクラは、聖霊が宿り、聖霊と交流するところである。つまり、ここが、ヒトの霊性の場であり、仏陀(正覚者)とはこのチャクラを完全に開発したヒトのことだという。


チャクラの場所は、ヨガの指導者たちの研究により、医学的解剖学的に主に内分泌腺に対応されており、一部は神経叢に対応されている。

しかし、まだ万人に認められ確立された説ではない。


チャクラは、目に見える解剖学的な肉体の器官や組織ではない。

「目に見える肉体」とは別に、肉体と重なるように存在している「生体エネルギーの体」のようなものがあり、チャクラは「生体エネルギーの体」に属していると考えられている。

「肉体」と「生体エネルギーの体」は、密接な関係にあると考えられている。

チャクラは、内分泌腺や神経叢などの重要な肉体の器官がある場所に位置しており、内分泌腺や神経叢などの重要な肉体の器官と相互に影響を及ぼし合っているという。

（六）クンダリニー

クンダリニーとは、ヨガにおいて、尾てい骨の仙骨付近に宿る根源的な生命エネルギーをいい、その場所に三回り半のとぐろを巻いて眠っている蛇に例えられている。

そして、クンダリニーが覚醒・上昇すると、そのエネルギーが脳の特定部位に活力を与えて、その特定部位と関係が深い能力が時を経るにしたがって発現するようになるという。

その能力とは、あるいは文学であったり、あるいは芸術活動であったり、あるいは千里眼、読心術、予知力といった超常能力であったりするという。

クンダリニーが覚醒・上昇する時は、背骨に沿って存在するクンダリニーの通り道（気道、ナーディ）を通って頭部のチャクラ（サハスララ・チャクラ）へと上昇する。その際、すさまじい光、音、衝撃を受ける。

このクンダリニーの通り道（気道、ナーディ）には三つあり、スシュムナー、ピンガラ、イダーと呼ばれる。

中央に位置するのがスシュムナーであり、ここを通ってクンダリニーが上昇すると、身体には損傷（ダメージ）を受けない。

スシュムナーの右側に位置するのがピンガラで「太陽の気道」と呼ばれ、ここを通ってクンダリニーが上昇すると、身体の内部から高熱が発生し極めて重大な損傷（ダメージ）を受けると言われている。時には、死に至ることもあるという。

スシュムナーの左側に位置するのがイダーで「月の気道」と呼ばれ、ここを通ってクンダリニーが上昇すると、ピンガラとは反対に身体が冷えて同じく損傷（ダメージ）を受けると言われている。

そのため、もしピンガラを通ってクンダリニーが上昇し高熱が発生した場合には、スシュムナーの左側にあるイダーにクンダリニーを通すことで、発熱は鎮静化するという。

そのため、古来より、クンダリニーの覚醒・上昇には重大な生命の危険が伴うので、必ずクンダリニーを覚醒・上昇させた指導者のもとで訓練しなければならないと言われている。

第四章 「四神足瞑想」を行なうための準備

第四章「四神足瞑想」を行なうための準備

(一) 場所および環境

第一課程と第二課程は一般的には瞑想というよりも体を動かす身体運動に近いトレーニングなので、トレーニングができる場所ならば、家の中でも、体育館の中でも、公園などの広場でも、どこでも構わない。

第三課程からは普通よく言われるところの瞑想なので、座禅と同じような心休まる環境がよい。その場所は、ゆっくりとくつろげることができる所であれば、部屋の中でも近くの公園や見晴らしのよい原っぱや海辺でも構わない。

多くの人は休日以外は時間の都合上どうしても部屋の中で行なう方が便利と思われるので、その際は、心が休まる静かな部屋を選ぶようにする。

ただし、瞑想の間、電話などによって瞑想を中断されることがないようにする必要がある。

瞑想を行なう場所の温度は、暑くもなく寒くもない温度がよい。

それが難しい場合は、暑さや寒さを出来るだけ感じない服装をする。

そしてさらに、服を着ていることが気にならないような、ゆったりとした服装がよい。

冷房や暖房を使用してもよいが、その場合に気を付けなければならないのは、夏場の冷房の冷えすぎである。

瞑想を始める時、「暑いというほどでもないが、もう少し設定温度を下げてもいいかな」という程度の少し高めの室温の方がよい。というのは、瞑想に入ると、体の新陳代謝が低下してくるので自然と体温が下がってくる。

そのため、「もう少しエアコンの設定温度を下げてもいいかな」というぐらいの少し高めの室温の方が、時間が進むにつれてちょうどよい温度(適温)になってくる。

冬の暖房の場合は、湿度と新鮮な空気の取り入れに配慮する必要がある。特に、エアコンの場合は、部屋が乾燥しないように工夫する必要がある。部屋が乾燥してくると、瞑想中にノドが乾燥して咳き込んだりして瞑想を阻害する場合がある。

また、ガスストーブの場合は、部屋の空気が悪くならないように部屋の換気を工夫する。換気が悪いと部屋の空気の二酸化炭素(CO^2)濃度が高くなり、頭痛がしたり眠気を催したりして瞑想を阻害するので、十分に注意する必要がある。

第一課程と第二課程については、基本的にはどこでも構わないが、できれば木々の生い茂った公園や海辺で行なうのが望ましい。

そうした場所でトレーニングを行なうと、気を感知し易くなり、上達が早い。

しかし、そうした場所でのトレーニングが出来ない人は、平日は自分の部屋で行ない、休日などにそうした場所に出かけてトレーニングを行なうとよい。

(二) 姿勢と坐法

武道やスポーツは勿論のこと、何事においても正しい姿勢で行なうことが重要であるように、「四神足瞑想法」においても正しい姿勢で行なうことが極めて重要である。

姿勢を正しく決めると力や効果は十分に現われるが、姿勢が正しくないと力や効果は半減する。

また、体の姿勢を正しくすると、心(意識・精神)まで明るく伸びやかで積極的に整ってくる。


ただし断わっておくが、「姿勢」というのは人それぞれ骨格によって異なっている。

骨格が固まる幼児期において、横向きでよく寝ていた人は、肩が湾曲したり猫背気味の骨格になっている場合がある。

両親が姿勢にまで気を付けていて、上向きで寝ていた人は、肩は湾曲せずに胸を張った伸びやかな骨格になっている。

そのため、ここでいう「正しい姿勢」とは、人それぞれ異なっている骨格において、出来るだけ背筋を伸ばし体を真っ直ぐにしている姿勢をいう。


誰でも経験したことがあるように、悲しい時や悩んでいる時、または仕事や学業が希望に反した結果になって落胆した時など、肩が落ちて前かがみの姿勢になっている。

その姿勢のままでいると、いつまで経っても心はその状態、すなわち「マイナスの心の状態」を脱することは出来ない。

ところが、アゴを引いて背筋を伸ばし体を真っ直ぐにすると、すなわち姿勢を正しくすると、そういう〝マイナスの心の状態〟から〝やる気と希望の状態〟(プラスの心の状態)に変わってくる。

その理由は、生理学的にはいろいろと説明できるだろうが、体験的には気(のエネルギー)が発生し易くなり、かつ体内を流れ易くなることも要因の一つに挙げることが出来る。

「四神足瞑想法」で小周天や全身周天が出来るようになったらはっきりと体験できると思うが、たとえば小周天を行なう場合、正しい姿勢すなわちアゴを軽く引いて背筋を伸ばし体を真っ直ぐにしてリラックスして行なうと、気はスムーズに流れ体をめぐっていく。

ところが、次に体を前かがみにして体が曲がっている悪い姿勢にすると、とたんに気の流れは滞り、気そのものも少なくなっていく。

また、全身周天の場合では、特に手や足への気の流れが悪くなるのである。

それは何故かというと、上体を前かがみにするということは腰を曲げることである。

腰を曲げると、任脈(気の前面ルート)と督脈(気の背面ルート)が圧迫されて気が流れにくくなり、それに伴って気の発生そのものも少なくなるからである。

この現象は、小周天や全身周天をマスターしていなくても、「四神足瞑想法」の第一課程の静的トレーニング法である「手のひらで気を感知する技法」がある程度できるようになった段階でも体験することができる。

それは、正しい姿勢では手のひらで気をはっきりと感知できても、悪い姿勢にするととたんに気の感覚は弱まってくることで分る。

すなわち、正しい姿勢では気(のエネルギー)が発生し易くなり、気が全身に流れ易くなるのである。

ということは、正しい姿勢では体のどこにも余分な負担がかからず、体の諸器官の機能が十分に発揮できる状態になっているだけではなく、さらに気が発生し易くかつ流れ易くなっているために全身の細胞が活性化され、心も自然と積極的になるのである。

そして、身体が活性化し心が積極的になるということは、いろいろなトレーニングはもとより仕事や学業においてもプラスに働き、進歩・向上をもたらすのである。

「四神足瞑想法」でいう正しい姿勢とは、アゴを軽く引いて背筋を伸ばし体を真っ直ぐにしてリラックスすることであるが、第一課程から第二課程、第三課程へと上級課程に進んでいき、気と気の流れを全身に感知できるようになってくると、さらに「気の発生と流れ」が最大になる姿勢が分るようになってくる。

すなわち、同じアゴを軽く引いて背筋を伸ばし体を真っ直ぐにしてリラックスする姿勢でも、上級段階で行なう気の発生と流れを最大にする姿勢は、重心の位置などが微妙に調整されている姿勢ということになる。

次に坐法(座り方)について説明するが、坐法は瞑想を中断しないような安定した座り方がよく、しかも楽な座り方がよい。

人それぞれ体の柔軟さに個人差があるが、出来るだけ少々きつくても安定した坐法がよい。

座る回数を重ねるうちに、きつさは和らいでくるので、一ランクでも安定した坐法がよい。

勿論、坐法においても、正しい姿勢が重要である。

以下に紹介する三つの坐法とも、背すじを伸ばして、前後、左右に反ったり傾いたりしないようにする。

まず、座ぶとんを二枚用意し、一枚を二つ折りにして、もう一枚の上に置いて、その上に尻を乗せる。

㈠ **結跏趺坐** ―― 最も安定した坐法

手順１　両足を前に伸ばして座る。

手順２　右足を曲げて、左の太腿の上にのせる。

この時、踵が下腹につくように深くのせる。土踏まずは上を向く。

手順３　つぎに、左足を曲げて、右の太腿の上に同じように深くのせる。

尚、右足と左足は、逆でも構わない。

㈡ **半跏趺坐** ―― 結跏趺坐よりは安定度はないが、その分、楽に座れる。

手順１　両足を前に伸ばして座る。

手順２　つぎに、あぐらをかくように座る。

手順３　右足のみ左の太腿の上にのせる。

この時、踵が下腹につくように深くのせる。土踏まずは上を向く。

体の柔軟さに個人差があるので無理をすることはないが、出来るならば右足の膝頭が浮かないようにするのが望ましい。

尚、右足と左足は、逆でも構わない。

㈢ **正座**

手順１　普通の正座で座る。

手順２　両方の膝頭に、こぶしが二つ〜三つほど入るぐらいの間隔を開ける。

(三) 呼吸法

私たちが生きていく上で、食べ物を摂り、水を飲み、呼吸をすることは必要不可欠なことである。それらの中で、呼吸ほど必要性において緊急度の高いものはない。

食べ物は一日や二日食べなくても生命には支障はないし、水も数時間飲まなくても我慢できないことはない。

ところが、呼吸は一〇分間もできないと大抵は死んでしまう。どんなに訓練を積んだ人でも二〇分も三〇分も呼吸を止めていることはできない。

このように生命を維持する上で重要であり、かつ必要不可欠なものであるにもかかわらず、呼吸ほど通常忘れ去られ、なおざりにされているものはない。

しかし、瞑想においては呼吸を最も重要視し、まず始めに「瞑想の呼吸」を訓練する。日常、無意識に行なっている呼吸は、胸を膨らませたり縮めたりして行なう「胸式呼吸」である。しかも、肺活量をわずかしか使っていない、いわゆる浅い呼吸である。

瞑想ではこの胸式呼吸ではなく、腹部の収縮と弛緩(縮めたり弛めたりすること)による呼吸「腹式呼吸」により行なう。腹式呼吸は、腹部をポンプのように使う、いわゆる深い呼吸である。それでは、なぜ瞑想においては腹式呼吸を行なうのかというと、それは深いリラックス状態に入ることが出来るからである。

その理由として、二つを挙げることができる。

まず、一つ目の理由として、腹式呼吸を行なうことにより、腹部には圧力がかかる。それがどういう効果をあらわすかというと、自律神経の中枢は、腹部の太陽神経叢にある。腹式呼吸によって生ずる腹圧は、この太陽神経叢に刺激を与える。この腹圧による絶えざる刺激により、自律神経はつねに活発に働くようにコントロールされているのである。

ふつう、精神的ショックを受けた時は、交感神経の働きで、アドレナリンなどの強い昂奮剤が過剰分泌される。ところが、腹式呼吸により、自動的にその緊張・昂奮を緩和するように副腎の副交感神経が働いて、昂奮抑制剤であるアセチールコリンの分泌が行なわれる。この作用によって、血管は拡張し血圧も下がり、心身の昂奮はおさまってリラックスするのである。

二つ目の理由として、

「脳がこの種の呼吸にだまされる」のではないかというのである。すなわち、ゆったりとした滑らかな呼吸は睡眠時の呼吸に似ており、脳はその呼吸にだまされて睡眠状態に相応する信号を出すために、心身が深いリラックス状態になるのではないかという。理由はともかく、実際上、瞑想においては腹式呼吸が基本であり不可欠なのである。

以下に説明する呼吸は、基本的には全て腹式呼吸である。

呼吸の回数は、私たちは普通一分間に一五回ほど呼吸をしているが、ここでは一分間に六回から八回を目安にする。瞑想を行なうと、呼吸の回数は自然に少なくなってくるが、一分間に六回から八回ぐらいから心身ともにリラックスし、気(のエネルギー)の発生・流れもはっきりと向上してくる。

ここで、腹式呼吸における注意事項を述べる。

①腹式呼吸における腹の動きは、必ず前後運動でなければならない。
絶対に上下運動をしてはならない。上下運動すると横隔膜を圧迫することになる。

横隔膜が圧迫されると、肺や心臓も圧迫されるので血圧も高くなり、健康を害することになる。

呼吸が苦しくなったり、めまいがしたり、心臓が苦しくなるなどの体の不調を覚える。

こんな腹式呼吸では瞑想は長く続かないし、おまけに健康も損なってしまう。

②私たちが普段行なっている呼吸は胸式呼吸である。
普段の胸式呼吸は横隔膜への圧迫はほとんどない。

深呼吸でも横隔膜への圧迫はあまりない。

ところが、腹式呼吸は必ず横隔膜への圧迫がある。

たとえ意識的に、腹の動きを上下運動にならないように、腹を膨らませたりへこませたりの前後運動だけの腹式呼吸であっても、必ず横隔膜への圧迫がある。

それは、腹部に力を入れて前後運動しているからである。

この場合は、必ず横隔膜は上下に動いている。

③そこで、横隔膜への圧迫を出来るだけ少なくするように、腹部に力を入れずに穏やかに軽く腹を膨らませたりへこませたりすることが、腹式呼吸の奥義であり秘伝である。
この場合は、横隔膜はほとんど上下に動かずに、腹の動き(前後の動き)に従っている。

すなわち、無理にというか意識して腹式呼吸を行なうのではなく、自然に穏やかに腹式呼吸を行なうのである。

そのため、横隔膜への圧迫が少ない腹式呼吸が出来るまでは、呼吸法（腹式呼吸）の訓練を主としたトレーニングを行なった方がよい。

尚、横隔膜とは呼吸運動に関する筋肉の一つで、哺乳類にのみ存在するものである。胸腔（胸部）と腹腔（腹部）の境界にある筋板であり、胸腔（胸部）側にドーム状（円蓋状）に盛り上がるように存在している。横隔膜の収縮によって円蓋を下げ、胸腔（胸部）を拡げる。すなわち、腹式呼吸の際に大きな役割をする。

⑴　**自然呼吸法**

手順1　しばらく普通の呼吸をして、呼吸を整え、心身ともにリラックスさせる。
手順2　息を吐く時は、腹部を凹ませるようにして、肺の中の空気を吐き出す。
手順3　息を吸う時は、腹部をゆるめることで、それにつれて肺の中に外気を吸い込む。

⑵　**反式呼吸法**（または逆式呼吸法）——自然呼吸法と反対の呼吸

太極拳では、腹式逆呼吸法と称して、極意として研究されているという。当呼吸は、自然呼吸よりも腹部（腹筋）は勿論のこと横隔膜にも負荷がかかる。そのため、出来るだけ横隔膜が上下運動しないように注意する必要がある。

手順1　しばらく普通の呼吸をして、呼吸を整え、心身ともにリラックスさせる。
手順2　自然呼吸法とは反対に、息を吐く時に腹部を膨らませて、その動作とともに肺の中の空気を吐き出す。

手順３　息を吸う時は、腹部を凹ませて、その動作とともに肺の中に外気を吸い込む。

(3)　火の呼吸法

ふいご式呼吸法ともいい、鍛治屋が使う「ふいご」のように、腹部を激しく凹ませたり、膨らませたりすることで呼吸する。この呼吸において、両方の鼻孔で行なう方法と、片方の鼻孔を手でふさいで、もう片方の鼻孔のみで行なう方法とがある。

当呼吸は、自然呼吸よりも腹部(腹筋)は勿論のこと横隔膜を激しく動かすので、横隔膜の上下運動は避けられない。そのため、長い時間とか頻繁に行なうことは避けたい。「四神足瞑想法」では、この呼吸法が特に重要となる。

手順１　しばらく普通の呼吸をして、呼吸を整え、心身ともにリラックスさせる。
手順２　息を吐く時、激しく腹部を凹ませることで、肺の中の空気を吐き出す。
手順３　息を吸う時は、ただちに腹部をゆるめることで、肺の中に外気を吸い込む。

(四)　時間

瞑想を行なう時間帯は、できれば早朝の起床直後か夜の就寝前が望ましい。

しかし、仕事や家事などの都合上、なかなか時間を作ることが出来ない場合には、二〇分でも三〇分でも時間が作れる時間帯でも構わない。

休憩時間や昼休み時間または日中の空いた時間などを利用して行なったらよい。上達してくると、いつでもどこでも出来るようになる。

たとえ人混みの中であろうとも出来るようになるので、朝夕の通勤時間に電車やバスの中で行なうこともできる。

そうは言っても、瞑想にある程度慣れるまでは、早朝の起床直後か夜の就寝前に行なうように工夫してほしい。

（五）注意事項

トレーニングを行なう上での注意事項を、以下に示す。
(1)　心身ともにリラックスするように心がける。
　呼吸を整え気持を落ち着けて、ゆったりとした気分を心掛ける。
(2)　怒り、憎しみ、焦り、不安などのマイナスの感情は持たないで、喜び、感謝、希望などのプラスの感情を持つようにする。
　マイナスの感情を持つと、それにとらわれてしまい瞑想どころではなくなる。

　マイナスの感情にいったんとらわれると、それを振り切っても後から次々に現れてくるので、心身ともに疲弊してしまう。

　ここで、感情と気（のエネルギー）の関係における特筆すべき点を述べると、気はマイナスの感情の時には発生しにくく、かつ体内を流れにくいが、反対にプラスの感情の時には発生し易く、かつ流れ易いという性質を持っている。

よって、気を活用するためにも、マイナスの感情は持たないで、プラスの感情を持つように心がけることが重要である。

(3) トレーニング中は、淡々とした気持を心掛ける。
「絶対に出来るようになるんだ」というように、意気込んだり思い詰めないようにする。こういう気持の時には、心は緊張状態になっており、上達の阻害にしかならない。

「出来るようになったらいいなぁー、楽しいだろうなぁー」ぐらいの、楽な気持でトレーニングすると上達が早い。

(4) 瞑想は毎日行なうようにする。短い時間でもいいから、とにかく毎日行なうこと。
週に一回まとめて二時間瞑想するよりも、十五分でもいいから毎日一回瞑想する方がはるかに上達が早い。とにかく習慣化するように、時間を決めて行なうことが望ましい。

(5) これは瞑想だけではなく全てのことに当てはまることだが、トレーニングを開始したらマスターするまで決して諦めることなく続けることが大切である。
目的地に向かって、一歩でも二歩でも諦めることなく歩き続けていると、いつかは目的地に辿り着くことができるが、そこで諦めて歩くのをやめてしまうとそれまでである。

瞑想もそれと同じで、諦めることなくトレーニングを続けると、いつしか上達してくる。習慣になるまでは、熱意を持って取り組むようにすることが最も大切である。

第五章　四神足瞑想法と安那般那との対応

第五章　四神足瞑想法と安那般那との対応

(一) 仏陀の修行法 ― 安那般那(アンナパンナ)

阿含経典の第四編である「雑阿含経」の中に、究極の目標である「解脱」に到達するための実践の方法が集録されている。

古来の仏教者たちは、その方法を「三十七道品」あるいは「三十七菩提分法」と称してきた。

即ち、四念住(四念処)・四正断(四正勤)・四神足(四如意足)・五根・五力・七覚支・八正道(八聖道)の七科の集計である。

修行の中心は、四神足という瞑想を主体とした修行法である。

その修行法は、「雑阿含経」の中の「安那般那念経」に説かれている。

その内容は、「行息」＝気息を行(めぐ)らすを中心とした十五種類の修行法である。

「内息」「外息」「入息」「出息」「行息」「身の行息・入息」「身の行息・出息」「心の行息・入息」「心の行息・出息」「心の解脱入息」「心の解脱出息」「滅入息」「滅出息」「身止息」「心止息」

各修行法の名称は列挙されてはいるが、その内容については記載されていない。

それは、当時の修行法は全て、口承伝達と実地指導で伝えられたためである。


「行息」＝気息を行(めぐ)らすを中心としていることから、古代インド発祥の修行法であるヨガの一つ「ラージャ・ヨガ」(ヨガの王と称される)と関係がある。

ヨガは明確な起源は定かでないが、紀元前二五〇〇年〜前一八〇〇年のインダス文明に起源を持つ可能性が指摘されている。口承伝達や実地指導により伝えられてきた。

おそらく、仏陀は修行時代にヨガも習得しており、それを取り入れて四神足という修行法を編成したものと考えられる。

ヨガの内容は、仏陀の時代から六〇〇〜八〇〇年ほど後世の紀元二〜四世紀頃にパタンジャリによって編纂された「ヨーガ・スートラ」で知ることができる。

この中では、気息をプラーナと称している。


「行息」＝気息を行(めぐ)らすを中心としていることから、中国の修行法である仙道の修行法とも関係がある。

仙道の起源も定かでないが、仙道とヨガは酷似している所が多い。

仙道もヨガと同じように、口承伝達や実地指導により伝えられてきた。

仙道の最古の文献と言われているのが、後漢(紀元一〜三世紀頃)の魏伯陽が著した「周易参同契」である。これは、易(儒教)と老荘思想(道)の哲学によって仙道を権威づけようとした三位一体(参同)説であるとされる。

その他には、葛洪の「抱朴子」(紀元四世紀頃)などがある。

紀元前五〇〇年頃の斉の都である臨淄(りんし)の遺跡から発掘された人遺伝子(ミトコンドリアDNA)は、現代ヨーロッパ人に非常に近いという調査結果を二〇〇〇年に日中合同調査団が発表した。すなわち、当時の中国は、すでに西域・中東・ヨーロッパとの人的交流がかなり行なわれていたことを示している。

それに伴って人種の混血や技術・文化の伝播や交流が行なわれていたものと推測される。

臨淄は、紀元前八五九年以降は一大商業都市として繁栄し、指折りの思想家・哲学者である諸子百家の発生の地、学問の中心地でもあったという。

おそらく、臨淄においては中国発祥の学問や思想ばかりでなく、西域・中東・ヨーロッパの学問や思想も取り入れられて、諸子百家の学問や思想は発展していったものと思われる。

これは、臨淄だけに限らず中国各地で展開されていたものと考えていい。

そして仙道だが、おそらくヨガが中国に伝わり、中国発祥の修行法に取り入れられて、中国の風土と風習の中で独自な形として発展していったものが、仙道の修行法であると考えられる。

（二）四神足瞑想法と安那般那との対応

古来、仏陀の呼吸法を説いたものであるとされてきた「安那般那（あんなぱんな）念経」は、呼吸法という観点から多くの有識者によって解釈がなされてきた。

たとえば、「安那般那は、〝息を吸う〟〝息を吐く〟の呼吸のうち、〝息を吐く〟の方に重点を置いた呼吸法である」という解釈もそういった解釈の中の一つである。

こういった古来からの解釈に対して、「安那般那はたんなる呼吸法ではなく、呼吸法であるとともに生気（プラーナ）をともなった息、すなわち気息を駆使する特殊な修行法である」という解釈を、阿含宗の桐山靖雄師は示されている。

しかし、宗教指導者としての立場からだろうと思われるが、その解釈は概要の提示だけであり、具体的な内容については示されていない。

桐山師は、一九二一年（大正十年）生まれで、一九五四年（昭和二十九年）に「観音慈恵会」という宗教団体を設立し、一九七八年（昭和五十三年）に密教様式を取り入れて阿含宗を立宗された。

そして阿含経を依経とし、阿含経典の中のいくつかのお経について、桐山師独自の解釈を分かり易く発表されている。

ここでは、「気息を駆使する特殊な修行法である」という解釈に関しては桐山師と同じであるが、概要とともに内容についても具体的に示している。

安那般那念経とは、次のようなものである。

是の如く、我れ、聞きぬ。一時、仏、舎衛国の祇樹給孤独園に住まいたまへり。

爾の時世尊、諸の比丘に告げたまはく『安那般那の念を修習せよ。若し比丘の安那般那の念を修習するに多く修習せば身心止息することを得て有覚、有観、寂滅、純一にして明分なる想を修習満足す。何等をか安那般那の念を修習するに多く修習し已らば身心止息し、有覚、有観、寂滅、純一にして明分なる想を修習満足すと為す。

是の比丘、若し聚落城邑に依りて止住し、晨朝に衣を著け鉢を持ち、村に入りて乞食するに善く其の身を護り、諸の根門を守り善く心を繋げて住し、乞食し已つて住処へ還へり、衣鉢を挙げ足を洗ひ已って或は林中の閑房の樹下、或は空露地に入りて端身正坐し、念を繋げなば面前、世の貪愛を断じ欲を離れて清浄に、瞋恚・睡眠・悼悔・疑・断じ、諸の疑惑を度り、諸の善法に於て心決定することを得、五蓋の煩悩の心に於て慧力をして弱らしめ、障礙の分と為り、涅槃に趣かざるを遠離し、内息を念じては念を繋げて善く学し、外息を念じては念を繋げて善く学し、息の長き息の短き、一切の身の入息を覚知して一切の身の入息に於て善く学し、一切の身の出息を覚知して一切の身の出息に於て善く学し、一切の身の行息・入息を覚知して、一切の身の行息・入息に於て善く学し、一切の身の行息・出息を覚知して、一切の身の行息・出息に於て善く学し、喜を覚知し、楽を覚知し、身行を覚知し、心の行息・入息を覚知して心の行息・入息を覚知するに於て善く学し、心の行息・出息を覚知して、心の行息・出息を覚知するに於て善く学し、心を覚知し、心悦を覚知し、心定を覚知し、心の解脱入息を覚知して、心の解脱入息を覚知するに於て善く学し、心の解脱出息を覚知して、心の解脱出息を覚知するに於て善く学し、無常を観察し、断を観察し、無欲を観察し、滅入息を観察して、滅入息を観察するに於てよく学し、滅出息を観察して、滅出息を観察するに於て善く学する。是れを安那般那の念を修するに身止息し心止息し、有覚、有観ならば寂滅、純一にして明分なる想の修習満足せりと名づく』と。
仏此の経を説き已りたまひしに諸の比丘、仏の説かせたまふ所を聞きて、歓喜奉行しき。
（雑阿含経・安那般那念経）

その概要は、次のようなものである。

内　息――内息とは文字通り、内の気息、体内の気（のエネルギー）のことである。すなわち、自分自身（体内）の気を感知することである。そして、その技法であり、修行法である。

外　息――外息とは文字通り、外の気息、体外の気のことである。すなわち、自分以外（体外）の気、すなわち他人の気や、樹木、草花、火などの大自然の気を感知することである。そして、その技法であり、修行法である。

内息、外息は、体内、体外を問わず、気を容易に感知できるようにする技法、または修行である。

入　息――入息とは文字通り、気を取り入れることである。
体外の気、すなわち樹木、草花、火などの大自然の気を、自分（体内）に取り入れることであり、そして、その技法であり、修行である。

出息――出息とは文字通り、気を出すことである。自分（体内）の気を、体外に放射・放出することであり、そして、その技法であり、修行である。

入息、出息は、気を体内に取り入れたり、体外に放射・放出することであり、言葉を換えると、「気を操作すること、または、そのための修行」である。すなわち、気功法に相当する。

もっとも、気（のエネルギー）を「自在に」操作できるためには、行息以降の深い修行を行ない、それを修得する必要がある。

このように、内息、外息、入息、出息は、気を感知し、気を操作することであり、そのための技法、または修行法である。

そして、深い修行に入るための必要な技術であり、基本的な心身調節技法である。

この内息、外息、入息、出息を修得して、始めて高度な瞑想法に入ることができるのである。

なぜならば、次の段階の修行である「行息」（気を体の隅々までめぐらす技法）は、気を感知し気を操作することができないと決して行なうことができないからである。

行息――行息とは文字通り、気を体の中で行（めぐら）すことである。
気を体の中で行（めぐら）し、【小周天に相当】
気を体の隅々まで行す。【全身周天に相当】

身の行息・入息

身の行息・出息

この二つは、気を体の中で行(めぐら)すことである。

全身の経絡に気を行(めぐら)すことである。

その際、気を体内に取り入れたり放出したりして、その促進をはかる。

すなわち、小周天、全身周天を習得できるようにするための技法であり修行である。

心の行息・入息

心の行息・出息

この二つは、気を行(めぐら)し、チャクラを開発する技法である。

体のチャクラを開発し、脳のチャクラ(サハスララ・チャクラ、アジナー・チャクラ)の開発をはかる。

前半は、小周天などの技法により体のチャクラを開発し、脳のチャクラの胎動をはかる。後半は、脳のチャクラの開発を行なう。

身の行息(小周天、全身周天)は、呼吸法など体を使って気をめぐらすという要素が強いが、心の行息(チャクラの開発、光明発現に向けての準備)は心(意識)を集中して深く沈めていき、そのため肉体の感覚が薄れてきて、心(意識)の領域が拡大する。まさに、心の行息という表現がピッタリなのである。

すなわち、身の行息・入息、身の行息・出息、心の行息・入息、心の行息・出息は、体のチャクラ、脳のチャクラを開発する修行であり、「明星」の発現やクンダリニーの覚醒へ向けての修行なのである。

心の解脱入息
心の解脱出息

この修行の途中の段階において、「明星」の発現がみられ、場合によってはクンダリニーの覚醒がある。

滅入息
滅出息

これは、「大生命」のもとに帰る技法と思われる。

身止息
心止息

これは「大生命」のもとに帰って「大生命」と一体となった境地(状態)というか、技法だと思われる。
さらに、内息、外息から滅入息、滅出息にいたるまでの全ての修行を代表している言葉(名称)である。
具体的な内容については、第六章に詳しく示している。
「四神足」とは、欲神足、勤神足、心神足、観神足の四つのことであり、「安那般那」そのものである。

「欲神足法」とは、心と体を修行に入ることが出来るように調節する技術である。すなわち、基本的な心身調節技法である。

「勤神足法」とは、心と体をさらに深い修行に入ることが出来るように鍛錬する技術である。すなわち、高度な心身調節技法であり瞑想法である。

「心神足法」とは、修行が進み肉体の感覚が薄れてきて、心(意識)の領域が拡大する高度な瞑想法である。

「観神足法」とは、主観と客観とが一体となる難度な修行法であり瞑想法である。これを成就した時、我(煩悩)は完全に解消し「大生命」と一体になる。

阿含経の中には、別の表現でも仏陀の悟り(三昧)に至る過程が記されている。仏陀の悟り(三昧)に至る過程には、

「日常意識」という悟りを得ていない段階(三界でいう欲界の意識)

「四静慮(四禅)」の四つの段階(三界でいう色界の意識)

初　禅

第二禅

第三禅

第四禅

「四無色定」の四つの段階(三界でいう無色界の意識)

空無辺処

識無辺処
無処有処(アーラーラ・カーラーマの悟りの段階)
非想非非想処(ウッダカ・ラーマプッタの悟りの段階)

「滅尽定」(仏陀の悟りの段階)
心のあらゆる動きが止滅した状態

以上の九つの段階を「九次第定」という。

「四神足」の欲神足、勤神足、心神足、観神足の四つのトレーニング(修行)を「九次第定」に対比すると、

「欲神足」は、「日常意識」という悟りを得ていない段階でのトレーニング(修行)
「勤神足」は、「四静慮(四禅)」という悟りを得る段階でのトレーニング
「心神足」は、「四無色定」という悟りを得る段階でのトレーニング
「観神足」は、「滅尽定」という仏陀の悟りを得る段階でのトレーニング

に相当するものと思われる。

「四神足瞑想法」は、仏陀の修行法である「安那般那」をもとに編成された修行法であり、体系的かつシステム的に編成されている仏陀の修行法である「安那般那」のうち、初心者(入門)の段階から「明星の発現」と「谷響の発現」の段階までを目標・テーマに取り上げて、その段階まで到達できるように

編成したトレーニング法(修行法)なのである。

そして、熱心にこの「四神足瞑想法」を修練・修得するならば、各段階に到達した際の徴候(しるし)を体験することになる。

その徴候(しるし)とは、気の感知であり、チャクラの覚醒、クンダリニーの胎動がそうであり、「明星」の発現と「谷響」の発現がそうである。

場合によっては、クンダリニーの覚醒・上昇も同じくそうである。

(三)四神足瞑想法の五つの課程

仏陀の修行法は、実は取っつき易く、初心者でも段階を追って習得できるように工夫されており、一つの段階を習得できると、次の段階の概要が自分自身でも自然に分かってくるように編成されている。

まさしく、初心者(入門)の段階からの、体系的かつシステム的な修行法である。

岐阜県の郡上市八幡町では、吉田川の川面から十二〜十三mの高さの橋から、川に飛び込むという伝統行事がある。

十二〜十三mの高さといえばビルの四階に相当する高さであり、当然、非常に恐怖を感じる。

ところが、地元の青年達はまるで恐怖心がないかのように、平然と川に飛び込んでいく。

なぜ青年達は平然と川に飛び込むことができるのかには、きちんとした理由(タネ)がある。

その種(タネ)明かしをすると、付近にはいろんな高さの岩場があり、幼少の時からそれらの岩場で、段階的に少しずつ高さが高い岩場から飛び込んで高さに慣れる練習を、水遊びとして楽しんで行なっているからである。

最初は、五〇cm〜一ｍほどの高さの岩場から川に飛び込む練習をする。

小さな子供にとっては、一ｍの高さといえば結構高く、恐怖を感じる高さである。

そのため、飛び込むのに躊躇して後ずさりしたり、「できない」とか「こわい」とか言ったり、泣きべそになったりもする。

そんな可愛いわが子や孫の雄姿を写真やビデオに撮ろうと、カメラを片手に携えた両親や祖父母、兄弟達が励ましの言葉を掛けたりして応援することで、しだいに恐怖心を振り払って飛び込むことが出来るようになる。

いったん飛び込むことが出来るようになると、次からは自分から進んで飛び込むようになるし、さらに年齢が上がってくると友達と一緒に遊びとして飛び込むようになる。

年齢が高くなるにつれて、二〜三ｍの高さの岩場、四〜五ｍの高さの岩場という具合に、段階的に高さが高い岩場へと移って川に飛び込む練習を、水遊びとして行なっているのである。

仏陀の修行法も段階的に高度になり、段階を追って高度なものが習得できるようになっている。

しかし、高度になればなるほど習得することがむずかしくなるので、おそらく仏陀の弟子達(修行者)も挫折感や無力感に幾たびも襲われたことであろうと思われる。

しかしその度に、そんな弟子達を仏陀ご自身や高弟達が指導し励まし応援したりして、または同じ仲間の弟子達が次々に習得していく様子を近くで実際に目の当たりにすることで、対抗心が湧いたり自信を取り戻したりして、最終的には挫折することもなく五百羅漢と言われるほどの多くの弟子達が最終目標の「解脱」まで成し遂げていったものと思われる。

仏陀や高弟達が在世の頃は、仏陀ご自身や高弟達が、弟子達一人一人の能力や適性を見究めながら、弟子達の修行段階に応じた体系的で適切なご指導をされたことであろう。

そんな体系的な指導内容(方法・手順)の一つであり中心であったのが、「四神足」である。

仏陀の弟子達(修行者)は、仏陀や高弟達の愛情に溢れた指導や励ましや応援を受けることで、挫折することもなく、スムーズに習得していったのである。

しかも、仏陀の弟子達(修行者)は、最初から「解脱を必ず成し遂げる」という明確な目的意識を持って、仏陀のもとに集まりトレーニング(修行)に励んだのである。

そのために、困難を承知で修行を開始したので、挫折感や無力感に一時的に襲われてもすぐに立ち直ったことであろう。

筆者の場合は、体調を崩して生まれて初めて入院し、退院後に健康や体力の回復を目指して行なっていたトレーニングが、偶然にも「四神足」の初歩のトレーニングであった。

「解脱を成し遂げる」という高尚な目的意識は持ってなく、「ただ入院前の健康と体力を取り戻したい」という一心であった。

その時に、何と予期せずに気(のエネルギー)が本当に存在することを体験したのである。

そのため、健康と体力を取り戻してからも、興味本位で高度なものにトライしていった。

それと、こういったトレーニングは体質に合っていたものとみえて、長時間続けることができた。

トレーニングがかなり進んだ頃、実施してきたトレーニングが仏陀の修行法である「四神足」であることに気付いた。

高度になればなるほど習得することがむずかしくなる上に、直接指導してくれる人もいない。

そこで仕方なく試行錯誤でトレーニングせざるを得ないので、容易には習得できなかった。

そもそも、「解脱を成し遂げる」というような高尚な目的意識からではなく、興味本位で行なっていただけなので、三〜四か月は熱心にトライすることができても何ら変化がないと、途中で「とても出来ない」と思って、しまいには諦めてトレーニングを止めてしまうのである。


四神足やヨガや仙道を実際に習得している指導者とか、一緒に検討したり励ましたり勇気づけたりするなど切磋琢磨してトレーニングを行なう仲間もいないので、三〜四か月は熱心にトライすることができても何ら変化がないと、四神足やヨガや仙道で説かれていることは嘘ではないかと不安になったり、または自分には習得する才能も力もないと思ったりして諦めてトレーニングを止めてしまうのである。

そんなことが再三再四あった。


ところがトレーニングを止めてしばらくすると、入院前とは体質がすっかり変わってしまったようで、なぜか微熱が続いたり、体重が急に減ったり、逆に増えたりと、体調を必ず崩していた。

そのため、体調を元に戻したい一心から、健康回復効果がある「四神足」の初歩のトレーニングを再開していた。

そして体調が元に戻っても、前回諦めてトレーニングを止めてしまったことを心のどこかで負い目に感じていたせいか、そのまま継続して高度なトレーニングに再挑戦していた。

再挑戦すると、前回は感じなかった変化をなぜか感じることができ、喜びとさらなる期待の中でしだいに熱中して、さらに高度な課程へと進んでいった。

そして、高度になればなるほど習得することがむずかしくなるので、そこでも同じように途中で「とても出来ない」と思って、諦めてトレーニングを止めてしまうのである。

トレーニングを止めてしばらくすると、同じように体調を必ず崩していた。

これの繰り返しで、年月が経つうちに、いつの間にか高度な課程へと進んでいった。

そして、ある日どういう訳か、「四神足を再現したい」、「四神足を再現しなければならない」という強い気持(意識)が湧いてきた。確たる目的意識が湧いてきた。

確たる目的意識を持つようになって以降、途中で「とても出来ない」と思うことはなくなり、諦めてトレーニングを止めてしまうこともなくなった。そのため、以前のように体調を崩すことはなくなった。もしかすると、体質も入院前の元の体質に戻ったような気もしている。

仏陀が活躍した当時のヨガの修行法の記録はないので、その当時のヨガの修行法とパタンジャリによって編纂された「ヨーガ・スートラ」のヨガの修行法が同じかどうかは不明である。

もしかすると、パタンジャリによって編纂された「ヨーガ・スートラ」のヨガの修行法は、仏陀の修行法を一部参考にした可能性がある。

そうなると、仙道の修行法も、仏陀の修行法を参考にしている可能性がある。

仙道の修行の目的は、「仙人」になることである。

「仙人」の究極の境地(段階)は、自分の意志で死んだり、生き返ることができるとされている。

すなわち、「輪廻を脱した状態」、「解脱」を達成した境界が、「仙人」の究極の段階である。

インドでは、「輪廻を脱した状態」、「解脱」を達成した境界にいる聖なる人を、ブッダという。

ブッダを漢字で音訳(音声での訳)したものが、「仏陀」である。

同じように、ブッダを漢字で意訳(意味での訳)したものが、「仙人」であると言ってもいい。

阿含経の中に、お釈迦様(仏陀)を「大仙人」と呼称している一節があるという。

筆者は、「安那般那念経」に記載されている仏陀の修行法を考察して、それをもとに途中の段階まで
だが、筆者自身の体験によって、五つの課程からなる修行法に編成した。

それが、次に紹介する四神足瞑想法の五つの課程である。

第一課程：「内息」「外息」をもとに、二つの段階で計六つの技法
第二課程：「入息」「出息」をもとに、二つの段階で計五つの技法
　第一課程と第二課程は、気功法に相当する。
　第三課程以降は、ヨガや仙道に特有な瞑想へと入っていく。
第三課程：「身の行息・入息」「身の行息・出息」の前半であり、二つの段階で計五つの技法
第四課程：「身の行息・入息」「身の行息・出息」の後半であり、「心の行息・入息」「心の行息・出息」の前半である。
　計五つの技法
　第三課程と第四課程において、ヨガで言うチャクラが開発される。
第五課程：「心の行息・入息」「心の行息・出息」の後半であり、「心の解脱入息」「心の解脱出息」

の前半である。

計六つの技法

第五課程において、クンダリニーが覚醒し、「明星」の発現がみられる。

「心の解脱入息」「心の解脱出息」の後半は、「滅入息」「滅出息」に向けての技法である。

「滅入息」「滅出息」は、「大生命」のもとに帰る技法と思われる。

「身止息」「心止息」は、「大生命」のもとに帰って「大生命」と一体となった境地(意識)というか、技法だと思われる。

さらには、「身止息」「心止息」は、「内息」「外息」から「滅入息」「滅出息」に至るまでの全ての修行を代表している言葉(名称)である。

今回は、第五課程までを「四神足瞑想法」と称して紹介している。

さらに、「心の浄化・強化法」についても、「四神足瞑想法」の主要課程として

基本課程

特別課程

応用課程

の計三課程を併せて紹介している。

暗黙知と形式知という概念がある。

暗黙知(Tacit Knowing)は、ハンガリーの科学者であり哲学者でもあるマイケル・ポラニーによって提唱された概念である。

「人間は、語ることができるよりも、多くのことを知ることができる。」

「語ることができない知」を、暗黙知という。

武道や芸事や手仕事などの技術や技能とか、自転車や自動車の運転技術など、口ではうまく伝えることが出来ない技術や知識が暗黙知に相当する。

すなわち、暗黙知は直感的・感覚的な知識である。

一方、形式知とは、言葉や文書や数式や図表などで表現できる、暗黙知以外の知識をいう。

暗黙知の知識は、武道・芸事・職業技能など多くの分野において、師匠から弟子への技能・技術・知識の伝承の際、いろいろと工夫されて伝えられてきたのである。

今回の「四神足瞑想法」は身体技法もあり暗黙知の部分もあるが、その部分も出来る限り分かり易く紹介している。

第六章　四神足瞑想法

第六章　四神足瞑想法

さていよいよ、これから「四神足瞑想法」に入るが、「四神足瞑想法」の第一課程に入る前に、まず最初に基本課程として「心の浄化・強化法」をトレーニングする。

その理由は、「四神足瞑想法」を速やかに修得するためには、心の浄化・強化法を併行して行なう必要があるからである。

第一課程・第二課程と段階が上ってくると、気を感知し操作するなどのいわゆる気功ができるようになる。その時、我(煩悩)に対して少しも知識がなく全くの無防備であると、我欲に目がくらんで気功の力を悪用してしまい、そのため結果的に苦しむ事態が生じる懸念がある。

そして何よりも、さらに上級課程である第三課程、第四課程へと進むためには、心が浄化・強化していないと、我(煩悩)に悩まされてスムーズに修得することがむずかしくなる。そういう意味からも、「心の浄化・強化法」は常に実践すべきものである。

もし、心が完全に浄化すると、すなわち我(煩悩)が完全に消滅すると、「四神足瞑想法」は不要である。というより、「四神足瞑想法」をやろうと思えば全てできるはずである。

そういう理由から、先ず最初に、「心の浄化・強化法」を基本課程として実施する。

繰り返すようだが、「心の浄化・強化法」は、第三課程、第四課程へと上級課程に進んでも、常に実践すべきものである。それどころか、「心の浄化・強化法」は上級課程に進むほど実践すべきものである。

基本課程　四神足瞑想法の「心の浄化・強化法」

(一) いろいろな心の浄化・強化法の紹介

① 人間の心は、非常に大きな力を秘めている。
人は今この瞬間の心の状態(思い)によって健康や行動が形成され、そして人生(運命)が作られていく。ここで注意しなければいけないのは、思い(心の状態)というのは今この瞬間でしか形成することが出来ないということである。

人が生きているのは、今この瞬間である。一〇分経とうが、一年経とうが、今この瞬間を生きている。今この瞬間しか存在しない。

今この瞬間の心を、喜びや楽しさや感謝で満たし、周囲の人達の健康や幸せを願う思いで満たすことが、そのまま自分や周囲の人達の健康や幸せにつながる。

② しかし、心を喜びや楽しさや感謝で満たすことは良いことだと理性では理解できても、感情(煩悩である怒り、憎しみ、欲望、執着)が邪魔して、なかなか実行することはできない。仏陀は、その害を事あるごとに弟子達に注意し、弟子達の心の浄化を助けている。そして、煩悩を消滅させる方法、すなわち心を浄化・強化する方法について指導している。

③　ここで、煩悩について考察してみる。
煩悩とは、電子計算機（コンピューター）で例えると、内蔵されているプログラムの一部に相当する。煩悩とは、人間一人一人の心（意識）に内蔵されているプログラムの一部である。

例えば、同じ場面・状況に遭遇しても、Aさんは怒りや憎しみの感情が湧くが、Bさんは感謝の感情が湧くというように、心（意識）に内蔵されているプログラムに従って異なる感情が湧き、異なる行動を起こす。

Cさんは肯定的（プラス）に受け取り希望を持って積極的に行動するが、Dさんは否定的（マイナス）に受け取り希望を失って行動を中止するなど、心（意識）に内蔵されているプログラムに従って異なる判断をし、異なる選択をする。

心（意識）に内蔵されているプログラムの一部である我（煩悩）は、生まれてから現在までの行為、思考、思念が蓄積されて形成されたものだけではなく、前世の行為、思考、思念も蓄積されて形成されていると言われている。

そのため、今この瞬間の心の状態（思い）も、常に客観的に注意して改善しようと努めない限りは、心（意識）に内蔵されているプログラムの一部である我（煩悩）に従って形成されることになる。

④　すなわち、煩悩を消滅させる方法、すなわち心を浄化・強化する方法とは、今この瞬間の心の状態（思い）を常に客観的に注意して、煩悩を見究めて、心（意識）に内蔵されているプログラムから煩悩（業因、因縁）を除去する方法と言うことができる。
もし煩悩（業因、因縁）が完全に除去されたならば、心（意識）は智慧・英知そのものとなる。

(一)　四念住(四念処)法による心の浄化・強化法

四念住(四念処)法は、四つの瞑想法から成り立っている「三十七菩提分法」の一つである。非我観とか空観とか言われ、非我や空を覚るための瞑想法と言われている。さらに四念住(四念処)法は、これだけでも涅槃に至る(解脱する)ことができる修行法(いわゆる一乗道)とされている。

四つの瞑想法とは、身観(身念住・身念処)、受観(受念住・受念処)、心観(心念住・心念処)、法観(法念住・法念処)である。

「念処経」に、次のように説かれている。

……比丘達、ここに有情の浄化、愁悲の超越、苦慮の消滅、理の到達、涅槃の作証の為に、此の一乗あり、即、四念処なり。四とは何ぞや。

曰く、ここに比丘、身に於いて身を随感し、熱心にして、注意深く、念持してあり、世間に於ける貪憂を除きてあり。

受に於いて受を随感し、熱心にして、注意深く、念持してあり、世間に於ける貪憂を除きてあり。

心に於いて心を随感し、熱心にして、注意深く、念持してあり、世間に於ける貪憂を除きてあり。

法に於いて法を随感し、熱心にして、注意深く、念持してあり、世間に於ける貪憂を除きてあり。

(是の如きを四念処という)

現代語に訳す前に、「念処経」を始めとした「お経」の成り立ちについて考えてみたい。

「念処経」を始めとした「お経」は、基本的には仏陀(お釈迦様)が弟子や信者に説法した内容を記したものである。

その中で特に、「念処経」などの修行法を説法した「お経」は、修行者である弟子を対象に説法した内容を記したものである。

仏陀(お釈迦様)は、相手の教養や理解力(修行段階)に応じて、どんな相手にも理解できるように、分かりやすく例え話を織り込みながら説法された。おそらく、相手しだいでは、きめ細かく懇切丁寧に話されたことであろう。

そうした仏陀(お釈迦様)の説法は、仏陀の入滅直後、五〇〇人の弟子達が集まって弟子達全員で議論してまとめられた。それが「お経」である。その「お経」は数百年間は口承のみで伝えられたわけだが、その過程で覚え易いように口ずさみ易いように、韻を踏むなどして音調や語句を美しく整える形になったと思われる。

リズムや節回しを付けて、あたかも歌うような形で伝えられたと思われる。極端に言えば、「お経」は歌の形で、数百年とか数千年にわたって伝えられたわけである。

二十一世紀の現代でも、アフリカでは掃除・洗濯・炊事・買物などの家事全般の方法(やり方とか手順)やコツや失敗例などを唄として多くの歌詞で、母から娘へと大昔から代々伝えてきている種族がある。たとえ文字がなくても、唄という形ならば膨大な量の知識でも正確に代々伝えることができるのである。

現代の歌謡曲の大ベテラン歌手達は、何十年にもわたる歌手生活において、中には数十曲とか百曲以上もの持ち歌があり、一曲あたり三〜四番まで歌詞があるので、合計すると数百とか千とかの歌詞を正しく暗唱しているわけである。

優れた作詞家が作る歌詞は、詩や和歌や俳句などと同じように、短い文章の中に多くの内容が芸術性豊かに表現されている。それらの歌詞を正しく暗唱しているわけである。

「古事記」は、大化の改新(乙巳の変)の際に「天皇記」などの歴史書も焼失したために、それに代わるものとして天武天皇(七世紀後半)の命で編纂されたと伝えられている。

神代における天地の始まりから推古天皇の時代(七世紀前半)に至るまでの様々な出来事(神話や伝説なども含む)が記載されている。

「古事記」は、稗田阿礼(ひえだのあれ)が誦習していた「帝皇日継」(天皇の系譜)と「先代旧辞」(古い伝承)を太安万侶(おおのやすまろ)が筆録して、元明天皇の代(八世紀初頭)に完成させたと伝えられている。

稗田阿礼(ひえだのあれ)は、天才的な記憶力の持主であったと伝えられている。確かにその通りだと思うが、「誦習していた」ということは、一種の唄という形で記憶していたと思われる。

そして「お経」も、一種の唄という形で膨大な量の仏陀の教えが代々伝えられてきたと考えていい。

仏陀(お釈迦様)がどんな相手にも理解できるように詳しく話された内容は、意味が伝わる最小限の文章や言葉に簡潔化されていったと考えられる。

その意味を熟知している仏陀の直弟子や初期の弟子が存命中は、それでも全く支障はなかったが、時代を経るにつれて、その意味を熟知している弟子も少なくなって難解になっていったと思われる。

特に、修行法を説法した「お経」は、修行法の名称は列挙されてはいるが、その詳しい内容についてはあまり記載されていない。

仏陀の直弟子や初期の弟子が存命中は、口承や実地指導で弟子から弟子へと伝えられたと思われるが、時代を経るにつれて、しだいに途切れたり変貌していったものと思われる。

そこでこの「念処経」の内容だが、学問的には字句に沿って厳密に訳さないといけないが、そうすると簡潔な文章のために、かえって内容を詳しく理解することはできない。

ここでは、仏陀がどんな相手にも理解できるように詳しく話された内容であることを念頭に置いて解釈すると、次のようになる。

ここで、「念持」とは、「常に留意すること、常に心に留めること」を言う。そして、この「念持」すなわち「常に心に留めること」こそ、特に重要なポイントである。いわゆる奥義とも言うべきものである。「世間」とは、「身体」という意味もあるが、ここでは「普通によく使う世間」の意味である。すなわち、「日常生活における出来事、自分と他の人々との関係で起こる出来事」を言う。

「貪憂」とは、怒り・憎しみ・怨み・羨望・畏れ・妄想・偏見・自己限定などの我(煩悩)を総称して言っている。

「身」とは「身体もしくは自分の行動」を言い、「受」とは「ある出来事に対する自分の感受性」を言い、「心」とは「ある出来事に対する自分の反応、思い」を言い、「法」とは「この世を成り立たせている法則」すなわち「大生命」のことを言う。

(現代語訳)

怒り・憎しみ・怨み・羨望・畏れ・妄想・偏見・自己限定などの我(煩悩)は、他の人々との関係の中で自分自身の心が造り出したものであり、常に自分の心を注意して我(煩悩)に気付き見抜いて、我(煩悩)を消滅するように熱心に努めなければならない。

そこで、我(煩悩)に気付き見抜くためには、常に自分(の心)をあたかも他人を観察するように気をつけて観察することを習慣づけ、日常生活における自分自身の考えや行動が、心の中にある我(煩悩)から出ていないかどうかを見究めていくことが大切である。

そうして、見つけ出した我(煩悩)を、大生命を感じながら大生命の力によって、一つずつ消滅させていく。

という意味である。

ここでは、四念住(四念処)法を、煩悩を消滅させる方法、すなわち心を浄化・強化する方法であると捉えて説明する。

仏陀の教えを踏まえて、出来る限り分かりやすく説明する。

怒り・憎しみ・怨み・羨望・畏れ・妄想・偏見・自己限定などの我(煩悩)は、他の人々との関係の中で自分自身の心が造り出したものであり、それに気付き見抜いた時点で、一時的だが現象(感情として表れた我・煩悩のこと)としては消え去ってしまう性質がある。

しかし、怒りの最中には怒りに翻弄され、畏れの最中には畏れに翻弄されて、自分自身を見失っている。そのため、怒りや畏れは心が造り出した我(煩悩)であることに気付かない。

たとえ気づいて自分自身を取り戻し平静に返っても、しばらくすると再び怒りや畏れに翻弄されてしまいがちである。

その理由は、我(煩悩)の本体が心の奥に頑強に居座っているためである。

怒りや畏れなどの我(煩悩)に翻弄されない方法として、多くの知識人により様々な方法が紹介されている。

1．自分自身の過去の苦境を思い出すことで、現状はまだ幸せな状況であることに気づくようになり、怒りや畏れなどの我(煩悩)に翻弄されないようになる方法例えば、大病を患った経験があれば、その当時の苦しかったことを思い出すことで、「その当時に比べれば現状は大したことではない」

と思えるようになり、怒りや畏れなどの我(煩悩)が次第に和らぎ消え去っていく方法など

2. 自分自身の過去において他人を傷つけたり悲しませたことを思い出すことで、反省と償いの心が呼び覚まされ、相手を理解する余裕が生まれてきて、怒りや畏れなどの我(煩悩)に翻弄されないようになる方法など

3. 国民的な芸人である明石家さんま師匠の、「生きているだけでも、丸儲け」と考えることで、しだいに現状に感謝できるようになり怒りや畏れなどの我(煩悩)に翻弄されないようになる方法など

これらは、現象として現れた怒りや畏れなどの我(煩悩)に翻弄されないようにするための方法である。それに対して、四念住(四念処)法は、心の奥に居座っている我(煩悩)の本体そのものを消滅させる方法である。そこで、四念住(四念処)法とは、

① まず最初に、自分の心の中にある我(煩悩)に気付き見抜く。

我(煩悩)に気付き見抜くためには、日頃から自分(の心)を、あたかも他人を観察するように気をつけて観察することを習慣づけ、日常生活における自分自身の考えや行動が、心の中にある我(煩悩)から出ていないかどうかを見究めていくことが必要である。

何故なら、心が我(煩悩)に占有されている限り、考えや行動は我(煩悩)に左右され、適切な判断や行動をとることが出来ないからである。すなわち、心の中に我(煩悩)がある限り、智慧は充分には働かない。そのため、誤った判断や行動をとってしまう場合が少なからずある。その結果、自分が傷つき、周りの人達も傷ついてしまうことが多い。そして何よりも、心の中に我(煩悩)がある限り、「輪

廻」からの解脱は不可能である。

②　身観(身念住・身念処)「身体、自分の行動は不浄である」と認識して瞑想する。

例えば、日常生活において、他の人々との関係の中で、つい相手を傷つけたり悲しませたりする。自分の願望(欲望)を達成する際に、自分はそんなつもりではなかったのに、結果的に他の人々を傷つけたり悲しませたりすることがある。

さらに、他の生物(野菜、果物、魚、牛、豚など)を食することなしには生きていることができないことなどを考えることで、「身体、自分の行動は不浄である」と認識していく。

③　受観(受念住・受念処)「感受作用は苦である」と認識して瞑想する。

例えば、日常生活において相手の言動を誤解し、相手を傷つけたり悲しませたことを思い出すことで、「感受作用は苦である」と認識していく。

④　心観(心念住・心念処)「心は無常である」と認識して瞑想する。

例えば、日常生活での他の人々との関係の中で、心は怒り・憎しみ・怨み・羨望・畏れ・妄想・偏見・自己限定など様々に変化し、そのことで自分が苦しみ相手を傷つけたりすることがある。このように「心は無常である」と認識していく。

⑤　法観(法念住・法念処)「法は無我であり、この世の法則である」と認識して瞑想する。

例えば、ボールが台の上に置いてあるとする。永久にその状態にあることはない。時間が経つと、ボールは古くなり、ついには壊れてしまう。またボールを取って投げると、ボールは運動法則通りに放物線を描いて飛んでいく。

この世の全ての物や出来事は、厳格な法則通りに生起し、法則通りに変化し消滅する。同じように、心の中にある我(煩悩)も、法則通りに生起し、法則通りに変化し消滅する。その法に、「我(煩悩)の消滅」の思いを込めて瞑想する。または、瞑想して思いを込める。

法とは、「この世を成り立たせている法則、力」すなわち「大生命」のことを表している。

怒りや憎しみ(煩悩)を、ただ消し去ろうと努めるだけでは消すのは難しい。それは、消し去るのではなく表面に出ないように抑えつけているにすぎない。心の奥に押し込めているにすぎない。一時的には抑えることができても、何かの拍子でまた表面に出てくる。心の奥に居座っている煩悩(怒りや憎しみ)を消し去るためには、

ステップ1． 心の状態(思い)を常に客観的に注意して、煩悩(プログラム)を見究める

ステップ2． 煩悩(プログラム)をただ抑え込むのではなく、書き換える

四念住(四念処)法を修することとは、ここでいうステップ1とステップ2を修することである。

ステップ1が①に相当し、ステップ2が②〜⑤に相当する。

㈡　増一阿含経「有無品」の心の浄化・強化法

仏陀が「輪廻からの解脱の方法」(いわゆる成仏法)に言及していると思われるものが、阿含経典の第三篇である「増一阿含経」の中にも見られる。

「増一阿含経」の「有無品」の中で、煩悩を消滅させる方法、すなわち心を浄化・強化する方法について言及している。この「有無品」の中で仏陀は、「如来を礼すべし」と説いている。

如来というのは、「真理(ブラフマン)の世界に到達した者」すなわち仏陀を意味しているが、ここでは仏陀を礼拝せよという意味ではない。

仏陀は「自燈明、法燈明」を説いているので、ここでは仏陀を礼拝せよという意味ではない。

おそらく、個人存在の根源であるアートマン、ただし仏教でいうところの仏性であり、宇宙の根本原理であるブラフマンと同一であるところのアートマンを如来と称しているものと思われる。

すなわち仏陀は、心の奥に浸透しているヴェーダでいう宇宙の根本原理であるブラフマンを如来と称し、次のように説いている。

(七)聞如是。一時仏在舎衛国祇樹給孤独園。爾時世尊告諸比丘。有此二法内自思惟。専精一意当礼如来。云何為二法。一為智慧。二為滅尽。是謂比丘内自思惟。専精一意当礼如来。如是諸比丘当作是学。爾時諸比丘聞仏所説。歓喜奉行

(七)聞くこと是の如し。一時、仏、舎衛国祇樹給孤独園に在しき。

爾の時世尊、諸比丘に告げたまわく、「此の二法有り、内に自ら思惟し、専精意を一にして当に如来

を礼すべし。云何が二法と為すや。一に智慧と為し、二に滅尽と為す。是れを比丘、内に自ら思惟し、専精意を一にして当に如来を礼すべしと謂うなり。是の如く諸比丘、当に是の学を作すべし」と。

爾の時諸の比丘、仏の所説を聞きて、歓喜奉行しぬ。


現代語に訳すと、次のようになる。
(七)このように聞きました。
仏陀がコーサラ国の祇園精舎に滞在されていた時のことです。ある時、仏陀(世尊)が弟子たちに説法しました。

「二つの法があります。それは、自身で充分に思考し、心を深く集中・統一して、如来に礼拝することです。二つの法とはどういうものですか？一つ目は智慧の法であり、二つ目は滅尽の法です。

弟子たちよ、この二つの法とは、自身で充分に思考し、心を深く集中・統一して、如来に礼拝することを言います。弟子たちよ、このように二つの法を実習し、習得しなさい。」


尚、祇園精舎とは、北インドのウッタル・プラデーシュ州北部にあるサヘート・マヘートの遺跡が、その跡とされており、竹林精舎と並び有名な修行道場である。

仏陀は生涯にわたって伝道の旅を続けたが、雨期の三か月間は精舎に定住して修行した。仏陀が住んでいたのは小さな粗末な庵であったという、大寺院ではない。

解説すると、
この説法は、現代の私達からすれば、どうも具体性に欠いている。

特に、智慧の法、滅尽の法は、その内容の具体性に欠いている。

当時の修行法は口承と実地指導で伝えられており、この説法を聴聞した弟子たちにとっては、智慧の法や滅尽の法という名称だけで充分理解できたものと思われる。

しかし現代の私達は、その内容を理解するためには、仏陀の色々な説法を参照するなどして類推し理解するしかない。


そこで、智慧の法だが、これは智慧を獲得する方法のことである。

それが、「自身で充分に思考する」ことであり、その具体的な内容とは、日常生活における自分自身の考えや行動が、心の中にある我(煩悩)から出ていないかどうかを見究めることを述べているものと思われる。

さらに、心の中にある我(煩悩)を見究めたら、我(煩悩)を出さないように考えや行動を改めることを述べているものと思われる。すなわち、日頃から常々自分の心の中を探り、我(煩悩)を見つけ出し対処していくことを述べている。


前述の阿含経典の第四篇である「雑阿含経」の「出家経」で仏陀が説法しているように、人は煩悩を断じ尽くして心の解脱を得て、二度と生まれ変わることがない境地、すなわち輪廻からの「解脱」を得ることができる。我(煩悩)に左右されない確固たる智慧を獲得することができる。

そのために、先ずは自分の心の中を探り、我(煩悩)を見つけ出し、対処する必要がある。そうして、見つけ出した我(煩悩)を一つずつ消滅させていく。我(煩悩)が一つ消滅されると、それに応じてその分、智慧が働くようになる。

最終的に我(煩悩)が消滅し尽くされると、自分の心は智慧そのものになる。

次に、滅尽の法だが、これは輪廻の原因である煩悩すなわち我を消滅させる方法のことである。それが、「心を深く集中・統一して、如来に礼拝する」ことである。

その具体的な内容とは、瞑想により心を深い状態まで集中・統一して、如来(すなわちヴェーダでいう宇宙の根本原理であるブラフマン)に思いを寄せ、我(煩悩)の消滅を祈ることを意味しているものと思われる。そうすることで、我(煩悩)がしだいに消滅していくからであろう。何故なら、如来(ブラフマン)は宇宙の根本原理であり、存在と力の本源だからである。

ここで注意しなければいけないことは、心に捉われがあると深い瞑想はできない。

我(煩悩)があると、その分だけ心を深い状態まで集中・統一することが難しい。すなわち、我(煩悩)を消滅させるためには瞑想を行なう必要があるが、ところが我(煩悩)があると雑念が生じるために深い瞑想を行なうことが難しいというジレンマ(板挟みの問題)がある。雑念が生じてもそれに捉われないように努めるという方法もあるが、極めてむずかしい。次から次に雑念が生じて、心を集中・統一することは極めて困難である。

それよりも、心に生じた雑念を探り、我(煩悩)を見つけ出し認識することに努め、その段階で如来に認識した我(煩悩)の消滅を祈る方が、しだいに雑念が薄れていき心を集中・統一できるようになる。この繰り返しで、心の集中・統一が促進していく。

実は、如来(すなわちヴェーダでいう宇宙の根本原理であるブラフマン)に思いを寄せ、我(煩悩)の消滅を祈る方法よりも、より速やかに我(煩悩)の消滅が促進する方法がある。これは、「四神足瞑想法」を実際にトレーニングして、ある程度、気を感知し気を操作できるようになった段階の所で説明したい。

(三) ハワイに伝わる心の浄化・強化法

ハワイに伝わる伝統的な秘法がある。その名を、「ホ・オポノポノ」という。

ホ・オポノポノには、ハワイ語で「調和を取り戻す」という意味があるという。その方法というのは、四念住(四念処)法や増一阿含経「有無品」の心の浄化・強化法と共通している。それは「調和を取り戻す」秘法であるが、まさしく心の浄化・強化法である。

その方法を修得し実行すると、実行した本人だけではなく、周囲の人間は勿論のこと、そこにある建物や植物などの環境にも効果を及ぼすという、調和を取り戻すという。

心理学者でありセラピストであるイハレアカラ・ヒュー・レン博士が、ハワイ州立病院において「ホ・オポノポノ」を実行することで、触法精神障害者(刑法罰に問われたものの、精神障害を理由に不起訴、減刑、あるいは無罪となった人のこと)の病棟に収容されていた人たち全員を、誰一人診察することなく癒したという。

日本有数の経営コンサルタントとして有名であった故船井幸雄氏とイハレアカラ・ヒュー・レン博士、および両者のスタッフを交えた座談の一部が船井氏の著書「一八〇度の大激変!」の中にあり、「ホ・オポノポノ」の概要が分かり易く紹介されている。

船井　ホ・オポノポノについては、ただ書かれたものを読んだだけだったのですが、すばらしいと思って、講演会でもう三〇回ぐらい話しているんです。

……………………

レン　こちらはオマカオカラ・ハマグチ女史、私がハワイ州立病院に赴任したときに、そこにいた医療ソーシャルワーカーでした。

ハマグチ　私が最初にハワイ州立病院に来たソーシャルワーカーでした。その病棟には殺人やレイプをして捕まった人々が収容されていました。最初、患者の人たちは、暴れないように手足を縛られていました。患者同士、患者と職員、職員同士にも喧嘩が絶えない状態でした。非常に危険なところだったので、しょっちゅう欠勤する職員が多くて困っていました。こんな危険な状態を職員たちは患者たちのせいだと考えていました。

そのような状態で、ドクター・ヒュー・レンが来たんです。彼は患者にも職員にも専門的なレベルで話をすることもなかった。でも、いろいろなことが変わっていきました。まず、暴力を振るわないようにと手足を縛られていた患者が穏やかになり、病棟もどんどん静かな所になっていきました。

レン　その病棟にあった植物もどんどん育っていくようになった。その前は植物が育つような場所ではなかったのです。しょっちゅう故障していたトイレも正常に動くようになった。誰もいないトイレが勝手に流れたりする現象もあったほどでしたが。

ハマグチ　ドクター・ヒュー・レンがやったことは、患者たちとテニスをしたり車を洗ったり、一緒に過して一緒に楽しむことだけだったんです。セラピーなどは一切施さなかったんです。

レン　このストーリーの中で一つだけちょっと指摘しますと、私はヒーリングをいっさいしていないんです。ヒーリングというのは人がすることではなくて、無限なる存在がしてくれることです。

私は患者にセラピーすることもなければ、ソーシャルワーカーにプロフェッショナルな立場で会うこともしないわけですから、「なんて怠惰な人がやってきたんだろう」と彼女から思われていました(笑)。

ハマグチ　狂暴だった患者に良心が芽生えてきました。患者の一人は、判決が下される直前に、弁護士を解雇してしまいました。法廷で「私は有罪です。私はこのことに責任があります。ほんとうに申し訳ないと思っています」と謝りました。この患者の心には愛が芽生えたんです。一方、この患者を裁く立場だった裁判官にも愛が芽生えました。患者のために家族に近いほうの刑務所に入れようと裁量が働いたんです。

このように良心と愛が連鎖的に芽生えていくという現象は、ドクター・レンが単に自分自身に働きかけることによって起こりました。彼が自分をゼロ、無の状態にもっていくことによってインスピレーションの恩恵を受け、患者さんや裁判官の心にまでインスピレーションが生まれたのです。

ドクター・レンがいた病棟はついには完全に、患者の一人もいない、不必要な病棟になってしまいました。

レン　私がしたことは次のようなことだったんです。

神なる存在に対して問いかけたんです。「私の中の何が、その患者の人たちを、狂暴で手に負えない人たちとして存在させてしまっているのですか?」

神なる存在が不完全なものを創るはずがありません。私たち生命は、完全なものとして神なる存在によって創られた。

患者たちはすでに完璧な存在なのに、彼らのことを完璧な存在として見られない何かが私の中に原因としてある。そのことに対して、私は神なる存在に謝罪しました。

間違いをもったものを創造することは誰にもできない。なぜならば、すべてのものはすでに完璧なものであるからです。ですから、完璧なものを完璧なものとしてみることのできない自分自身を「申し訳ない、ゆるしてください」と神に詫びました。そして完璧なものをみられなかった自分の不完璧さを消去してくださいとお願いしました。

それをしたことによって、神なる存在が私自身を本当に純粋な存在に戻してくれたんです。私の中の完璧でない部分を消去してくれたので、私が純粋なものに戻って、ゼロの状態に戻ることができ、患者さんにあった完璧でないものがなくなって、みんな家に戻ることができたんです。

すべての人間関係に、このやり方を適用できます。

「自分の中の何かが、相手を完璧な存在ではなく見させている。それを消去してください」と神なる存在にお願いしてください。完璧さをみることのできなかった自分を「ごめんなさい」と謝ってください。

そうすれば、自分と相手の中にあるすべてが消え去って、インスピレーションを受けることができる。あなたが、インスピレーションを受けることによって、相手もインスピレーションを受けることができる。

ここで、「ホ・オポノポノ」を実行した本人は勿論のこと、周囲の人達、さらに建物や植物などの環境にも効果を及ぼし、調和を取り戻したことについて考察したい。

① 神なる存在に、不完璧さが自分の中にあることを謝罪した。

➡　我(煩悩)が自分の中にあることを認識し、そのことについて存在と力の本源である大生命(如来)に謝罪したことと同じである。

②　神なる存在に、自分の中にある不完璧さの消滅をお願いした。

➡　存在と力の本源である大生命(如来)に、自分の中にある我(煩悩)の消滅を祈ったことと同じである。

③　その結果、実行した本人だけではなく、周囲の人間は勿論のこと、そこにある建物や植物などの環境にも効果が及び、調和を取り戻した。

➡　存在と力の本源である大生命(如来)は、人間だけではなく、建物や植物などの環境にも浸透しており、それらの存在を支えている。

そのため、実行した本人だけではなく、周囲の人達や環境にまで効果が及んだ。

④　また、患者を裁く立場だった裁判官にも愛が芽生え、患者のために家族に近いほうの刑務所に入れようと裁量が働いた。このように良心と愛が連鎖的に芽生えていくという現象が生じた。

➡　自分の中にある我(煩悩)の消滅が進むと、自分を中心に周囲へと、大生命(如来)の現れである良心と愛が連鎖的に伝わっていく。

(二) 四神足瞑想法の心の浄化・強化法

(一) 心の中の我(煩悩)と思い(思念)

(1) 心が浄化されると、それに応じて心は強化される。

心が浄化されているとは、思い(想念)が浄化されていることを言う。すなわち、怒り・憎しみ・怨み・羨望・畏れ・妄想・偏見・自己限定などの我(煩悩)が生じることが少なく、たとえ生じてもすぐにそれに気づいて消え去ってしまうことを言う。

人は誰でも心の奥に、それぞれ我(煩悩)の種子を持って生まれてきている。これが、各個人の性格や嗜好を形作っている。この我(煩悩)の種子こそ、前世の行為の余力の一つだとも言われている。

(2) 宇宙に存在する全ての物質やエネルギーは振動している。

目に見える物質、目に見えない電子、原子、素粒子に至るまで振動している。光、熱、電気、磁気などのエネルギーも振動している。それぞれが特有の振動数を持っている。

空間には、人間の目に見えない振動数の異なる多くの電波や光などの波(波動エネルギー)が、お互いに干渉することなく同時に共在している。

たとえば、この不可視の電波を受信するには、受信することができる装置があると受信することができる。テレビ、ラジオなどの受信機のスイッチを入れると、多くの放送局から送信された多くの波長の電波の中から、波長が合う電波を受信する。そして受信した電波を修正し変換して、画面があらわれ音声が聞こえる。

電波は、科学が進歩してはじめてその存在が明らかになった。科学が進歩し高性能な測定機器が発明されるたびに、新しい波(波動エネルギー)が発見されてきている。

人間の思い(想念)も、電波と同じように、想念エネルギーという人間の心が発する一種の波動エネルギーであると言われている。人間の脳の中に、思い(想念)の送信と受信の仕掛け、すなわち送信器官と受信器官があると言われている。

現代の科学は、想念エネルギーも、脳の中の送信器官・受信器官も、まだその存在を明らかにしていない。

思い(想念)すなわち想念エネルギーの性質・特徴は、

① 想念(思い)は、その強さに応じて周囲に広がり伝わっていく。

② 想念(思い)は発すると消えてしまうものではなく、その後も長く存在する。
遠くの星が消滅した際に発する光は、長い年月をかけて地球に届く。同じように、想念(思い)もそれを発信した本人が死んでも長く残る。そのため、昔起きた悲劇により、死者の怨念が残っていると言われている場所が各地に伝えられている。
また、病気が治癒したり悩みが解消するなどの奇跡が起こると言われる、聖者の遺骨や遺品、聖物とされる器物、聖地と言われる場所などが各地に伝えられている。

③ 想念(思い)を発すると、その想念は発した本人にめぐり巡って戻ってくる。

④ 想念(思い)は、同じ種類の想念(思い)を引き寄せる。すなわち、類は友を呼ぶ。

愛は愛を引き寄せ、憎しみや怨み・呪いは憎しみや怨み・呪いを引き寄せる。

人は生きていく上で、愛の想念(思い)とともに憎しみや怨み・呪いの想念(思い)も発している。さらに、過去から現在までの戦争・紛争・悲劇による憎しみや怨み・呪いの想念(思い)も加わり、空間には多くの憎しみや怨み・呪いの想念(思い)が存在している。そのため、憎しみや呪いは、そうした憎しみや呪いも一緒に引き寄せることになる。すなわち、憎しみや呪いは、そういった空間に存在している憎しみや怨み・呪いの想念(思い)も引き寄せるので、そのうち場合によっては二倍にも三倍にもなって発した本人にめぐり巡って戻ってくることになる。愛の想念(思い)もまた同じである。

⑤ 想念(思い)が他人の心に伝わると、他人の心に同じ想念(思い)を呼び覚ます。これを、「心の感化力」という。

人間の心の奥には、怒り・憎しみ・怨み・羨望・畏れ・妄想・偏見・自己限定などの我(煩悩)があるので、他人の想念(思い)を受信すると同じ想念(思い)が呼び覚まされる。それはちょうど、振動数が同じであれば、ある発信源から音波を発信すると、離れた所にある発信源が共鳴するのに似ている。もし我(煩悩)が少なければ、すなわち心が浄化されていると、他人の想念(思い)は受信はするが感化されることは少ない。

⑥ 想念(思い)は、肉体にも影響を及ぼす。

想念は、想念に応じた特有の波動エネルギーを出して、肉体の細胞や原子の動きに変化をもたらす。そのため、顔の筋肉や内臓などの肉体機構は想念特有のものになる。

怒りや憎しみの想念(感情)は、怒りや憎しみ特有の表情をもたらし、自律神経を不安定にして、血圧が上昇するなど健康が損なわれる。同じように、愛や慈しみの想念(感情)は、愛や慈しみ特有の表情をもたらし、自律神経を安定にし、健康の維持・回復をもたらす。

一つの例として、ドイツの哲学者カントの場合が有名である。

彼は幼少期にクル病(背骨などの骨が変形する病気、俗に言うせむし男)にかかり、全身の痛みもあって、いつも悲観したり親兄弟など周囲の人達に不平不満を言っていたが、医者の話を契機に不平不満や恨み事を一切言わないようにして、逆に親兄弟など周囲の人達にいつも感謝するようにした結果、全身の痛みも次第に少なくなり病状も改善したという。発病当初は二十数才までしか生きられないと言われていたが、当時としては珍しい八十才という長寿を全うしている。しかも、世界的に有名な大哲学者として歴史に名を残している。

感謝の想念(感情)は、愛や慈しみの想念(感情)につながるのである。

健康や境遇の喜びや幸福感を感じた時、私達は自然に感謝の念が湧いてくる。「健康であり、喜びがあり、幸福だから感謝の念が湧いてくる」ことも事実である。

このようなケースを経験することは、誰でもしょっちゅうあることではないと思う。同じように、「感謝すると、健康になり、喜びが湧き、幸福感が湧いてくる」のも事実である。

私達人間の心身は、そうなるように造られているのである。

このケースは、「感謝する」ことにより、誰でもその場で経験することが出来るようになる。

現在、病気や悩みで苦しんでいる人達にとって、「感謝する」ことですぐに病気や悩みが解消するわけではない。

しかし、「感謝する」その瞬間から、病気や悩みが快方に向かい、病気や悩みを克服する勇気やアイデアなどが湧いてくる。

その影響は、想念を発した本人だけにとどまらず、周囲の人達(特に肉親)にも波及し、健康を悪化させたり回復させたりする。例えば、家族に病人や老人や乳幼児など体力が弱い者がいると、自分が他の人を強く怨んだり憎んだりしていると、病人や老人の場合は病状や持病が悪化したり、乳幼児の場合は性格や能力の形成に悪影響を及ぼしたりする。

世のお父さんお母さん達は、子供や孫の幸福な人生を望んで教育や彼らの交友関係に注意してより良い環境を提供しようと努めるが、それに劣らず、お父さんお母さん達自身の心(想念)から怒りや憎しみの想念(感情)を取り除くことも極めて重要である。

(二) 心の浄化・強化法(原理と方法)

■心の浄化・強化の原理

我(煩悩)とは、コンピューターで例えると、内蔵されているプログラムの一部に相当する。自分の我(煩悩)に悩まされずに、また他人の想念(思い)に影響されないためには、心に内蔵されているプログラムから、我(煩悩)を消滅する必要がある。

怒り・憎しみ・怨み・羨望・畏れ・妄想・偏見・自己限定などの我(煩悩)は、他の人々との関係の中で自分自身の心が造り出したものであり、それに気付き見抜いた時点で、一時的だが現象としては消え去ってしまう性質がある。

そして、気付き見抜いた我(煩悩)の消滅を「大生命」に祈ることで、心に内蔵されているプログラムから我(煩悩)がしだいに消滅していく。

なぜなら「大生命」は、宇宙の根本原理であり、唯一の力の源泉であるからである。

我(煩悩)を消滅させるには、二つのステップを実施していく。

ステップ1　心の状態(思い)を常に客観的に注意して、心に内蔵されているプログラムから我(煩悩)を見つけ出す。

ステップ2　見つけ出した我(煩悩)を、ただ出ないように抑え込むのではなく、プログラムを書き換えて我(煩悩)を消していく。

■心の浄化・強化の方法

手順1　常日頃から、自分の思い(想念)に注意する。

日頃から自分(の心)を、あたかも他人を観察するように気をつけて観察する。日常生活における自分の考えや行動が、心の中にある我(煩悩)から出ていないかどうかを常に意識して見究める。

自分(の心)を、あたかも他人を観察するように気をつけて観察することは、一種の瞑想である。静寂な場所で一人静かに、ある一定時間だけ瞑想するのではなく、日常生活の中でほかの人々との関係の中で、常に自分(の心)を観察する瞑想である。

「自分(の心)を、あたかも他人を観察するように気をつけて観察する」と簡単に書いたが、これが実に至難の技なのである。

筆者が色々な方法を試行錯誤して、これなら誰でもできると考える方法は後で紹介する。

手順2　我(煩悩)に気づいたら、すぐに反省する。もし、我(煩悩)を出したために相手を傷つけた場合は、心の中で相手(の「大生命」)に謝罪する。出来れば、実際に相手に謝罪するとよい。自分と相手とは本質(心の奥)においては同じであると考えて、今後同じようなことは決して繰り返さないと心に固く誓う。

手順3　気づいた我(煩悩)の消滅を、宇宙の根本原理であり、唯一の力の源泉である「大生命」に祈る。具体的には、我(煩悩)を出してしまったことを、宇宙に遍満する「大生命」に謝罪し、我(煩悩)の消滅を祈る。または、心の奥の本当の自分である「大生命」に謝罪し、我(煩悩)の消滅を祈る。

これを続けると、一つずつしだいに我(煩悩)の種子も消えていき、心が浄化されていく。さらに、心を集中・統一した状態で行なうと、より効果がある。

すなわち、瞑想して行なうとより効果がある。

第一課程　気を感知する技法

さていよいよ第一課程において、体内、体外を問わず、全宇宙に遍満している気（というエネルギー）を感知できるようにする。

言葉を換えると、気という未知のエネルギーの存在を、自分自身の身体で感覚として実感し、他の人には証拠を示すことは出来なくても、自分自身はその存在を確信できるようにする。

「四神足瞑想法」の各課程のトレーニングにおいては、大きな壁もしくは関門とも言うべきものが幾つかあるが、「気を感知する」ことが出来るようになることはその関門の一つであり、そして「四神足瞑想法」の基盤とも言うべきものである。

例えば、水泳で言えば、「水に浮く」ことが出来るようになることに相当する。「水に浮く」ことが出来て初めて、クロールや平泳ぎや背泳ぎやバタフライなどの各泳法のトレーニングに入ることができる。「四神足瞑想法」においては、「気を感知する」ことが出来て初めて、それ以外の各課程のトレーニングに入ることができる。

「安那般那念経」には、体内の気を「内息」、体外の気を「外息」と記されている。

(一) 気という生体エネルギー

気とは、私達の体の機能を維持しようとして働いている生体エネルギーである。漢方(東洋医学)では、私達の身体を流れている生体エネルギーを「気」と称し、「気」の通り道を「経絡」と称している。

「気」は、動物や植物にも流れており、大気や宇宙空間にも存在している。「気」は、思い(想念)によって、体から放出したり、大気や動植物から体内に取り入れたりすることができる。その際、放出先を定めたり、取り入れる相手を特定できたりと、思い(想念)によって自由に操作することができる。そのために、「念エネルギー」とか「念力」とも呼ばれる。

尚、「念エネルギー」とか「念力」は範囲が広く、「気」だけではない。現代の科学では、「気」を感知し測定できる装置はまだ発明されていない。そのため、現段階では「気」を感知し測定できる最適な感知器は、私達の身体である。

(二) 気を感知できる身心の状態とは

気(のエネルギー)の感覚は、日常経験する五感(見る、聞く、嗅ぐ、味わう、触れる)とは異なって、きわめて微妙でかつ独特なものがある。そのため、それを感知する能力は、多くの人においては通常は眠っている状態にある。

そこで、気を感知するためには、その眠っている能力を目覚めさせる必要がある。別の表現をすれば、私たち自身が気を感知できる状態になる必要がある。ここで、気を感知できる状態とは、体だけではなく心(意識)もその状態になるということである。言うまでもなく心と体は密接な関係にあるので、心(意識)と体の両方ともが気を感知できる状態になる必要がある。

それでは、気を感知できる心(意識)の状態とはどういう状態かというと、リラックスしている状態である。体験的には変性意識状態(Altered State of Consciousness；略してASC)に近い状態ほど、気(のエネルギー)はより明瞭に感知できる。

ここで、ASC(変性意識状態)について説明すると、ASCとは学術用語で、催眠、瞑想、自律訓練法、坐禅、ヨーガおよび芸術、スポーツなどにおいて経験される三昧境とか恍惚状態と言われるもので、その他、感覚遮断、断食、祈りなどにおいても経験される特殊な精神状態を意味する。簡単に言えば、心身の深いリラックス状態である。すなわち、気を感知するためには、気を感知できる心(意識)の状態である「リラックス状態」になる必要がある。

心がリラックスする状態とは、怒り、憎しみ、焦り、心配などの「マイナスの心」ではなく、平安、感謝、やさしさ、思いやりに満ちた「プラスの心」の状態である。

次には、気を感知できる体の状態とはどういう状態かというと、体験的には力みや肉体的な苦痛がない状態で、かつ意識が体全体に行き渡っているような体が軽やかな状態である。その状態で気を感知する能力を目覚めさせ、そして、さらに磨いて鋭くしていくのである。

以上をもう一度簡単にまとめると、

- 気を感知する心(意識)の状態とは、平安、感謝、やさしさ、思いやりに満ちた「プラスの心」の状態である。

・気を感知する体の状態とは、力みや肉体的な苦痛がなく、意識が体全体に行き渡っているような体が軽やかな状態である。

(三) 気を感知できる身心の状態になるための方法とは

それでは、〝気を感知する心(意識)の状態と体の状態〟になり、実際に気を感知するための方法にはどういうものがあるかというと、身体トレーニングとイメージ・トレーニング(瞑想)の二つがある。

身体トレーニングでは、〝気(のエネルギー)を感知する体の状態〟を、文字通り体得していく。さらに、その過程において、〝気を感知する心(意識)の状態〟も合わせて体得していく。

尚、身体トレーニングは、次に示すように二種類に分かれている。

・静的トレーニング法(身体の動きをあまり伴わない方法)

心身ともにリラックスして、意識を手のひらなどに集中して気を感知する方法とか、気功法のように一つの動作を繰り返し行なうことで、心身ともにリラックスして気を感知する方法

・動的トレーニング法(身体の大きな動きを伴う方法)

健康太極拳の型のように、拳法の型の中でも特にゆるやかな動きの型を、動きを止めることなく流れるように連続して行なうことで、心身ともにリラックスして気を感知する方法

ただし、站とう功（たんとうこう）は、どちらかというと静的トレーニング法に入るかもしれないが、動的トレーニング法である太極拳を始めとする中国拳法の基本的なトレーニング法として行なわれてきた経緯を考慮して動的トレーニング法に分類している。

「四神足瞑想法」では、静的トレーニングも動的トレーニングも共に行なうが、はじめのうちは静的トレーニングを主体に行ない、少しでも気を感知できるようになってきたら動的トレーニングもあわせて行なう。

動的トレーニングでは、太極拳を重点的に行なう。太極拳を重点的に行なうのは、筆者の体験から、太極拳は身体を健康にし強靭にする効果が著しく、より厳しいトレーニングにも耐えられる身心を養い培うからである。その上、いろいろな型を一定時間動きを止めずに行なうために、意識の集中・持続が容易である。

さらに、動作がゆっくりなために老人や子供そして病弱な人も割と無理なく行なうことができ、それぞれの型が変化に富んでいるので飽きがきにくく、楽しく興味をもって行なうことができる。しかも、太極拳は、気を感知する効果があるだけでなく、気を発生させ気を練る効果もあり、自然と気（のエネルギー）を操作できる心身の基盤を整える効果もある。

但し、はじめの内は、太極拳の型を組み合わせている太極拳二十四式とか太極拳四十八式などのまとまった型をトレーニングするのではなく、気を感知する効果に優れている太極拳のいくつかの型でトレーニングする。また、イメージ・トレーニング（瞑想）も、二種類に分かれている。

・意識の集中(Concentration)

一つのこと(対象)に心(意識)を集中する方法

・意識の拡大(Meditation)

多くのこと(対象)に心(意識)を拡大していく方法

二種類を別々に行なうことも多いが、二種類を組み合わせて一緒に行なうことも多い。このイメージ・トレーニング(瞑想)を行なうことで、身体トレーニングの効果はさらに促進する。

- 身体トレーニング
  - 静的トレーニング
  - 動的トレーニング
- イメージ・トレーニング(瞑想)
  - 意識の集中(Concentration)
  - 意識の拡大(Meditation)

一一　体内(自分自身)の気を感知する技法

身体には、触れて感じる「触感」というものがある。

温かいとか冷たい、湿っているとか乾いている、ざらざらとかつるつる、軟らかいとか硬いなどを感じ分けており、圧力、温度、運動、振動、痛みなどの皮膚に基づく感覚、いわゆる触覚の一部を表している。

これらの感覚を感知するセンサーであるところの皮膚の「感覚受容器(外受容器)」は、主に固い死んだ組織である「表皮」のすぐ下にある「真皮」という生きた皮膚層の中に埋め込まれている。

この「皮膚の感覚受容器」の分布状態は身体の場所(身体部位)によって異なっており、分布の多い少ないで感覚が敏感か鈍感かが決まる。

すなわち、非常に敏感な部位である口唇や指先は、一㎟当たり何千も「皮膚の感覚受容器」があるが、鈍感な部位であるウエストのあたりは一㎟当たり一〇〇以下しかないという。

この感覚受容器というセンサーに、物理的なひずみや温度変化などの触覚情報が入力されると活動電位が発生し、それが神経線維に沿って伝導されて大脳皮質の体性感覚野というところに送られて、ここで情報が分析され、さらに連合野で処理され感覚の種類が認識される。

「皮膚の感覚受容器」の密度の高い部位すなわち敏感な部位は、大脳皮質の体性感覚野に割り当てられる領域が広い。そのため、そこでは微妙な気の感覚でも割と容易に認識される。

「皮膚の感覚受容器」の密度の高い部位すなわち敏感な部位は、手・腕・顔・足などである。

そこで、最初に手のひらで気を感知できるようにトレーニングし、次いで腕・顔で気を感知できるようにして、その後に身体全体で気を感知できるようにする。

一―一―一　身体トレーニングの静的トレーニング法

(一)　手のひらで気を感知する技法

手のひらは「皮膚の感覚受容器」の密度の高い部位であり、微妙な気の感覚を感知し易い。そこで、手のひらで気を感知できるように、手のひらに意識を集中し手のひらの感覚を研ぎ澄ますようにしてトレーニングを行なう。

■基本技法

手順1　まず、四〜五回、深呼吸をして心を落ち着けてリラックスさせる。
　そして、一〜二分ほど体全体を軽くゆらしたり、両肩を回すなどして、体をほぐしてリラックスさせる。
　その際、両親やお世話になった人達を思い出して、「ありがとうございます。心から感謝しています。」と感謝の言葉を心の中で唱えると、より効果的であり身心ともにリラックスする。

手順2　両方の手のひらを合わせ、二〇〜三〇回ほどこする。そうすることで、手のひらはさらに敏感になる。

手順3　次いで、両方の手のひらを、肩幅程度に離して向い合わせる。そして、手のひらに意識を集中する。

この時、首、肩、腕に不必要な力は入れないようにする。

手順4　それから、両方の手のひらを、五cmほどの距離までゆっくりと近づけたりまた肩幅の距離までゆっくりと離す動作を繰り返す。

この時の呼吸は腹式呼吸とし、両手を近づける時に息を吐き、離す時に息を吸うようにして行なう。または、息を吐いた後に息を止めてから両手を近づけ、両手を離す時に息を吸うようにして行なう。

手順5　(手順3)～(手順4)を繰り返すと、両方の手のひらに、ボワーッとした圧力感やスースーと風が当たっているような感じとか、または暖かい感覚(熱感)などの独特な感覚が感じられるようになる。これが、気の感覚である。

気の感覚を感じられるようになるまでの時間には個人差があり、すぐに感じる人、一日かかる人、一週間以上かかる人とかなり幅がある。焦らずに(手順3)～(手順4)を繰り返すと、必ず独特な感覚を感じるようになる。

手順6　気の感覚が明瞭になってきたら、(手順4)の近づける距離を、一〇cm、二〇cmと段階を追って離していき、その距離で気を感知できるようにトレーニングする。

手順7　そして、両方の手のひらを肩幅程度に離した状態でも、気(のエネルギー)を感知できるようにトレーニングを繰り返す。

■応用技法

応用技法は、両方の手のひらで直径一〇cmほどの仮想のボールを軽くつかむように構えて、その仮想のボールを両手で回したり押したりする動作を繰り返すことで気(のエネルギー)を感知できるようにする。

気の感覚が明瞭になるにつれて、仮想のボールの大きさを、直径二〇cm、三〇cmと大きくしていく。要領は基本技法と同様であり、直径が大きくなればなるほど、手のひらに意識を集中する。

(二) 身体各部の気を感知する技法

手のひらで気(のエネルギー)を感知できるようになったら、次の段階として、手のひら以外でも気を感知できるようにトレーニングする。

手のひらの次に気を感知し易いのは腕の内側であり、手のひらで気を感知できるようになったら、続いて腕の内側でも気を感知できるようにトレーニングする。

その後は顔面で気を感知できるようにし、さらにチャクラが位置する頭部、腹部で気を感知できるようにして、最終的には身体全体で気を感知できるようにトレーニングを行なう。

■基本技法

手順1　事前に、「手のひらで気を感知する技法」を行ない、十分に手のひらで気を感知しておく。

手順2　次に肘を曲げて、肘から先の腕と手のひらを、肩幅程度に離して向かい合せる。
　そして、肘から先の腕の内側から手のひらまでの部分に意識を集中して、その部分の感覚を研ぎ澄ます。この時、首、肩に不必要な力は入れないようにする。

手順3　それから、両方の肘から先の腕と手のひらを、一〇cmほどの距離までゆっくりと近づけたり、また肩幅の距離までゆっくりと離す動作を繰り返す。この時の呼吸は腹式呼吸とし、両方の肘から先の腕と手のひらを近づける時に息を吐き、離す時に息を吸うようにして行なう。
　または、息を吐いた後に息を止めてから近づけ、離す時に息を吸うようにして行なう。

手順4　(手順2)~(手順3)を何回か繰り返すと、両方の肘から先の腕と手のひらに、ボワーッとした圧力感やスースーと風が当たっているような感じとか、または暖かい感覚(熱感)などの独特な気の感覚が感じられるようになる。

手順5　気の感覚が明瞭になってきたら、(手順3)の近づける距離を、二〇cm、三〇cmと段階を追って離していき、その距離で気を感知できるようにトレーニングする。

手順6　そして、肩幅程度に離した状態でも、気を感知できるようにトレーニングを繰り返す。

■応用技法─1

応用技法は、両腕全体で直径三〇cmほどの仮想のボールを軽く抱えるように構えて、その仮想のボールを両腕で回したり押したりする動作を繰り返すことで気を感知できるようにする。気の感覚が明瞭になるにつれて、仮想のボールの大きさを、直径四〇cm、五〇cmと大きくしていく。
要領は基本技法と同様であり、直径が大きくなればなるほど、両腕に意識を集中する。

■応用技法─2

手順1　両方の手のひらを顔面から三〇cmほど離して構える。
手順2　手のひらと顔面全体に意識を集中して、感覚を研ぎ澄ます。
手順3　手のひらの上に水があると想像して、その仮想の水で顔を洗う。

その際、手のひらを顔には付けないように、三〇㎝程度の距離から五㎝程度の距離まで近づけて顔を洗う動作をゆっくりと行なう。この時の呼吸は腹式呼吸とし、手のひらを近づける時に息を吐き、離す時に息を吸うようにして行なう。

または、息を吐いた後に息を止めてから近づけ、離す時に息を吸うようにして行なう。

手順4 (手順2)~(手順3)を何回か繰り返すと、手のひらだけではなく顔面にもボワーッとした圧力感やスースーと風が当たっているような感じとか、または暖かい感覚(熱感)などの独特な感覚が感じられるようになる。

手順5 そこまで出来るようになったら、手のひらを近づけないで、意識を顔面に集中して神経を研ぎ澄ましていくと、顔面の気の独特な感覚を感知できるようになる。

手順6 顔面の次には、今度は手のひらの仮想の水を頭全体にかける。頭全体を洗うような動作を行ない、そこでも気の感覚を感知できるようにする。

その時も、手のひらを頭には付けないように、三〇㎝程度の距離から五㎝程度の距離まで近づけて頭を洗う動作をゆっくりと行なう。この時の呼吸も腹式呼吸とし、手のひらを近づける時に息を吐き、離す時に息を吸うようにして行なう。

または、息を吐いた後に息を止めてから近づけ、離す時に息を吸うようにして行なう。

手順7 頭部の気を感知できるようになったら、腹部も同じように行ない、身体各部の気を感知できるようにトレーニングを積み重ねる。

一―一―二　身体トレーニングの動的トレーニング法

(一)　起勢(チシ)による技法

起勢(チシ)とは、太極拳の最初の型(動作)である。

ここでいう「起勢(チシ)による技法」とは、太極拳二十四式や太極拳四十八式などのまとまった型全てを行なうのではなく、この起勢(チシ)だけを行なって気を感知できるようにする技法である。

筆者は以前、体調を崩して入院したことがある。その頃、空手部で同期だった親友から「太極拳は健康回復・健康維持によい」と勧められた。そのためしばらくは、健康回復のために太極拳を日課として寝る前に行ない、その準備運動として起勢(チシ)の動作を体が温まるまで何回も繰り返した。

しばらくすると、筆者は手のひらに気を感知できるようになった。

その時初めて、気という生体エネルギーが本当に存在することを体験で知り、強い衝撃を受けた。

筆者が小学二年生の時に父が病気になったが、その頃に新興宗教の信者さん達が父を元気づけるためと信仰の勧誘を目的によく家に来ては、病気が治るなどの奇跡的な話や不思議な現象の話を父母にしていた。筆者も父母の近くで、好奇心も手伝ってか半信半疑でよく聞いていた。父は勧められた通りに真剣に信仰を続けたが、健康状態には変化はなかった。

その頃から、筆者は宗教とか奇跡とか目に見えない不思議な現象などの話に対して嫌悪感を覚えるようになっていった。そのせいもあって、気という目に見えない不思議なものが本当に存在するという事実に驚きと強い衝撃を受けた。

これをきっかけとして目に見えない不思議な現象を追求しようという思いが芽生えて、（一―一―一）の静的トレーニング法と「起勢（チシ）による技法」を、さらに熱心に繰り返し行なって全身で気を感知できるようになった。起勢（チシ）の最初の息を吸う動作で、両腕が無重力になったようにスーッと自然に上がるようになった。

「起勢（チシ）による技法」は、動作が簡単なので老人や病弱な方でも楽に行なうことができ、しかもその割りには効果が大きい技法である。

手順1　両足を肩幅に開いて、自然体で立つ。
　この時、両腕は力を抜いて太腿の外側に下ろし、目は前方を見る。

手順2　両腕を前方にゆっくりと平行に持ち上げ、肩の高さまで上げる。
　この時、手首から先は力を抜くように手指を自然に開き、手のひらは下向きにして、肘はわずかに下側に曲げる。
　呼吸：この動作中は、腕の動きに合わせて鼻から息を吸う。

手順3　上体は真っ直ぐに保ったまま、両膝をゆっくりと曲げつつ腰を落とす。
　この動作に連動させて、両腕は両肘を沈めるように下におろし、両方の手のひらで軽く下に抑えるようにする。
　呼吸：この動作中、動きに合わせて鼻から息を吐く。

手順4　ゆっくりと息を吸いながら、（手順2）の姿勢に戻る。

手順5　ゆっくりと息を吐きながら、（手順1）の姿勢に戻る。

(1)（手順1）～（手順5）までは、水の流れるようにスムーズに滑らかに行なう。
(2)（手順1）～（手順5）までを1サイクルとして、これを数サイクル毎日繰り返すと、そのうちに両手と両腕を中心に気を感知できるようになる。（一—一—二）身体トレーニングの静的トレーニング法も一緒に行なうと、より早く気を感知できるようになる。
(3) この技法に習熟してくると、息を吸う動作で、両腕と両手がひとりでに上がるようになる。両腕と両手が無重力になったように自然と上がるようになる。

当技法に習熟してくると、応用技法は自然と自得できるようになるので今回は省略する。

(二) 太極拳

健康法として知られている太極拳は、もともとは武術である中国拳法の中の一つの流派である。しかし、その創始にあたっては、中国古来の健康法、医療法が取り入れられている。

すなわち、太極拳は意識と呼吸を動作と結びつけて行なうが、これは体を屈伸させたり、うつむけにさせたりする「導引術」や、腹式呼吸に合わせて上肢を動かす「吐納法」の、呼吸と動作の結合法を取り入れたものだと言われている。

太極拳は、当初、中国・河南省・温県陳家溝の陳家一族だけに伝えられていたが（陳家太極拳）、日本でいえば幕末の頃に楊露禅が学んで中国全土にその名を知らしめたのである(楊家太極拳)。

「陳家太極拳」の型は、ゆるやかな動作と速い動作の二つがある。

現在、健康法として広く行なわれている太極拳は国家制定拳であり、ゆるやかな動作の「型」である。

太極拳は、その優れた武術性もさることながら、体内の気を修練し心身を練磨して健康を増進させる〝養命法〟として名を馳せ、老若男女を問わず広く行なわれている。

太極拳は、気功法と同じく〝気を感知し、気を整い、気を強化する〟効果を持っているが、トレーニング方法には大きな違いがある。

気功法は一般的には一つの動作を繰り返し行なうが、太極拳は拳法のいろいろな型を動きを止めることなく流れるように連続して行なう。

そのため、一つの動作の繰り返しの方法である気功法よりも、いろいろな型を一定時間動きを止めずに行なう方法である太極拳の方が、意識の集中・持続が容易である。

そして、太極拳の型の流れるような動きの中で、意識(心)と動作(体)と呼吸(気息)が調和して一体と化し、次に示すような心身ともに大きな効果をもたらす。

① 血液の循環が促進されて心肺機能が強化される。

また、新陳代謝を促し、胃腸の働きが活発となって食欲を増進させる。

② 自律神経の機能を高めて、全身の各器官の働きを向上させ、身体の抵抗力を増強させる。

ここでは、正しく演武することに意識(重点)を置くとともに、体内の気を修練することにも意識(重点)を置いて演武する。この「体内の気を修練するという意識」を持つことが重要である。

第1段階　柔らかなゆっくりとした動きを楽しむことで、自然に体内の気を感知できるようになる。

体内の気を感知しながら演武できるようになることを目指す。

第2段階　気を両腕や体の各所に巡らせながら演武する。

たとえば、手のひらから肘まで、手のひらから肩まで逆のルートで、肘から手のひらまで、肩から手のひらまで、など。これは、「第二課程　気のエネルギーを操作する技法」や「第三課程　気のエネルギーを体内にめぐらせ、全身にゆきわたらす技法」の事前の練習にもなる。

一つ一つの型の気の巡らせ方は各人の能力(修行段階)に応じて、各人が工夫して行なうことをお勧めする。

一—一—三　イメージ・トレーニング法：意識の集中

気（のエネルギー）を感知できるようになるためには、身体トレーニングだけでも可能ではあるが、イメージ（心象）を活用することで、さらに身体トレーニングの効果は向上する。

スポーツや芸事などの身体活動はもちろんのこと、学問や創作活動などの知的活動においても、それらを習得するためには潜在意識まで深く刻み込ませる必要がある。そして、潜在意識まで深く刻み込ませるためには、次の二つの方法がある。

方法1　とにかく出来るようになるまで、上達するまで、何回も何回も繰り返し練習する。
すなわち、練習の量を多くすることで潜在意識まで深く刻み込ませるのである。

方法2　目指している状態をイメージしながら練習したり、あるいは練習そのものをイメージで行なったりして、練習の内容を濃密なものにする。

すなわち、練習の質を向上させることで潜在意識まで深く刻み込ませる方法である。

そして、感動・喜びなどの感情を伴なって行なうと、効果はさらに向上する。


（方法1）は、練習量を多くすることなので、特に説明する必要はない。

（方法2）は、イメージを活用する方法なので、イメージの鮮明度により効果は大きく左右される。

すなわち、（方法2）を行なうには、イメージ・トレーニング法に習熟している必要がある。

そのため、ここではイメージ・トレーニング法について説明する。

イメージ・トレーニング法は、二つの方法から成り立っている。

一つは「意識の集中」(Concentration)であり、もう一つは「意識の拡大」(Meditation)である。

気を感知できるようになるためのイメージ・トレーニングでは、「意識の集中」の技法を行なう。

意識の集中とは、一つのこと(対象)に心(意識)を集中することである。

意識(心)を一つのことに集中して、他のことには意識を向けないのである。

この「意識の集中」には、二つの段階がある。

・**中級段階**：対象だけに、全神経を傾けるように意識して集中する段階
・**上級段階**：「四神足瞑想法」の上級段階まで進むと、対象に意識を置くだけで意識(心)は対象だけを集中することができるようになる。
すなわち、他に捉われることなく意識(心)が集中できる段階である。

この段階までくると、意識(心)は潜在意識まで深く沈んでおり、潜在意識をコントロールする可能性につながっていく。


それでは、「意識の集中」の具体的方法について述べるが、ここに紹介する方法はあくまでも一つの例にしかすぎないので、自分なりの方法を工夫するとよい。

通常、意識の集中とは、一つの対象(花とか、置物とか)を凝視して、そこに意識を集中することを指す。ところが、初心者の場合は、花を凝視しても次から次へと雑念が湧いてきて、それにとらわれ意識を集中することが出来ない。

そこで、雑念が湧くことなく意識を集中するためには、知的行為を行ないつつ意識を集中すればよい。その一つの方法が、「記憶をたどる」方法であり、ここではそれを紹介する。

■技法1　今日一日の自分の行動を一つずつ思い出す

手順1　心身をリラックスさせる。
結跏趺坐、半跏趺坐、正座、もしくは椅子に座って腹式呼吸を行なう。
呼吸法は、自然呼吸法、反式呼吸法のどちらでもやり易い方で構わない。

手順2　今日一日の朝起きてからの行動と出来事を、時間経過とともに思い出し振り返ってみる。
その際、自分の姿をあたかも他人を見るかのように第三者的にありありと映像として見るように努める。

手順3　そして、今こうしてイメージ・トレーニングを行なっているところまでを、出来るだけ詳しく時間経過の順を追って思い出していく。できれば、再体験しているように、ありありと思い出す。

ここで、高度な技法を期待した人にとっては、この技法は期待外れだったかもしれない。しかし、この技法には以下に示す効果があり、イメージ・トレーニングの初歩の技法としては最適なものの一つである。

効果1　「記憶をたどる」という知的行為を行ないつつの意識の集中なので、雑念が湧きにくい。
効果2　記憶を呼び戻す知的作業なので、記憶力が鍛えられ向上する。
効果3　今日一日の自分の体験を振り返る作業なので、比較的長い時間、鮮明な映像による意識の集中を行なうことができる。

一—二　体外（大自然）の気を感知する技法

ヨガでは気を「プラーナ」と称し、人間を始め動物・植物は勿論のこと、空気、水、火などの自然界の事物にも存在し、さらには全宇宙に遍満していると説いている。すなわち、気は宇宙の根源的エネルギーの一つであるというのである。そして、気は宇宙に存在するもの（物質）の種類に応じて、様々な相（すがた、性質）を持つ。

例えば、動物や植物などの生物においては、気は生体エネルギーとしての相（すがた、性質）を持つし、水や火などの生物でないものにおいては、そのもの特有の相を持っている。この技法でまず対象とするのは、動物・植物が生来持っているところの生体エネルギーとしての気である。というのは、私達人間の身体にある気と同質の気ほどより感知し易いからである。

ここで初めて「体外（大自然）の気を感知する技法」と銘打ってはいるが、実は前に述べたところの「体内（自分自身）の気を感知する技法」の中で、すでに〝体外の気を感知する技法〟も併せて行なっているのである。というのは、（一—一）の「手のひらで気を感知する技法」を例にとってみると、両方の手のひらを少し離して向かい合せることで気を感知するということは、一方の手のひらから放射・放出される気をもう片方の手のひらで感知しているからである。

そして、その放射された気を感知することで気に対する感覚が鋭くなり、手のひら自体に存在し流れている気も感知できるようになるからである。

同様に（一—一）の「身体各部の気を感知する技法」は、〝身体各部に存在し流れている気を感知する技法〟であるだけではなく、〝手のひらから放射・放出される気を身体各部で感知する技法〟でもある。

こういう点を念頭に置いて「(一―一)体内(自分自身)の気を感知する技法」の中の「手のひらで気を感知する技法」と「身体各部の気を感知する技法」をあらためてトレーニングしていくと、自分自身の気だけではなく他人や動物・植物が持っている気をも感知できるようになってくる。

次に、木や草花などの植物が持っている生体エネルギーとしての気を感知できるようにトレーニングし、さらに火や太陽などのエネルギーを気として感知できるようにトレーニングする。

一―二―一　身体トレーニングの静的トレーニング法

(一)　手のひらで気を感知する技法

ここでは、木や草花などの植物が持っている生体エネルギーとしての気を感知する技法について説明する。

木や草花の気を感知することは仙道でも行なわれており、また太極拳においてもトレーニングを積んでくると、木々に囲まれた場所とそうでない場所とで受ける気の微妙な感覚の違いが分るようになる。

手順1　公園や広場にある木々の中から何となく好ましいと感じる木を選んで、五〇cmから一mほど離れて立つ。その際、足は肩幅ほどに開いて、両方の手のひらを木に向けて三〇cmから五〇cm程度離す。

手順2　手のひらと木の間隔は変えずに、両方の手のひらで木をさするように上下にゆっくりと動かす。上下に動かす際は、直線的に動かしても構わないし、円を描くように動かしても構わない。

自分が動き易い方でよい。その際、呼吸は腹式呼吸で行ない、息を吐きながらゆっくりと下方に動かし、息を吸いながらゆっくりと上方に動かす。

意識は手のひらに集中し、「木の気を感じるんだ」と意気込まずに、「木と手のひらを通して気持を通い合わす」という具合に好意を持ってリラックスして行なう。

手順3　何回も繰り返しトレーニングしていると、そのうち独特な気の感覚を感知できるようになる。

木や草花の気を感知することは人間や動物の気を感知することよりも難しく、逆にいえば木や草花などの植物の気を感知できるようになると、人間や動物の気は割と容易に感知できることになる。

火や太陽などのエネルギーを気として感知する技法も、基本的には木や草花の気を感知する技法と同じであるが、当面は火と太陽の光と熱を気(のエネルギー)とイメージするだけでよい。

木や草花の気を十分に感知できるようになると、そのうち自然に火や太陽などのエネルギーを気として感知できるようになってくる。

参考までに述べると、火や太陽などのエネルギーを気として感知している状態とは、火や太陽を前にすると、心身ともにリラックス状態になり、開発された経絡に気が意識することなく自然に流れるようになる。そのため、第一課程で火や太陽などのエネルギーを気として感知できなくても、木や草花の気を少しでも感知できるようになれば、次の第二課程以降へと進むようにする。

第二課程以降の上級課程に進むうちに、次第に火や太陽などのエネルギーを気として感知できるようになってくる。

(二) 体全体で気を感知する技法

ここでも、木や草花などの植物が持っている生体エネルギーとしての気を感知する技法について説明する。

手順1 公園や広場にある木々の中から何となく好ましいと感じる木を選んで、五〇㎝から一mほど離れて立つ。そして、足は肩幅ほどに開いて、両腕で木を抱きしめるようなポーズをとる。

手順2 ゆっくりと、両腕を締めたり、両腕をゆるめたりするように動かす。その際、呼吸は腹式呼吸で行ない、息を吐きながらゆっくりと両腕を締めるように動かし、息を吸いながらゆっくりと両腕をゆるめるように動かす。

意識は両腕と体の前面に集中し、「木と気持を通い合わす」という具合に好意を持ってリラックスして行なう。

手順3 何回も繰り返しトレーニングしていると、そのうち独特な気の感覚を両腕と体の前面に感知できるようになる。

両腕と体の前面で木や草花の気を感知できるようになると、そのうち自然に体全体で気を感知できるようになってくる。

もちろん、そのうち自然に火や太陽などのエネルギーも体全体で気として感知できるようになってくる。

一―二―二　身体トレーニングの動的トレーニング法

(一)　站とう功(たんとうこう)

站とう功とは、馬歩(ばほ、まほ)とも称し中国拳法の修行法のひとつであり、地味で単調ではあるが体内の気を発生させ増強させる効果が大きい。

站とう功とは、地面に打ち込まれた杭のようにしっかりと立つという意味であり、リラックスして足に根が生えたごとくしっかりと立つことで、気が充実・増強されて、全身で気を感知できるようになる。

ここでは站とう功(たんとうこう)は動的トレーニング法に分類しているが、実際は動きがほとんどなく、そのために病人や体の弱い人でも容易に行なうことができる。

そして、毎日繰り返し行なえば、大きな効果がある技法である。

■　基本技法

手順1　両足を肩幅ほどに開いて、膝を少し曲げて立つ。

その際、膝頭がつま先よりもあまり前に出ないようにして、へっぴり腰にならないように立つ。膝の曲げ具合は、自分の体力・筋力に合わせて、太ももや腰の筋肉を痛めない程度に曲げる。

トレーニングを続けるうちに体力・筋力が向上するので、そうなれば少しずつ深く曲げていくようにすればよい。

手順2　両手は、胸の前で一抱えほどの空気のボールを抱えているような形に構える。その際、手首から先には、不必要な力を入れないようにする。

手順3　背すじは真っ直ぐ伸ばし、腹を前に突き出さないようにして、肛門は軽く締める。
手順4　この姿勢でリラックスして立つ。
手順5　立つ時間は、最初は一分から始め、二分、三分とだんだんと延ばし、五分、一〇分と体力・筋力の向上に合わせて延ばしていく。
　武道家の中には一時間以上行なう人がいるというが、ここでは、当面の目標を一〇分とか二〇分とかに決めてトレーニングを行なうとよい。回数は一日数回行ない、回数が多いほど効果が顕れるのが早い。
　ただし、忙しくて時間がとれない人は、朝昼晩のうち一日二回は行なう。
手順6　非常に単調だが、これを毎日続けていくと、両手・両腕を中心に気を感知できるようになる。さらに胸から腹部にかけても気を感知するようになる。

　以上のように站とう功の基本技法は、実に単調であり静的である。そして単調で静的なわりには肉体的にはハードであり、特に足腰(下半身)への負荷が大きい。そのため、一〇分も続けると下半身(特に大腿部)がきつくなり筋肉が痛んできて、それ以上長く続けることに苦痛を覚えるようになってくる。

■応用技法

　基本技法の姿勢を保ちつつ、わずかに足腰に動きを加えるかまたは手に動きを加えることで、気の修練・増強効果を損なうことなく苦痛を覚えずに長時間行なうことができる。
　基本技法において足腰がきつくなってきたら、呼吸に合せてゆっくりと体の重心を右足に移動させてから元に戻り、次いで左足に移動させてから元に戻り、これを繰り返す。

その際、呼吸は腹式呼吸であり、重心を右足と左足に移動させる時に息を吐き、元に戻る時に息を吸う。そして、重心の移動と呼吸は、流れるように連続してゆっくりと行なう。

さらに、重心の移動に合せて、空気のボールを両腕で回すように両腕を動かしてもよい。

一―二―三　イメージ・トレーニング法

(一)　軟酥(なんそ)の法

イメージ・トレーニング法は、「意識の集中」と「意識の拡大」の二つの方法から成り立っているが、これから説明する「軟酥(なんそ)の法」は、「意識の集中」の比重が大きいけれども、「意識の拡大」の要素も多分にあり、健康回復や心身の安定化にも多大な効果がある技法である。

この「軟酥(なんそ)の法」は、江戸時代の名僧で臨済宗中興の祖と言われている白隠禅師によって伝えられたところの、心身の健康を回復・向上させるイメージ・トレーニング法である。

白隠禅師(一六八五年〜一七六八年)は五〇〇年に一人の名僧と言われており、十五歳で出家して仏道修行に入り、二十四〜二十五歳の頃に信州飯山の正受老人(道鏡慧端)のもとで覚りを開いたという。

しかし程なくして、悟後の修行の最中、それまでの厳しく激しい修行のために肺結核と一種のノイローゼになってしまったという。

鍼灸や医薬など、治療を尽くしたけれども効果がなく、それでも半死半生の状態で修行しながら治療法を探し求めたという。

いよいよ死を待つだけかと絶望しかけた時、京都郊外の白河に住む白幽仙人から、「内観の秘法」と「軟酥(なんそ)の法」を授かり、これを真剣に行なってついに難病を克服している。

二十五〜二十六歳の頃である。

「軟酥(なんそ)の法」は、白隠禅師の著書「夜船閑話」によると、阿含経の中に説かれているという。

そののち、多くの人々が医療に加えてこの「軟酥(なんそ)の法」を行なうことで、結核をはじめ様々な病気を克服している。実は、筆者もその恩恵にあずかった一人である。

それでは、「軟酥(なんそ)の法」を以下に説明する。尚、(手順8)は筆者が追加したものである。

手順1　心身をリラックスさせる。

体をまっすぐ伸ばして仰臥し、全身の力を抜いて目を閉じ、腹式呼吸を行なう。

または、結跏趺坐、半跏趺坐、正座、もしくは椅子に座って腹式呼吸を行なう。

ちなみに筆者の場合は、仰臥で行なうとそのまま途中で眠ってしまうので、半跏趺坐で行なっていた。

呼吸法は、自然呼吸法、反式呼吸法のどちらでもよく、やり易い方で構わない。

手順2　まずは、色鮮やかで香りの高い、鶏の卵くらいの大きさの丸薬が、天上世界から下りてきて、頭上に乗っていると観想(イメージ)する。この丸薬が軟酥であり、どんな病気にでも効く妙薬で、バターのように軟らかい。

酥(そ)というのは、バターなどのような乳製品を指す。

手順3　この軟酥(なんそ)が体温によって徐々に溶け出して、下の方に流れ始めるとイメージする。

その際、アリアリと目に浮かぶように努める。

最初はなかなか出来ないが、何回も行なってくると出来るようになる。

手順4　溶けた軟酥(なんそ)が、頭上からゆっくりと頭と顔の表面を伝わって首へと流れていくと同時に、頭部の内部にも浸透していき体の内部を首の方へと下方に浸透していくと想像(イメージ)する。その際、病気や傷口などの悪い所を癒しながら浸透していくと想像(イメージ)する。

始めのうちは、なかなか頭と顔から首まで流れていくイメージができなくて、そこであきらめて中止する人がいるが、あきらめずに何回もトライすると出来るようになる。そして首まで流れていくイメージができると、あとは割りと簡単に足先まで流れていくイメージができる。

手順5　さらに、首から両肩、両腕を伝わって、手の指先まで悪い所を癒しながら表面から内部まで浸透していくと想像(イメージ)する。

手順6　この妙薬は胸、両肺の悪い所を癒しながら潤していき、胃腸を始めとする全ての内臓、さらに腰や尻から両足まで癒しながら潤して、ついには全身を癒しながら流れ下りるとイメージする。この時、心の中の様々な悩みや苦しみや煩悩も、一緒に流れ下りるとイメージする。そして、足のつま先や足裏まで流れ下りるあいだに、心身ともすっかり癒されるとイメージする。

手順7　流れ下りた軟酥は下に溜まり、足から腹、胸と、しだいに溜まった軟酥の高さは高くなり、風呂のお湯につかったように溶けた軟酥にひたされるとイメージする。

手順8　しばらくの間、軟酥に全身をつかり、身心ともに癒されて力がみなぎるとイメージする。その後、軟酥は下に置かれた壷の中に入っていき、元のような丸薬に固まり天上世界に戻っていくとイメージする。

繰り返すようだが、始めのうちは軟酥はなかなか下の方までは流れ下りてこない。それでも、繰り返し行なっていると、しだいに下の方まで流れ下りてくるようになる。一、二回であきらめずに、首に流れ下りてくるまではあきらめずにトライしてほしい。

首まで流れていくイメージができると、あとは割りと簡単に足先まで流れていく。毎日少しずつでも行なうことが大事である。

ちなみに、「内観の秘法」は次のようなものである。

方法1　心気(気のエネルギー)を臍下丹田(へそ下三〜五㎝の所にある気の中継所)に落ち着け納め、心安らかに呼吸する。

方法2　浩然の気(気のエネルギー)を丹田に納め入れ、養って煉りに煉る。すなわち、気を丹田に集めて濃縮・強化する。

など

仙道に伝えられている「小周天」の技法の一部に極めて似ている。

第二課程　気のエネルギーを操作する技法

二―一　体外(大自然)の気を、体内に取り入れる技法

私達は、食事等によって生活(生存活動)に必要なエネルギー(栄養、水分)を摂っている。

また、呼吸によって空気を肺の中に吸い込み、必要な酸素を摂り入れている。

それら水分・食べ物・空気と同じように、気(のエネルギー)も体内に取り入れることができ、健康の回復と維持および体力増強に役立てることができる。

体外(大自然)の気といっても、他人の気、動物の気、植物の気、日光や火の気、鉱石が持つ気などいろんな種類がある。

それらの中で体内に取り入れ易いのは、性質・特性が同じか近い種類の気である。

二―一―一　身体トレーニングの静的トレーニング法

(一)　手のひらで気を取り入れる技法

ここでは、最も簡単な「両方の手のひらの間に感知される気」を取り入れるケースと、人間の気とは

異質であるが、しかしどこにでも見られる植物の気を取り入れるケースを選んで説明する。

■技法―1　両方の手のひらの間の気を取り入れる

手順1　事前に、「手のひらで気を感知する技法」を行ない、十分に手のひらで気を感知する。

手順2　手のひらを二〇～三〇㎝ほど離して向かい合わせ、その間にある気を明瞭に感知するまで、「手のひらで気を感知する技法」を行なう。

手順3　まず、右手の手のひらの中央付近に意識を集中する。

手順4　右手の手のひらの中央付近に意識を集中したまま、右手を縦方向にわずかに回転させるように動かす。または小さく揺らすように動かす。

手順5　次に、右手の手のひらの中央から、両方の手のひらの間にある気（のエネルギー）を吸い込むように意識を集中しイメージする。

手順6　すると、右手の手のひらの圧力感は消えてスーッと涼しい感じに変わり、さらに右手首から肘にかけて〝ムズムズと虫が這う感覚〟や〝水が流れる感覚〟などの独特な気の感覚が感知されるようになる。

これは、両方の手のひらの間にあった気が右手の手のひらから吸収されて、手首から腕へと流れていく際の感覚である。

左手の手のひらの圧力感は、右手の手のひらから気が吸収されるにつれて少なくなってくる。

手順7　右手の手のひらで出来るようになったら、今度は左手の手のひらで行なう。

方法は、（手順3）～（手順6）に準ずる。

■技法―2　木や草花などの植物の気を取り入れる

（技法―1）が容易にできるようになったら、今度は木や草花などの植物の気を体内に取り入れるトレーニングに入る。

手順1　事前に、「手のひらで気を感知する技法」を行ない、十分に手のひらで気を感知する。

手順2　公園や広場にある木々の中から何となく好ましいと感じる木を選んで、五〇cmから一mほど離れて立つ。

その際、足は肩幅ほどに開いて膝は軽く曲げ、両方の手のひらを木に向けて三〇cmから五〇cm程度離す。

手順3　腹式呼吸を行ない、心身ともにリラックスする。

手順4　「手のひらで植物（木）の気を感知する技法」を行ない、目の前にある木の気（のエネルギー）を感知する。

木の気を少しでも感知できる場合は、そのまま（手順5）へと手順を進めてもよい。トレーニングが進むにつれて、はっきりと感知できるようになる。

手順5　両方の手のひらは木に向けたまま、ゆっくりと小さく回すように動かす。回す方向は、外まわりでも内まわりでも構わない。または、手招きするようにゆっくりと動かしてもよい。

いずれの方法でも、意識は常に手のひらの中央に集中して、木の気を感知しながら、手のひらから吸い込む意識を強く持って行なう。

手順6　そのうち、手首から腕へと〝気が流れる独特な感覚〟が感知されるようになる。

そして、体も軽くなったような感じがしてくる。

手順７　最後に、木の気を取り入れることができたならば、すなわち、木から生命エネルギーである気をもらうことができたならば、必ず、相手の木に対して感謝する。声に出さなくても、心の中でお礼を言う。

人間の気は、憎しみ・怨みなどの我(煩悩)を含んでいることがあるが、木の気は純然たる生命エネルギーである。

(二)　体全体で気を取り入れる技法

ここでは、体の特定の場所で気を取り入れる技法ではなく、体全体で気を取り入れる技法について説明する。そして、木や草花などの植物の気を対象に説明する。

基本はあくまでも、取り入れる気を十分に感知してから行なうことにある。

手順１　事前に、「手のひらで気を感知する技法」を行ない、十分に手のひらで気を感知する。

手順２　次に、「体全体で気を感知する技法」を行なって、体全体で気を感知する。

手順３　公園や広場にある木々の中から何となく好ましいと感じる木を選んで、三〇㎝から五〇㎝ほど離れて立つ。

その際、足は肩幅ほどに開いて膝は軽く曲げ、木を抱くような形に両腕を広げるが木からは三〇㎝程度離す。

手順４　腹式呼吸を行ない、心身ともにリラックスする。

手順５　両腕と木の間隔は変えずに、両腕で木をさするように上下にゆっくりと動かす。

その際、呼吸は腹式呼吸で行ない、息を吐きながらゆっくりと下方に動かし、息を吸いながらゆっくりと上方に動かす。動かす距離は三〇㎝ほどとする。

手順6　次に意識を、手のひらから両腕さらに胸にかけて集中する。

その際、両腕は手順5の動作をそのまま続けてもよいし、止めてもよい。

手順7　これを繰り返しトレーニングしていると、木との間に両手・両腕・胸から腹部にかけて圧力感などの〝気の独特な感覚〟を感知するようになる。

手順8　次に、右の手のひらで気を吸い込むように意識を集中し、吸い込む際の独特な感覚を感知する。右の手のひらで出来るようになったら、左の手のひらでも出来るように訓練する。それから両方の手のひらで行ない、そして右腕、左腕、両腕、胸から腹部へと範囲を広げてトレーニングしていく。

手順9　そして、体全体で気を吸い込むように意識を集中しながらトレーニングする。

するると、手のひらから手首・腕を通って気が流れる感覚は勿論のこと、全身に気が入り込むというか気が吸い込まれる感覚が感知されるようになる。

手順10　ここでも最後に、必ず、相手の木に対して感謝する。

二―一―二　身体トレーニングの動的トレーニング法

㈠　起勢(チシ)による技法

太極拳、起勢(チシ)による技法、站とう功のいずれにおいても、体外(大自然)の気を体内に取り入れることはできるが、ここでは、起勢(チシ)による技法を紹介する。

手順1　両足を肩幅に開いて、自然体で立つ。
この時、両腕は力を抜いて太腿の外側に下ろし、目は前方を見る。

手順2　両腕を前方にゆっくりと平行に持ち上げ、肩の高さまで上げる。

基本的な要領は、（一―一―二）の起勢（チシ）による技法に準ずる。

ここでのポイントは、両腕を肩の高さまで上げる際、手のひらから大気中の気を体内に吸い込んでいくような意識（イメージ）を持ちながら行なうことである。

繰り返し行なううちに、手のひらから手首・腕を通って気が流れる感覚が感知されるようになる。


手順3　上体は真っ直ぐに保ったまま、両膝をゆっくりと曲げつつ腰を落とす。

ここでのポイントは、両方の手のひらで軽く下に抑える際、両腕の動きに合わせて、吸い込んだ気を腹部に入れるような意識（イメージ）を持ちながら行なうことである。

繰り返し行なううちに、両腕から胸を通って腹部の方に気が流れていく感覚が感知されるようになる。

手順4　ゆっくりと息を吸いながら、（手順2）の姿勢に戻る。

手順5　ゆっくりと息を吐きながら、（手順1）の姿勢に戻る。

二―二　体内の気を、体外に放出する技法

近年、中国において、気功による病気治療の驚嘆すべき効果が相次いで報告されたこともあって、体内の気を体外に放射・放出して病気を治療できることは広く知られるようになった。

これは何も中国だけで行なわれてきたのではなく、昔からどこの国でも行なわれており、日本においても「掌治」とか「手のひら療法」などと呼ばれて行なわれてきたものである。

もっと身近なものでは、私達自身、おなかが痛くなった時や頭が痛くなった時には、手のひらを痛い所に当てたりさすったりして痛み〟を和らげようとした経験があるはずである。

「四神足瞑想法」の第二課程でも、気を放射・放出するトレーニングを行なうが、これは気を放射・放出して何か特別なことをしようというのではない。

実は、気を放射・放出することができるようになるためのトレーニング自体が、すでに一種の瞑想なのである。なにも座って行なうだけが瞑想ではない。

そして、このトレーニングを行なうことで、気を感知することがさらに容易に出来るようになり、体内の気も増強されて、第三課程以降の技法を修得し易くなるのである。

二―二―二　身体トレーニングの静的トレーニング法

㈠　手から気を放出する技法

ここで初めて「手から気を放出する技法」と銘打っているが、実はすでに第一課程(一―一)の「体内(自分自身)の気を感知する技法」の中で、すでに〝手から気を放出する技法〟もあわせて行なっているのである。

というのは、第一課程(一―一)の「手のひらで気を感知する技法」を例にとってみると、両方の手のひらを少し離して向かい合せることで気を感知するということは、一方の手のひらから放射・放出している気をもう片方の手のひらで感知しているからである。

すなわち、第一課程の技法と第二課程の技法は極めて密接に関連しており、こういった点を念頭においてトレーニングを行なうと上達が早い。

そして、実際に手のひらから気が放出されたかどうかを確認するには、自分の手のひらを始め身体各部で放出された気を感知するのが最も簡単でありかつ確かである。

ここでは、〝手から気を放出する〟とともに、その気を感知してさらに〝体内に取り入れる〟ことも併せてトレーニングしていく。

■ **基本技法**

手順1　事前に、「手のひらで気を感知する技法」を行ない、十分に手のひらで気を感知する。

手順2　手のひらを二〇～三〇cmほど離して向かい合わせ、その間にある気を明瞭に感知するまで、

「手のひらで気を感知する技法」を行なう。

手順3　次に、右手の手のひらの中央付近に感知している気を、左手の手のひらに向けてグッと押し出すように放射・放出する。

手順4　すると左手の手のひらに、右手の手のひらから放出された気が瞬時に到達して、圧力感が強まるのが感知される。

もし、はっきり感知できなければ、何回も繰り返すことで、感知できるようになる。

手順5　続いて、左手に到達した気を、左手の手首から左腕・左肩へと意識を集中して移送させ、さらに胸を通って右肩・右腕そして再び右手の手のひらまで戻す。

すなわち、両腕、両肩、胸で作る輪を一周させる。

(手順3)~(手順5)までを繰り返し行ない十分にマスターできるようになったら、次は左手の手のひらから同じように気を放出させ、逆まわりに一周させるトレーニングを行なう。

■応用技法

人によっては、応用技法の方が基本技法よりもマスターし易い場合がある。

基本技法がなかなかマスターできない人は、この応用技法を先にマスターしてから基本技法のトレーニングを行なうとよい。

手順1　事前に、「手のひらで気を感知する技法」を行ない、十分に手のひらで気を感知する。

手順2　手のひらを二〇~三〇㎝ほど離して向かい合わせ、その間にある気を明瞭に感知するまで、「手のひらで気を感知する技法」を行なう。

手順3　次に、右手の人さし指と中指を付けてまっすぐ伸ばし他の三つの指は握るようにして、その右手の人さし指と中指を左手の手のひらの中央に向ける。
ここで、左手の手のひらと右手の人さし指・中指の間隔は、五〜一〇cmほどにする。

手順4 次に、右手の手のひらに意識を集中してそこで感知される気を、そのまま意識をゆっくりと右手の人さし指と中指の先端に移すようにすることで移動させる。

手順5 すると、右手の人さし指と中指の先端部に、気の独特な感覚が感知される。

手順6 右手の人さし指と中指の先端部に感知される気を、グッと押し出すようにして左手の手のひらに向けて放射・放出する。

手順7 すると、右手の人さし指と中指の先端から放出された気は瞬時に左手の手のひらに到達して、棒の先端で突付いたような圧力感が感知される。

手順8 この気を左手首から左腕・左肩に意識を集中して移送させ、さらに胸を通って右肩・右腕へと移送させ、そしてまた元の右手の人さし指と中指の先端まで戻す。

次に、左手の手のひらと右手の人さし指・中指の間隔を、二〇cm、三〇cmと広げていく。

以上の技法を繰り返し行ない十分にマスターできるようになったら、次は左手の人さし指と中指からも同じように気を放出させるトレーニングを行なう。

このトレーニングを繰り返し行なってマスターし、さらに気を増強して行なうと、五m以上離れたところから指先で気を放出しても相手に気を感じさせることができるようになる。

その日、筆者は風呂場のシャワーを滝と見なしてトレーニングを行なっていた。
シャワー(の滝)から上がって、右手を前述の形(人さし指と中指を揃えて伸ばし、他の三つの指は握る)にして、左肩の上方から体の前方中央に向けて気合を込めて打ち下ろした。

その瞬間、何と指先から何か光のようなものが微かに放射されたように見えた。

その時には、指先から気を放射しようと思って行なったのではなく、ただ一つの型を行なったにすぎない。

「まさか、そんなことはない。錯覚か、それとも何かの光が反射して偶然そう見えたのだろう。」と思ったが、気の放射・放出をトレーニングしていた時期だったので、試しに今度は人さし指と中指から気を放射する技法を加えて、先ほどと同じく左肩の上方から体の前方中央に向けて気合とともに気を放出させながら打ち下ろした。

その瞬間、何と今度はレーザー光線のように気が放射されるのがはっきりと見えたのである。

その光線は風呂場の窓から外へと、一直線に遠くまでレーザー光線のように延びて放射された。

何回繰り返しても、同じようにレーザー光線のように気が放射されるのが見えた。

(二)　体全体から気を放出する技法

体全体を使って気を放出するのがこの技法である。

そのために、体全体で気を明瞭に感知できるように、これまで述べた技法をしっかりトレーニングすることは勿論のこと、栄養や睡眠を十分に摂って気(体力)を増強する必要がある。

次の段階である第三課程がマスターできるようになると、この技法は割と簡単に出来るようになる。

今回は、特に具体的な技法の説明は行なわない。

筆者は、この技法を空手に応用しようと考えたことがある。

当時は、小周天はまだ修得していなかったが、すなわち第三課程はマスターしていなかったが、気を体内に取り入れたり、体外に放出することができるようになったことで、いろいろなことに応用しようと取り組んだ時期がある。

今回は、その中の一つである「空手への応用」について紹介したい。

それは、体から三mほど気を放出して一種の制空圏というかバリヤーを作るのである。

気のバリアーをレーダーのように使って、相手が動作を起こそうとする正にその直前に感知しようというものであった。

なぜ気を空手に応用しようと考えたのかは、体の柔軟性に乏しく、かつ持久力(心肺機能)もごく平均的であり、格闘技(空手)向きではない身体を気によって少しでもカバーしようと考えたからである。

そこで筆者は、相手が動作を起こす直前に、必ず動作を起こそうと考えるはずであり、その心の動きは瞬時に気に変化を起こすと考えて、気の変化で心の動きを察知できないかと考えた。

そして、練習形式での組手での訓練の結果、しだいにそれが察知できるようになった。

すなわち、動作を起こす直前の心の動きは、気に変化を起こすのである。

しかし明確に察知できるのは、動きが少ない相手の場合だけに限られた。

フェイントをしたりして動きが激しい相手の場合には、相手の動きに意識がつい向いてしまい、気のバリアーを維持できずに気の変化を察知できないのである。この方法だけでは不完全であった。

当時、その時点で更なる工夫をして気のバリアーを完成させようという意欲は湧かなかった。空手というか武道をそこまで追求しようという意欲が湧かなかったのである。

格闘技においては、相手を倒す(戦闘不能にする)まで戦うという意識を心の奥(潜在意識)にまで強く持っていなくてはならない。

近代空手は、そういう格闘技という「実戦」の側面と、競技という「スポーツ」の側面の二つがある。そして、スポーツという側面を前面に出して、大衆化され世界的に広まってきた。

実戦ではルールというものはなく、倒すか倒されるかの勝負である「実戦組手」である。

スポーツではルールの上での勝負であり、戦闘不能にするまで戦う必要はない「試合組手」である。

そのため、スポーツ重視の空手では、実戦では十分には役立つとは限らないという弊害がある。

筆者の大学では、どういう目的で始めたかは定かでないが、「試合組手」以外に「自由組手」という実戦組手に近い組手も行なっていた。

そのため、スポーツ重視の弊害を少なくするという効果もあった。

「自由組手」とは、防護具は一切身に着けずに、「顔面と股間への直接攻撃以外ならば、どこを攻撃してもよい」という実戦さながらの練習法である。

筆者の大学では、一ラウンド二分間で行なっていた。約束組手や試合組手とは違って、実際に相手を殴ったり蹴ったりして、相手を倒すことを主眼に置いた組手が「自由組手」である。

そのため、恐怖心とも闘いながら半ば必死に相手と戦うのである。

特に下級生の頃はそうであるが、試合組手とは違って半ば必死の状態なので、戦いの中で本能的に偶然に出る技もあり、それは「顔面と股間への直接攻撃」となって表れる場合が多い。

自由組手を繰り返すうちに、次第に「顔面と股間への直接攻撃」への対処技術も身に付いてくるし、恐怖心を克服して「相手を倒すという意識」(戦闘心)を強く持つようになってくる。

上級生になる頃には、相手から強い打撃を受けても、戦闘心が弱まることはなくなってくる。

下級生までは、相手に当てずに寸止めする試合組手でさえも恐怖心があったが、上級生になる頃には試合組手に恐怖心を感じることはほとんどなく、期待というか喜びというか、そういう気持を持つまでになっていった。

しかし、体調を壊して以降の筆者の心(意識)は、情けないことにひどく弱くなっていた。

体調を壊して入院する前の心(意識)と、退院してからの心(意識)とは別物になっていた。

退院後、しばらくの期間、会社の空手道部員として空手の試合に出場していたが、体は健康を取り戻してはいたものの、「再び体調を壊すのではないか」という心配というか恐怖心を完全には払いきれずに、それが心の片隅のどこかに残っていた。

通常は体は健康になったと思っていたが、健康診断の時とか空手の試合の時には心配というか恐怖心に悩まされた。

そのため、「再び体調を壊すのではないか」という心配というか恐怖心を心(意識)の中から完全に取り除く方策を、いつの間にか瞑想に求めるようになった。

すなわち、気のバリアーの完成よりも、もっと根本的な問題である「心(意識)の抑制」の方が重要であると強く思うようになっていた。

当時、見よう見まねで瞑想を開始したが、瞑想は一、二時間やっても全く苦に感じることはなく、逆につい熱中してしまい、それ以上の時間が過ぎていた。

そのため、「空手への応用」は中断してしまい、次の段階の第三課程に進んで今日に至っている。すなわち、空手で落伍した代わりに、瞑想を追求して今日に至ったというわけである。

尚、「再び体調を壊すのではないか」という心配というか恐怖心を心(意識)の中からようやく取り除くことが出来たのは、おそらく第四課程に進んだ頃と思われる。

お釈迦様は解脱を成し遂げるのにわずか六年しか費やしていないが、筆者ははるか低い段階である病気の恐怖心を心(意識)の中から除去するのでさえ長い年月がかかったのである。

二―二―二　身体トレーニングの動的トレーニング法

(一)　站とう功(たんとうこう)による技法

前述した、起勢(チシ)による技法、太極拳、站とう功により、気を放出することもできる。

ここでは、この内の「站とう功(たんとうこう)による気を放出するトレーニング法」を紹介する。

ただし、放出する気は、体内の生体エネルギーなので、そのまま放出してしまうと、体内にある生体エネルギーが減少して体力や健康が損なわれてしまう。

そこで、気を放出すると同時に、放出した気を体内に取り入れることで、体内の生体エネルギーが減少しないですむように工夫してトレーニングする。

■基本技法

手順1　両足を肩幅ほどに開いて、膝を少し曲げて立つ。
　基本的な要領は、(一―二―二)の站とう功(たんとうこう)の技法に準ずる。
手順2　両手は、胸の前で一抱えほどの空気のボールを抱えているような形に構える。
手順3　非常に単調だが、これを毎日続けていくと、両手・両腕を中心に気を感知できるようになる。
　さらに胸から腹部にかけても気を感知するようになる。
手順4　感知した気を右手と左手の間に集める。
手順5　次に、右手と左手の間の気を右手に取り入れる。
手順6　次に、右手と左手の間隔を、肩幅まで拡げる。
手順7　右手に取り入れた気を左手に放出して、左手で取り入れる。
手順8　左手に取り入れた気を、今度は右手に放出して、右手で取り入れる。
手順9　右手と左手でキャッチボールするかのように、気を放出したり取り入れたりする。

■応用技法

手順1〜手順7(基本技法)と同じ
手順8　左手に取り入れた気を、左腕から左肩に移動させて、左肩から胸を通って右肩まで移動させ、
　さらに右肩から右腕を通って右手まで移動させる。
手順9　そうして、右手の気を左手に放出して、左手で取り入れることで、気をぐるぐると周回させる。
　容易に出来るようになったら、次は、同じ要領で、逆方向に気を周回させる。

実は、上級課程に進むとはっきりと感知できるのだが、気を体内にめぐらすと気はしだいに濃縮というか強化されてくる。

また、気を体外に放出し、放出した気を再び体内に取り入れても気はしだいに濃縮というか強化されてくる。はっきりとした理由は分からない。

二―二―三　イメージ・トレーニング法：意識の拡大

イメージ・トレーニング法は、「意識の集中」と「意識の拡大」の二つの方法から成り立っているが、ここでは「意識の拡大」(Meditation)に重点を置いてトレーニングを行なう。

「意識の拡大」の技法は、瞑想法の多くの指導者によって様々な方法が紹介されている。ここでは、初心者でも比較的取り組み易いと思われる方法について紹介している。

これらの技法は、正確には「意識の拡大」だけではなく、「意識の集中」を行ないながら同時に「意識の拡大」を行なうものであり、それだけにこれを訓練するとイメージ力が飛躍的に向上する。

■技法―１：同一物の展開（視点の展開―１）

手順１　心身をリラックスさせる。

結跏趺坐、半跏趺坐、正座、もしくは椅子に座って腹式呼吸を行なう。

呼吸法は、自然呼吸法、反式呼吸法のどちらでもやり易い方で構わない。

手順２　自分自身と向き合った形で、自分の正面の姿をありありと目に浮かぶようにイメージする。

もちろん、自分自身だけではなく、知人や動物や家などの建物でも構わない。

手順3　次は、自分の右側面からの姿をありありと目に浮かぶようにイメージする。
手順4　次は、自分の背後からの姿をありありと目に浮かぶようにイメージする。
手順5　次は、自分の左側面からの姿をありありと目に浮かぶようにイメージする。
手順6　次は、自分の頭上からの姿をありありと目に浮かぶようにイメージする。
手順7　最終的には、四方八方からの自分の姿をありありとイメージできるように訓練する。

■技法―2：同一物の展開（視点の展開―2）

（技法―1）は、イメージした自分の正面の姿を消して、次の右側面からの姿をイメージするが、ここでは、自分の正面の姿を消さずに、正面の姿の隣に、自分の右側面からの姿をありありと目に浮かぶようにイメージする。

最終的には、四方八方からの自分の姿を同時にイメージできるように訓練する。

■技法―3：同一物の展開（視点の展開―3）

（技法―1）は、イメージした自分の正面の姿を消して、次の右側面からの姿をイメージするが、ここでは、自分の正面の姿を反時計方向に右側面を向くまで回して、自分の右側面からの姿をありありと目に浮かぶようにイメージする。

さらに反時計方向に回して、背後からの姿、左側面からの姿、再び正面の姿とぐるりと回す。

次に、自分（見る側）が、自分の周りをぐるりと回って、正面の姿、右側面の姿、背後の姿、左側面の姿、再び正面の姿とぐるりと見ていく。

■技法―4：同一物の展開（部分の展開）

自分の姿の一つの部分をクローズアップして、詳しくイメージで見ていく。

手順1　自分自身と向き合った形で、自分の正面の姿をありありと目に浮かぶようにイメージする。

手順2　次は、自分の頭部を大きくピックアップして見ていく。

顔の目、鼻、口、耳などを一つ一つありありと目に浮かぶようにイメージで見ていく。右側からの横顔、左側からの横顔、頭の後、頭の上から、斜めからと、ありありと目に浮かぶようにイメージで見ていく。

手順3　次は、手、足、……という具合に、部分部分を一つずつピックアップして見ていく。

尚、一つの部分から他の部分に移る時は、正面の姿に戻ってから移るようにする。

■技法―5：同一種類の展開

例えば、最初に果物のりんごをありありと目に浮かぶようにイメージする。

次には、同じ果物の梨(なし)をイメージするというように、同じ種類のものとか似ているものを次々に連想していく。

その際、前のイメージを消してから新しいものをメージする方法と、前のものに新しいものを次々に加えながらイメージしていく方法の二つがある。

■技法―6：同一テーマの展開

例えば、「旅行」というテーマについてイメージする場合、まず旅行カバンをイメージする。次には、カバンに入れる着替え、歯ブラシやタオルといった必需品をイメージする。という具合に、同一テーマに関するものを次々にイメージしていく。

■技法―7：自分自身の行動の展開

自分で何かを行なう際の行動を、最初から最後までイメージしていく。

例えば、近くのショッピング・センターに買い物に行く場合、車に乗り込みエンジンをかける。次に、車を発進して、ショッピング・センターまでの道のりを外の風景もアリアリと見ながら、実際に運転しているようにイメージしていく。そして、ショッピング・センターの風景もアリアリとイメージしながら買い物をして、再び車を運転して帰ってくる。という具合に、自分自身の一つの行動を、最初から最後まで次々にイメージしてたどっていく。

以上紹介した方法以外にもいろいろな方法があるが、それらの中から自分でやり易い方法を一〜三つほど選んで、それらに熟練するように繰り返し行なうことをお勧めする。

第三課程　気のエネルギーを体内にめぐらせ、全身にゆきわたらす技法

いよいよこの第三課程から、気(のエネルギー)を用いて行なう〝「四神足瞑想法」特有の瞑想法〟に入っていく。

この第三課程において気を体内にめぐらせ、全身にゆきわたらすトレーニングを行なう。

気を体内にゆきわたらすためには、気の通り道である経絡を利用する。すでに第一課程と第二課程のトレーニングにおいて、手や腕を中心にいくつかの経絡には気が通るようになってきている。

ここでは本格的に気を経絡に通すトレーニングを行ない、最終的には全身の経絡に気を通して全身に気(のエネルギー)をめぐらすようにする。

最初に、奇経八脈の中の「任脈」と「督脈」に気を通すトレーニングを行なう。

この「任脈」と「督脈」に気が通るようになると、自動的に全身の経絡に気が通るようになる。

三―一　気を体内にめぐらす技法

この「任脈」と「督脈」に気を通すトレーニング法には、古来の技法で「小周天」という技法が中国仙道に伝えられているが、「四神足瞑想法」ではクンダリニーの胎動による効果も利用するために、特殊な技法である「クンダリニー任脈、督脈開発法」をトレーニングする。

そしてその後に、同じく特殊な技法である「クンダリニー小周天」をトレーニングしていく。

クンダリニー任脈、督脈開発法

クンダリニーを胎動させつつ、任脈と督脈に気が流れるようにする技法

この技法は、クンダリニーを胎動させつつ、そこで発生するエネルギーを用いて頭部のチャクラを刺激するとともに、任脈(前面ルート)と督脈(背面ルート)に気が流れるようにするものであり、古来の技法も取り入れて編成した技法である。

この技法は、後述する禅僧原田玄龍師創案の耳根円通法にも相通ずるもので、この技法に耳根円通法を一部加えて行なうことも出来る。

この技法の特徴は、まず意識の状態を、「心底から懺悔している意識の状態」と「心底から感謝している意識の状態」にもっていくことで、気を発生し易くし、かつ流れ易くし、さらにクンダリニーを刺激するという点にある。

そして何よりも、誰でも簡単に取り組むことができ、しかも簡単なわりには効果の大きい技法である。

■ **基本技法**

手順1　心身をリラックスさせる。

結跏趺坐、半跏趺坐、正座、もしくは椅子に座って腹式呼吸を行なう。

呼吸法は、自然呼吸法、反式呼吸法のどちらでもやりやすい方で構わない。

その際、横隔膜への圧迫を出来るだけ少なくするように、腹部に力を入れずに穏やかに、軽

く腹を膨らませたりへこませたりする。

手順2　懺悔する。心の底から懺悔する。懺悔の念を心身のすべてに満たす。

その際、具体的な事柄について懺悔することが重要であり、それによって当技法を速やかにマスター(修得)することができる。

具体的な事柄というのは、自分自身のこれまでの人生において、人を傷つけたり人に迷惑をかけた事である。その事を深く反省し、関係者に心の底から深く謝罪するのである。

何回も何回も繰り返し繰り返し反省し謝罪して、懺悔の念が全身全霊に満ちてきて、「ジーン」という感覚が上半身に湧き上がるまで、心の中でまたは口に出して行なう。

手順3　次いで、感謝する。とにかく感謝する。感謝の念を心身すべてに満たす。

自分自身のこれまでの人生において、人から親切を受けた事、人から助けられた事、親・兄弟に愛された事などに対して、関係者に心の底から深く感謝するのである。

心の底から、全ての人、全ての生き物、あらゆるもの、神および仏に対して感謝する。

心の底から「ありがとうございます」と、何回も何回も繰り返し繰り返し感謝し、感謝の念が全身全霊に満ちてきて、「ジーン」という感覚が湧き上がるまで、心の中で、または口に出して感謝する。

手順4　この「ジーン」という感覚は、背中から両方の耳の根元、頭部(ことに後頭部)にわたって広い範囲で感じられる。そして、この「ジーン」という感覚が、気の感覚なのである。

この気(のエネルギー)は、クンダリニーが眠っている尾てい骨付近から背中を伝わり、さらに両方の耳の根元を伝わって頭部へと流れる。

その時の感覚が、「ジーン」という感覚であったり、何か虫が這うようなムズムズした感覚であったり、水などの流体が流れるような感覚として体感されるのである。

この「ジーン」という感覚は、懺悔している時や感謝している時だけではなく、感動している時にも湧き上がってくる。病気に苦しんでいる人が過去を振り返り心の底から懺悔し、多くの人達から支えられ助けられてきたことに気づいて感謝の念が生じるようになった時に、奇蹟としか思えないような回復に向かう場合があるのは、気が全身にゆきわたり、自然治癒力が活性化することも大きな要因であると思われる。

また、本を読んだり映画や美術品を観たりして心の底から感動した時、心身ともに活性化してくるのは、心理的なものだけではなく、実際に気が流れて活性化しているのである。


手順5 ここで、「ジーン」という感覚が、クンダリニーの眠っている尾てい骨付近から背骨を通って頭部へと流れるイメージを繰り返す。

すると、それまで背中全体に感じられていた「ジーン」という感覚が、背骨付近へと狭まってきて、ついには背骨に沿って流れるように体感されるようになる。

この「ジーン」という感覚の気が流れる通り道が、「督脈」(背面ルート)である。

手順6 次に、この「ジーン」という感覚が、今度は、体の前面の中央部を通って頭部に流れるイメージを繰り返す。すると、そのうち実際に、その感覚を体感できるようになる。
この体の前面の中央部を走っている気の通り道が、「任脈」(前面ルート)である。

この時、自分自身の気の流れ易いルートが分かってくる。

任脈と督脈のどちらが気が流れ易いかは人によって異なるので、最初は、気が流れ易い方から開発していき、どちらかに気が充分に流れるようになってから、もう一方の開発に入った方がよい。

そして、この方法を繰り返していると、「ジーン」という感覚は、クンダリニーが眠っている尾てい骨付近から漏れ出るように発生しているのがはっきりと体感されてくるようになる。すなわち、この方法により、クンダリニーが胎動し始めるようになる。

また、この方法により、頭部に気が流れ込むので、その結果、自然と頭部のチャクラも刺激される。

以上より、この技法によってクンダリニーが胎動し始め、かつ頭部のチャクラも刺激されるとともに、任脈と督脈が開発されてくる。

さらに、当技法を行なうことで、しだいに自分自身の感情を抑制することが出来るようになる。

ただし、基本課程の「心の浄化・強化法」を絶えずトレーニングしていることが前提である。

当技法のトレーニングが進むにつれて、基本課程の「心の浄化・強化法」の効果が大きくなる。

その結果、周囲の批判や非難に対して感情的になることが少なくなり、冷静に相手の真意を汲み取って反省し、自分の言動を改めるという具合に、自分にも相手にもプラスになるように考えて行動することが次第に出来るようになる。

例えば、〝売り言葉に買い言葉〟のような、感情(暴言)には感情(暴言)で返さずに、相手をよく受け入れて、自分の言動をよく反省し改めていくことが次第に出来るようになる。

ここで、「耳根円通法」について述べよう。

この方法は、禅僧　原田玄龍師が創案したもので、原　担山師の「脳脊異性論」と「惑病同源説」の理論に基づくという。この方法は、正座して、陀那(だな)のエネルギーを発生源の腰骨盤から脊髄を通して、さらに両方の耳の根元を経由して後脳や前脳に上げ、そこに留めて浄化のイメージを行なった後に、全身にめぐらすというものである。

そうすることで、身体健全になり、我(煩悩)を消滅することができるという。

「耳根より勇猛の定力を通徹せしめれば、直下にその根源に至り、脊髄より昇流する陀那の流注返流を自在ならしむるをもって、脳髄より全身に纏縛する流注粘液の結滞を解くを得るものなり。そもそもこの陀那が覚心に和合して全身に流布し、その業力によりてしだいに停滞硬結するをもって、心には煩悩迷惑となり、身には病因となって苦しむに至る。

今その粘液結滞を特に耳根に定力を用い、陀那の流注返流を自在にす。この惑病の根本陀那は、その源を腰骨盤に発し、脊髄を昇流して後脳に入る。この陀那は五濁の混濁粘液なれば、これを後脳において耳根の定力を用いて淘汰し清浄ならしめ、これを前脳に流注せしめて覚と和合せしむ。その和合清浄にしたる陀那は六根に分流し、身体においては固有の機能たる栄養の本務を営み、身体各所に転流して筋肉滋殖の作用をなし、精神上においては無明(煩悩)を解脱し得て、ここに惑病ともに燼滅(じんめつ)し得るなり」

ここでは、「陀那」はそのままでは惑病の根本原因とされ、耳根の定力を用いて後脳や前脳で淘汰し清浄することで、初めて無明(煩悩)や惑病を解消する力を得ることができると解説されている。これはまさしく、尾てい骨付近に宿る根源的な生命エネルギーであるクンダリニーのことを指しているものと思われる。

ただし、実際のクンダリニーは根源的な生命エネルギーであり、通常は生命を維持・向上させる方向に働くので、決して惑病の根本原因ではない。

「耳根円通法」はまさに、クンダリニーを胎動させ、そこで発生する気のエネルギーを用いて、頭部のチャクラを刺激し、身体各部に送り込む方法そのものである。

ここで、前述の筆者が紹介した技法(基本技法)において、「ジーン」という感覚を、耳の根元に集中させることで、この耳根円通法のように、クンダリニーの胎動と頭部のチャクラの刺激を行なうことができる。

今回は、基本技法の紹介だけにとどめ、応用技法は省略する。

クンダリニー小周天

クンダリニーを胎動させつつ、そこで発生する気(のエネルギー)を用いる小周天

中国仙道でいうところの通常の小周天は、腹部(丹田)に気(のエネルギー)を集めて、そこで気を練って増強し、その増強した気を任脈(前面ルート)を通して腹部から下腹部さらに尾てい骨付近まで下ろす。そこからは督脈(背面ルート)を通して背中から頭部まで上げる。

頭部からは任脈を通して胸に下ろし、そして出発点の腹部(丹田)まで下ろすことで上半身を縦に一周させるものである。

それに対して「四神足瞑想法」では、通常の小周天だけではなく、さらにクンダリニー(尾てい骨付近に宿る根源的な生命エネルギー)を胎動させつつ、そこで発生するエネルギーを用いる小周天、すなわち本書でいうところの「クンダリニー小周天」をトレーニングする。

本格的なクンダリニーの覚醒・上昇までには至ってなくても、クンダリニーが胎動し始めると、そこ

からあたかも漏れ出るように気が発生する。そのエネルギーを用いるのである。

通常の小周天は、初心者の場合は、一般的には数日間から数週間は心身を養い精力を高める準備期間(心身を養う準備期間)が必要となる。

すなわち、睡眠と栄養を十分に摂り、心(精神状態)をリラックスさせて気を漏らさないように努め、身体に精力を蓄えてから行なう必要がある。

これに対して、クンダリニーを用いると、通常の小周天の場合の「心身を養う準備期間」は特に必要はなく、容易に小周天のための気を得ることができる。

以下に述べる「クンダリニー小周天」は、「クンダリニー任脈、督脈開発法」からトレーニングに入っていき、そして小周天まで段階を進めていく技法である。

「クンダリニー任脈、督脈開発法」のトレーニングが進むと、クンダリニーが刺激されて、「ジーンという感覚」が「熱感」とか「流体が流れる感覚」などの独特な気の感覚に変化してくるとともに、頭部にもその感覚を感知できるようになる。

この段階になってから、「クンダリニー小周天」をトレーニングすると、容易にマスターできる。


手順1　心身をリラックスさせる。

結跏趺坐、半跏趺坐、正座、もしくは椅子に座って腹式呼吸を行なう。

呼吸法は、自然呼吸法、反式呼吸法のどちらでもやりやすい方で構わない。

手順2　懺悔する。心の底から懺悔する。懺悔の念を心身のすべてに満たす。
要領は、「クンダリニー任脈、督脈開発法」と同じ。

手順3　次いで、感謝する。とにかく感謝する。感謝の念を心身すべてに満たす。

要領は、「クンダリニー任脈、督脈開発法」と同じ。

手順4　この「ジーン」という感覚は、クンダリニーが眠っている尾てい骨付近から背中を伝わり、さらに両方の耳の根元を伝わって頭部へと流れる。

手順5　この「ジーン」という感覚を、督脈(背面ルート)を通して頭部まで上げていく。この時の呼吸は、ゆっくりとした腹式呼吸である。

この時、人によっては「ジーン」という感覚が頭部まで上がらずに、途中の腰や背中の下あたりでつっかえる(滞る)ことがある。その場合は、焦らずに繰り返し行なっていると、そのうちに頭部まで上がるようになる。(目安としては一～二週間だが、個人差があり数週間かかる場合もある)

専門の指導者のもとで行なうと、短期間で頭部まで上がるようになる。

手順6　頭頂まで気が上がると、それまで「ジーン」という感覚とか、または水などの流体が流れるような感覚、虫が這うようなムズムズした感覚であったものが、「スースー」とした涼しげな感覚に変わってくる。

手順7　しばらくは、頭頂付近に気を留める。

その際、背中に「ジーン」という感覚がある間は、腹式呼吸をしながら督脈を通して、その気を頭部に上げて濃縮・増強する。

手順8　そして、頭頂から前額部を通して眉間へと気を下ろし、そこでいったん留める。

すると、頭頂では「スースー」とした感覚だった気は、再び流体が流れるような感覚や虫が這うようなムズムズした感覚に変わってくる。

手順9　次に、気を眉間から鼻へと下ろしていく。

手順10　さらに、舌を上歯の付根に軽く付けて、気を任脈(前面ルート)を通して下ろしていくと、気は舌を通ってノドから首へと下りてくる。この時、だ液が口の中に急に出てくる。熟練してくると、舌を上歯の付根に付けずに離していても、気は唇からアゴを通ってノドから首へと下りていく。この時には、だ液は出ない。

手順11　しばらく、気をノドに留める。そこで、気の独特な感覚をはっきりとつかめるように気を練り濃縮する。

手順12　次に、気をノドから胸まで下ろして、胸の中央部(両乳首の間)に気を留める。そこでも、独特な気の感覚をつかめるようにトレーニングを繰り返す。

手順13　気を、さらに胸から腹部まで下ろして、腹部に気を留める。習熟してくると、腹部がカァーッと火照るような熱感を感じるようになる。

手順14　次に、気を腹部から股間まで下ろし、そこで気を留めて独特な感覚をつかむ。ここで注意しないといけないのは、肛門を締めながら意識を気に集中してトレーニングを行なうことである。

決して他のことに心を奪われてはならない。股間は言うまでもなく生殖器のある所なので、そこを刺激することになり、性欲が湧いてきて妄想にとらわれかねない。そんなことがないように、肛門を締めながら、心は常に気の感覚に集中して心を清浄に保つようにトレーニングを行なう。

手順15　そして、気を出発点の尾てい骨まで移送する。ここで、上半身を縦に一周したことになる。

(手順1)~(手順15)までを1サイクルとして繰り返し行ない、気を身体に周回させる。

尚、(手順10)において口の中に急に出てくる唾液は、「仙人の食べ物」とか「若返りの秘薬」とか言われているもので、唾液には体に有益な酵素などが含まれている。

そのため、吐き出さずにそのまま飲み込むようにする。

三―二　気を全身にゆきわたらす技法

次は、気を全身に隈なくゆきわたらすトレーニングを行なう。

もっとも、「クンダリニー任脈、督脈開発法」と「クンダリニー小周天」だけでも、やがては気を全身にゆきわたらすことが出来るようになるが、ここではより早く気を全身にゆきわたらすことが出来る技法についてトレーニングを行なう。

その技法が、これから説明する「身体各部に気をめぐらす技法」であり、「気のエネルギーを用いた軟酥(なんそ)の法」と「クンダリニー全身周天」である。

身体各部に気をめぐらす技法

全身に「気の通り道(経絡)」は存在しているので、「身体各部に気をめぐらす技法」は、やり方によっては相当数ある。

四神足瞑想法の「身体各部に気をめぐらす技法」は、重要でかつ気が通り易い経絡を選び、六つに集約している。

1. 両腕で作る「腕の輪」に気をめぐらす
2. 腹部で作る「腹の輪」に気をめぐらす
3. 両足で作る「足の輪」に気をめぐらす
4. 両足と上半身で作る「全身の輪」に気をめぐらす
5. 「腕の輪」と「腹の輪」を一緒に気をめぐらす
6. クンダリニー小周天で「腕の輪」「腹の輪」「足の輪」にも気をめぐらす

1については前述しているので、ここでは3と4について紹介する。

2については、1と3と4に熟練すると次第にできるようになる。

5と6はクンダリニー小周天と1と2と3との組み合わせである。

■両足で作る「足の輪」に気をめぐらす

手順1　ここでは、三つの坐法(結跏趺坐、半跏趺坐、正座)ではなく、両足を伸ばして座る。または椅子に腰掛ける。
まず、四〜五回、深呼吸をして心を落ち着けてリラックスさせる。

手順2　次に、両足をひらいて膝をほぼ直角(九〇度)に曲げ、右足と左足の足の裏同士をくっつける。

すなわち、両足で作る「足の輪」が出来上がる。

その際、触れる程度に軽くくっつけることが重要である。

手順3　次に、クンダリニー小周天を行なう。

気を、クンダリニーが眠っている尾骶骨付近から、督脈(背面ルート)を通して頭頂まで上げていく。そして、頭頂から、任脈(前面ルート)を通して腹部まで下ろしていく。

手順4　次に、腹部まで下ろした気を、さらに任脈を通して肛門付近まで下ろしていく。

手順5　次に、肛門付近まで下ろした気を、北極星から見た場合の地球の自転方向、公転方向と同じ「反時計回り(左回り)」に、肛門付近から右足の付け根まで移送する。

その際、強くイメージすることで、気は実際に移動する。

手順6　次に、右足の付け根まで移送した気を、右膝を経由して右足まで移送させる。

手順7　次に、右足から左足に気を移送する。そして、左足から左膝を通して左足の付け根へ、さらに肛門付近まで移送させることで、気は「足の輪」を一周したことになる。

手順8　四～五周ほど「足の輪」に気をめぐらすと、あとは少しのイメージだけで自然に気はそのまま「足の輪」を周回し続ける。

尚、「反時計回り(左回り)」に、気を容易に「足の輪」にめぐらすことができるようになったら、次は、「時計回り(右回り)」に、気を「足の輪」にめぐらすことができるようにトレーニングする。

■両足と上半身で作る「全身の輪」に気をめぐらす

手順1　ここでも、三つの坐法(結跏趺坐、半跏趺坐、正座)ではなく、両足を伸ばして座る。または椅子に腰掛ける。

まず、四～五回、深呼吸をして心を落ち着けてリラックスさせる。

手順2　次に、両足をひらいて膝をほぼ直角(九〇度)に曲げ、右足と左足の足の裏同士をくっつける。すなわち、両足で作る「足の輪」が出来上がる。その際、触れる程度に軽くくっつけることが重要である。

手順3　次に、クンダリニー小周天を行なう。

気を、クンダリニーが眠っている尾骶骨付近から、督脈（背面ルート）を通して頭頂まで上げていく。そして、頭頂から、任脈を通して腹部まで下ろしていく。

手順4　次に、腹部まで下ろした気を、さらに任脈を通して肛門付近まで下ろしていく。

手順5　次に、肛門付近まで下ろした気を、反時計回り（左回り）に、肛門付近から右足の付け根まで移送する。

その際、強くイメージすることで、気は実際に移動する。

手順6　次に、右足の付け根まで移送した気を、右膝を経由して右足まで移送させる。

手順7　次に、右足から左足に気を移送する。そして、左足から左膝を通して左足の付け根まで移送させる。

手順8　次に、左足の付け根まで移送した気を、左脇腹を経由して左肩まで移送させる。

ここで注意しなければならないことは、気が道を外れて左足の付け根から肛門や尾てい骨付近の方に流れるのを防止する必要がある。

そのためには、意識を左脇腹に置きながら左足の付け根から左脇腹までイメージを用いて気を移送させる。気が左脇腹まで移動したら、今度は意識を左肩に置きながら左脇腹から左肩まで気を移送させる。

手順9　次に、左肩まで移送した気を、首や頭の左側を経由して頭頂まで移送させる。

ここで注意しなければならないことは、気が道を外れて左肩から左腕の方に流れるのを防止する必要がある。

そのためには、意識を首や頭の左側に置きながら左肩から頭頂までイメージを用いて気を移送させる。

手順10　次に、頭頂から頭の右側と首を経由して右肩に気を移送する。

手順11　次に、右肩まで移送した気を、右脇腹を経由して右足の付け根まで移送する。

ここでも注意しなければならないことは、気が道を外れて右肩から右腕の方に流れるのを防止する必要がある。

そのためには、意識を右脇腹に置きながら右肩から右足の付け根までイメージを用いて気を移送させる。

この時点で、気は「全身の輪」を一周したことになる。

手順12　四～五周ほど「全身の輪」に気をめぐらすと、あとは少しのイメージだけで自然に気はそのまま「全身の輪」を周回し続ける。

尚、「反時計回り(左回り)」に、気を容易に「全身の輪」にめぐらすことができるようになったら、次は、「時計回り(右回り)」に、気を「全身の輪」にめぐらすことができるようにトレーニングする。

気を容易に「全身の輪」にめぐらすことができるようになったら、「全身の輪」の道筋(経絡)をはっきりと体感するようになる。

気のエネルギーを用いた軟酥(なんそ)の法

通常の軟酥の法は、「軟酥という軟らかい妙薬」が全身にゆきわたっていくとイメージ(観想、想像)して行なう。

すなわち、全身にゆきわたっていくのは、イメージの軟酥である。

ところが、気を発生させて体内にゆきわたらすことが出来るようになると、単なるイメージの軟酥ではなく、気そのものを軟酥として全身にゆきわたらすことが出来る。

すなわち、気を軟酥として、実際に体感しながら行なうことが出来る。

それが、これから説明する「気のエネルギーを用いた軟酥の法」である。

すなわち、「気のエネルギーを用いた軟酥の法」は、イメージの軟酥の代わりに気という生体エネルギーを軟酥として用いて、しかも実際にそれを体感しながら行なうのである。

「気のエネルギーを用いた軟酥の法」をトレーニングすることで、気を全身にゆきわたらすことが出来るようになるとともに、通常の軟酥の法を上回る健康回復効果を得ることができる。

■基本技法

手順1　まずは、通常の軟酥の法を行なう。
習熟してくると、手順1は省略して、いきなり手順2から行なってもよい。

手順2　天上世界から降りてきた「軟酥」を頭上に乗せるとイメージする。
軟酥とは、鶏の卵の大きさで、バターやチーズのように軟らかく、体温によりしだいに溶けてゆき、えもいわれぬ芳香を漂わすもので、どんな傷や病気でも治してしまう想像(イメージ)上の妙薬である。

手順3　「軟酥」を頭頂部にイメージしながら、尾てい骨付近の気を頭頂部のイメージの「軟酥」まで上げて合体させる。
この時点で、それまでの「イメージだけの軟酥」は、気を本体とした「気の軟酥」に変わる。

合体までの方法は、

①　最初に、尾てい骨付近(クンダリニー)に気を集める。

②　次に、しばらく尾てい骨付近で気を留めて置く。

③　しばらく尾てい骨付近に気を留めて置くと、しだいに気は濃縮してくる。気が濃縮してくると、尾てい骨付近に、熱の感覚とかムズムズした感覚がより明瞭になってくる。

④　尾てい骨付近で充分に濃縮した気を頭頂部まで上げて、頭頂部の「イメージだけの軟酥」と合体させることで、「気の軟酥」に変える。

手順4　次いで、気そのものの「軟酥」を、頭上から体全体にゆきわたらす。

「気の軟酥」を、頭部から、首、胸、腹部へと、表面はもとより内部までゆきわたらす。

その際、傷や痛みなど体調が悪い所があれば、その体調が悪い所を「気の軟酥」が患部を治療していくとイメージしながら、実際に流れ下ろしていく。

そして、「気の軟酥」が下腹部、手足へと、全身くまなく行き渡ったならば、しばらく気を全身にとどめる。

あたかも、風呂のお湯につかったように「気の軟酥」に全身がひたされる。そうすると、全身が温かく感じるようになる。

手順5　全身にくまなく行き渡った「気の軟酥」は、全身の全ての細胞を活性化するとともに、患部や体調が悪い所を癒していくと鮮明にイメージする。

そうすると、実際に身心ともに癒されて力がみなぎってくる。さらに、傷や痛みなど体調が悪い所の回復が早くなる。

手順6　しばらくの間、「気の軟酥」に全身がひたされたら、最後に、もう一度、患部や体調が悪い所を癒していくと鮮明にイメージする。全身の全ての細胞を活性化するとイメージする。

■応用技法

（手順1）～（手順5）は、（基本技法）と同じ。

手順6　次に、全身にくまなく行き渡った「気の軟酥」が吸い取った「病気や体調不良の原因」をイメージして、「病気や体調不良の原因」をイメージで足の裏から体外に放出する。

その際、気も少しだが足の裏から体外に放出される。

「病気や体調不良の原因」をイメージして放出することも、ここでのポイント・秘伝である。

その理由は、体の悪い所や傷を癒した「気の軟酥」は一種の「邪気」の状態に変化しているので、その「邪気」を体外に放出する必要がある。

そうすることで、実際に、体の悪い所や傷がより早く回復していく。

手順7　最後に、頭頂部から大気（宇宙空間）の気を取り入れる。

その際、体外に放出された気と同量以上を補充するとイメージする。

うまくできない人は、第二課程（二―一）の「体外（大自然）の気を、体内に取り入れる技法」を再度訓練すると、しだいに出来るようになる。

習熟してくると、数分以内で、「気の軟酥」が全身に行き渡るようになる。

筆者は当初、（基本技法）の（手順1）～（手順6）までを繰り返しトレーニングしていた。

その結果、習熟してきて、数分以内で、「気の軟酥」が全身に行き渡るようになった。

「四神足瞑想法」の上級課程まで進んでくると、感知している気の性質が自分にとって有益なのか、逆に有害なのかが次第に分かるようになる。

すなわち、生命力を高めてくれる気なのか、逆に生命力を損なう気なのかがしだいに感知・判別できるようになる。

通常は、気は純然たるエネルギーであり、生命力を高めてくれる方向に働く。大気(宇宙)の気や植物の気は純然たるエネルギーであり、生命力を高めてくれる。

ところが、気は想念(思い)によって制御することができる性質がある。すなわち、気は想念(思い)などを取り込むことができる性質がある。

そのため、気は憎しみや怨みなどのマイナスの想念(思い)も取り込むことができる性質があり、そういう状態の気は生命力を損なう方向に作用する。生命力を損なう方向に作用する気を「邪気」と言う。

筆者は、(基本技法)の(手順1)～(手順6)までを繰り返しトレーニングしていたある日、しだいに違和感を覚えるようになっていった。

(基本技法)の(手順1)～(手順6)までをトレーニングしても、確かに身心ともに癒されて力がみなぎってくる。それでも、何か違和感を覚えるようになっていった。

しばらくして、患部や体調が悪い所を癒してくれた気は、もしかすると、生命力を損なう方向に作用する一種の「邪気」の状態に変化しているのではないかと閃いた。

そうして、(応用技法)の(手順6)と(手順7)を加えた結果、違和感は全くなくなった。

そこで、第一課程の(一―二―三)で紹介した通常の軟酥の法でも、「軟酥は足下から体外に出して、天上世界に戻っていく」とするイメージを追加したのである。

本来の「軟酥の法」は、もともとは「気のエネルギーを用いた軟酥の法」のようなものであり、現在伝わっている「軟酥の法」はそれが様式化してしまったのかもしれない。

実は、「邪気」と化した気を放出しなくても、「邪気」を本来の気に変換することができる。

今回は省略するが、当技法を熱心にトレーニングするならば、きっと自得できるようになる。

クンダリニー全身周天

全身周天とは、名前のごとく全身に気をめぐらし、ゆきわたらすことである。

そういう意味では、「気のエネルギーを用いた軟蘇の法」も全身周天と言ってもいいかもしれない。

従来の全身周天の技法は、伝統的な技法である小周天から入り、その際の気を使ってそれを全身にゆきわたらす方法や、丹田(へそ下一〇cmほどの所)に気を集めてそれを増強してから全身にゆきわたらす方法などがあるが、いずれにしても数週間は事前に睡眠や栄養を十分に摂った上で節制して気(体力・精力)を増強しなければならない。

「四神足瞑想法」では、さらに上級課程である第四課程と第五課程を視野に入れており、そのため、クンダリニー(尾てい骨付近に宿る根源的な生命エネルギー)を利用できるとその修得も容易になるために、クンダリニーを刺激し胎動させるトレーニングも併せて行なう。

さらに、クンダリニーを刺激し胎動させることが出来ると、節制して気(体力・精力)を増強させる期間が、大巾に短縮できるという利点もある。

これから説明する「クンダリニー全身周天」には、大きく分けて二種類の方法がある。

それは、座って行なうやり方と立って行なうやり方である。

■技法―その1……座って行なう方法

手順1　心身をリラックスさせる。

結跏趺坐、半跏趺坐、正座、もしくは椅子に座って腹式呼吸を行なう。

呼吸法は、自然呼吸法、反式呼吸法のどちらでもやり易い方で構わない。

手順2　クンダリニー(尾てい骨付近に宿る根源的な生命エネルギー)が胎動すればするほど、気は多く発生する。

そこで、意識を尾てい骨付近に強く集中することで、気が濃縮してクンダリニーの胎動が促進するようになる。

手順3　次に、尾てい骨付近から督脈を通って頭部へと伝わった気を、そのまま顔面の方にも移送して頭部全体へとゆきわたらせる。

手順4　それと同時に、尾てい骨付近から任脈を通って、腹部や胸・肩までゆきわたらせる。

手順5　次に、意識を集中して、この気を両方の肩から両腕そして両手へと移送していき、両手の爪の先まで上半身全体に十分にゆきわたらせる。

手順6　さらに、気を尾てい骨付近から両方の大腿部へと下方に移送していき、足首から爪先まで下半身全体に十分にゆきわたらせる。

手順7　そして、頭のてっぺんから足の爪先まで全身に意識を集中することで、尾てい骨付近から全身くまなく気をゆきわたらせる。

■技法―その2……立って行なう方法(站とう功による方法)

手順1　両足を肩幅に開いて自然体で立ち、心身をリラックスさせる。
この時、両腕は力を抜いて大腿部の外側に下ろして、前方を見る。
意識は尾てい骨に置いて、ゆっくりと腹式呼吸を行なう。

手順2　つづいて、膝を少し曲げて腰を落とし、站とう功(馬歩)の姿勢をとる。
両手は、胸の前で一抱えほどもある空気のボールを抱えているような形に構える。

手順3　この姿勢のまま、意識を尾てい骨にさらに強く集中する。
意識を尾てい骨付近に強く集中することで、気が濃縮してクンダリニーの胎動が促進するようになる。

手順5　つづいて、意識を頭のてっぺんから足の爪先や手の指先に至るまで全身くまなく置く。
そうすると、全身に気がゆきわたるのを感知する。

手順6　手順1から手順5までを繰り返し行ない、手順2の段階で気が全身にゆきわたるようになるまでトレーニングを続ける。

■技法―その3……立って行なう方法(起勢による方法)

今回は省略する。

特別課程　心の浄化・強化法（特別編）

第三課程までの身の行息（小周天、全身周天）のトレーニングは、呼吸法など体を使って気をめぐらすという要素が強いが、第四課程からの心の行息（チャクラの開発、明星の発現、場合によってはクンダリニーの覚醒・上昇）のトレーニングは、心（意識）を集中して深く沈めていき、そのため肉体の感覚が薄れてきて、心（意識）の領域が拡大する。

トレーニング中だけではなく、日常生活においても、心（意識）の領域がしだいに拡大していく。

心（意識）の領域が拡大するということは、心（意識）の奥（潜在意識）にある我（煩悩）は心の表面（表層意識）に出易くなることを意味している。

勿論、第四課程のトレーニング中は心身ともにトレーニングに集中しているので、我（煩悩）は心の表面（表層意識）に表れにくいが、普段の日常生活においては心（意識）は無防備な状態なので、我（煩悩）は心の表面（表層意識）に表れ易くなる。

また、第三課程までのトレーニングにより、気を操作する技術（気功）がかなり上達している。

さらに、これまでのトレーニングで想念（思い）の力が相当強くなっており、以前よりも想念（思い）による周囲や自分自身に及ぼす影響も相当大きくなっている。

いったん我(煩悩)を出すと、周囲も自分自身も大きな迷惑を受け悩まされることになる。

気自体は、善悪に関係なく純然たるエネルギーであり力である。気を操作する技術(気功)も、善悪に関係なく純然たる技術である。しかも、気は想念(思い)という情報を取り込むことができる。気に記録された想念(思い)という情報に従って、純然たるエネルギーであり力が作用し展開していくのである。

そのため、気と気を操作する技術(気功)を、善用することも悪用することもできる。

もし、気の力を悪用した場合は、この世の厳然たる法則である因縁果報に従って、必ず結果的に苦しむ事態が生じることになる。さらに、気の力も弱まり、気を操作することもできなくなってくる。

気を操作する技術(気功)を使わなくても、想念(思い)だけでも悪用することができる。

世間一般でよく行なわれているのは、想念(思い)を悪用することである。

例えば、人間誰でも大脳に想念(思い)の送信器官と受信器官の両方を備えているが、両方とも機能している人はごく稀である。ほとんどの人は、いずれか一方だけが機能している。

信心深く、神仏の心(声)に従おうと心掛けている人は、想念(思い)の受信器官が機能している場合が多く、神仏の心(声)に叶うという利点がある一方、他人の想念(思い)に影響され易い。

また、ポーカーなどの賭け事が得意な人は、想念(思い)の送信器官が機能している場合が多く、他人の想念(思い)に影響を及ぼし易く、自分の考えを主張しやすいという利点がある一方、想念(思い)で人を操り、我欲を達成しようと、想念(思い)を悪用する間違いを起こし易い。

昔から、想念(思い)で人を操り、我欲を達成しようとした人は、結局はこの世の厳然たる法則である因縁果報に従って、必ず結果的に後悔する事態や苦しむ事態が生じている。

後悔する事態や苦しむ事態が生じることで、ようやく自分の間違いや非道さに気付くことになる。ましてや、気功の力を悪用した場合は、それ以上に必ず後悔する事態や苦しむ事態が生じる。

想念(思い)や気功は目に見えないので、悪用しても人には知られにくいし、証拠も残らない。そのため、我(煩悩)が多く強烈な人ほど我欲にかられて、悪用しようという誘惑に負けやすい。

もっとも、想念(思い)や気功を悪用する人は我欲を正当化する傾向が強いので、自分や家族に後悔する事態や苦しむ事態が生じて悪用できなくなるまで平然と悪用し続ける。

想念(思い)の力や気功の力を悪用してそれがうまくいくと、あたかも「特殊な技術や能力」であるかのように誤解して、何回でも繰り返すようになる。

目に見えないので悪用しても人には知られにくいし証拠も残らない想念(思い)や気功は、そういう性質上、目に見える暴力や詐欺などの悪事よりも確実に早急に因縁果報の法則が発動する。そして、悪用を繰り返して限界まで達した段階で必ず大きな後悔する事態や苦しむ事態が生じる。

その段階では、もう取り返しのつかない事が多い。そのため、想念(思い)の力や気功の力を我欲を達成する目的で悪用しては絶対にいけない。

心が浄化されていないと、欲望、怒り・憎しみ・怨み・羨望・畏れ・妄想・偏見・自己限定などの我(煩悩)に悩まされ、結果的に苦しむ事態が生じて、スムーズにトレーニングを続けて高度な上級課程をマスターすることがむずかしくなる。

そこで、そういうことがないように、基本課程である四神足瞑想法の「心の浄化・強化法」を、各課程のトレーニングと併行して随時行なうように紹介した。

ここではさらに、特別課程「心の浄化・強化法(特別編)」を紹介する。

これは、基本課程の中で言及している、

実は、如来(すなわちヴェーダでいう宇宙の根本原理であるブラフマン)に思いを寄せ、我(煩悩)の消滅を祈る方法よりも、より速やかに我(煩悩)の消滅が促進する方法がある。これは、「四神足瞑想法」を実際にトレーニングして、ある程度、気を感知し気を操作できるようになった段階の所で説明したい。に対応している。

「心の浄化・強化法(特別編)」の大きな特徴は、気を用いてイメージ・トレーニングを行なうことにある。

イメージ・トレーニングだけの一般的な瞑想に比べて、気を用いながら行なう「心の浄化・強化法(特別編)」の効果は極めて大きい。

それは、イメージ・トレーニングだけの一般的な瞑想は、自己暗示による効果が多くを占める。

ところが、自己暗示だけではどうしても強力な我(煩悩)には抗しがたい。

それに対して、気を用いると、強力な我(煩悩)に対しても極めて有効である。

その理由は、気を用いると強力な我(煩悩)も減少するように、人間(の身心)は造られているからだと思われる。

または、気は「大生命の現れ」であり、そういう力を有しているからだと思われる。

気の力は科学的には解明されていないが、気功による体調の回復効果、麻酔効果などが知られており、我(煩悩)の浄化・消滅にも大きな効果がある。

ここで、誤解があっては困るので追加説明するが、そもそも我(煩悩)は非常に強力なので減少させるには並大抵の努力ではむずかしい。確かに気を用いると強力な我(煩悩)も減少していくが、それでも短期間で減少させることは非常に困難である。日常生活の中で常に意識して努力し続けることで、少しづつわずかづつ減少していく。

(一) 心の浄化・強化法(特別編)

手順1　ここでは、立って行なうか椅子に座ると行ない易い。
まず最初に、「気を用いた軟酥の法」を行なう。習熟してくると、(手順1)は省略して、いきなり(手順2)から行なってもよい。

手順2　軟酥の法では頭上に「軟酥」を乗せるとイメージしたが、ここでは、頭上に「大生命の光球」を乗せるとイメージする。

手順3　尾てい骨付近(クンダリニー)から漏れ出るように発生している気を頭頂部まで上げて集める。
頭頂部に上げた気(のエネルギー)を「大生命の光球」であるとイメージする。
「大生命の光球」とは、大生命が直径一〇cmほどの光輝く球として現れたものである。

手順4　次に、「大生命の光球」(気のエネルギー)は、我(煩悩)を全て浄化させてしまう力がある「大生命」そのものであると強くイメージする。
または、「大生命の光球」に、「我(煩悩)の浄化」の願いを強く込める。
「大生命の光球」(気のエネルギー)には我(煩悩)を全て浄化させてしまう力があるとイメージすること、または「大生命の光球」に「我(煩悩)の浄化」の願いを込めることが重要ポイントである。

手順5　次に、「大生命の光球」である気を、頭上から全身にゆきわたらす。
そして、全身にゆきわたっていく気を、「大生命の光球」から放たれる大生命の光であるとイメージする。

①　その大生命の光によって、身心ともに怒り・憎しみ・怨み・羨望・畏れ・妄想・偏見・

自己限定などの我(煩悩)は全て浄化されるとイメージする。

② その大生命の光によって、「自分自身という我(煩悩)の意識」から「大生命の意識」へと生まれ変わるとイメージする。

「心の浄化・強化法(特別編)」の(手順1)～(手順5)をトレーニングしていくと、いつのまにか怒り・憎しみ・怨みなどの我(煩悩)がしだいに少なくなっていくのを実感するようになる。

「心」と「体」は非常に密接な関係にある。

潜在意識にある我(煩悩)は、「心(思い)」を使って動き出し、「心(思い)」は「体」を使って、我欲の行動となって表れる。

「心の浄化・強化法(特別編)」は、「心(意識)」と「体」を使って、気の力を借りて、心の奥(潜在意識)に頑強に居座っている我(煩悩)を一つずつ消滅させていく。

尚、「心の浄化・強化法(特別編)」のトレーニングを開始した瞬間から、気の力は我(煩悩)を消滅する方向に働くけれども、はっきりとした効果が顕れるまでには時間がかかり、その間はどうしても我(煩悩)に悩まされる。

人間は「他人の評価」を気にする生き物であるからこそ、さらに我(煩悩)が出易い。「自分に対する他人の評価」を気にしすぎる場合は、我(煩悩)が出ているのである。

例えば、他人の言動をすぐに「自分に対する評価」に結び付けて、怒り、憎しみの我(煩悩)を出す場合がある。

心の奥に、怒りや憎しみや復讐の念などの我(煩悩)を多く持っている人ほど、他人の何気ない言葉や態度に対して、「彼は、私に対して反感とか嫌な感情を持っているな」と、つい思ってしまう。
もしかしたら、相手は自分のためを思って行なった言動かもしれないのに、「彼は、私に対して反感とか嫌な感情を持っているな」と、つい思ってしまう。

もし、そういう思い(マイナスの心)が生じた場合には、すぐに次のことを反省する。

反省1　自分の思いは、相手の思いに反応して影響を受けて生じているのではないのか。
例えば、相手の怒りには自分の怒りを、憎しみには憎しみを、怨みには恨みを、など

反省2　自分の思いは、相手の本当の思いや親切心を誤解して、自分の心の奥にある我(煩悩)によって生じているのではないのか。
例えば、相手の愛に対して自分の怒りを、相手の親切に対して自分の憎しみを、など

反省3　どちらにしても、「彼は、私に対して反感とか嫌な感情を持っているな」という思いが生じた時は、自分の心の奥の我(煩悩)が出てきたのが原因である。

そういう時には、次の対応をとる。

対　応　「彼は、私に対して反感とか嫌な感情を持っているな」という思い(マイナスの心)が生じた場合には、その場ですぐに、「心の浄化・強化法(特別編)」を行なう。

ここで、なぜ人間は「他人の評価」を気にするのかについて少し考えてみたい。

それは、心の奥底に怒り・憎しみ・怨み・羨望・畏れ・妄想・偏見・自己限定などの我(煩悩)が居座っているからであるが、この中で特に「自己限定」という我(煩悩)が悪影響を及ぼしている。

「自己限定」というと、一般的には、

① 仕事や勉強やスポーツなど何か新しいことに挑戦しようとする際に、「自分の能力ではとても無理だ」とか「自分のグループでは能力的にも資金的にも環境的にもとても無理だ」などと、挑戦する前から可能性を否定したり限定することで、結果的にはそれが悩みの原因になったり、チャンスを逃してしまったりすること。

② 「自分はこうでなければならない」と、自分本位で自分の行動やあり方を自分で規定すること。よくある例が、仕事やスポーツなどの団体において、ある役職に就いた場合に、自分の行動やあり方を自分本位で規定しすぎて、周囲の人達との調和が乱れたり、自分の行動を意に反して規制することになったりして結果的に悩みが生じること。

「自己限定」には、それらとは別に根本的なものがあり、この方がより悪影響を及ぼしておりかつ深刻である。

① 自分の意見(観念)、自分が信仰する宗教や思想、価値観など、自分とは異なる人達に対して、敵対心とか優越心とかを持つこと。
これは、自分の意見や価値観などで自己限定しているからであり、その「自己限定」を通して物事を見て判断しているからである。

② 自分の属するグループと他のグループとを比較し、敵対心とか優越心とかを持つこと。
または、自分にとって嫌な人達を自分の心の中で創り上げ、敵対心とかを持つこと。もし、自分の

心の中が好き嫌いで満たされているならば、それは自分の「自己限定」を投映しているからである。

③　怒り・憎しみ・怨み・羨望・畏れも、実は自分の「自己限定」が自分の心の中で創り上げて、怒ったり憎んだり非難したり避けたりしている。

または、相手の意見や考えを真に受けて、別の人を避けたり怨んだりするのも自分の「自己限定」を投映しているからである。

④　同じように、「他人の評価」を気にしすぎるのも「自己限定」を投映しているからである。

それでは、「自己限定」から脱した状態とはどういう状態を指すのだろうか。おそらく、

①　自分本位で自分の行動やあり方を自分で規定することなく、周囲や全体の利益と調和を優先して、自分の行動やあり方を自分で規定する。

②　自分も含めて誰に対しても、その意見(観念)、信仰する宗教や思想、価値観などをそのまま鵜呑みにはせずに、常に検証し判断している状態である。

③　どんな人に対しても、常に愛情を持って接し、相手の目先の利益ではなく、人道上も考慮して本当に相手の利益になるように行動している状態である。

相手の目先の利益ではなく、将来を考えて利益になるように行動している状態である。

④　そして何よりも私達にとって重要であり、不可欠であり、実行することがむずかしいのが、「他人に対しては、必ず清濁併せ呑む寛容さを示す」ように行動している状態である。

「自分に対しては欠点は勿論のこと小さなミスでさえ決して見逃さないが、他人に対しては欠点は勿論のこと大きなミスであっても許す」ように行動している状態である。

「自己限定」から脱した状態とは、「自己」を脱して、「全体」として考え行動している状態である。
「自己の利益」というより、「全体の利益」優先で考え行動している状態である。
「大生命」を尊崇して、周囲の人達に愛情を持って接している状態である。
「大生命」を「天」に置き換えると、「天を敬い、人を愛する」状態である。

（二）日常生活における我（煩悩）の影響

日常生活において、よく出易い我（煩悩）は、三毒と言われている貪（貪欲）、瞋（怒り）、癡（愚かさ）である。

その中で最も悪影響があるのは、瞋（怒り）である。

瞋（怒り）は、相手の言動に即座に反応して、つい思わず出てしまう。

そして、自分だけではなく、相手も周囲も傷つけてしまう。

怒りは憎しみを伴ない復讐へと発展し、その後ずっと心（意識）に残ることが多い。

①　日常生活において、怒りが憎しみを伴ない復讐へと発展した例でよく目にするのは、他人に対する悪口や中傷である。

瞋（怒り）の我（煩悩）が強い人ほど、他人に対する悪口や中傷が多い。

当たり前のことだが、悪口を自分（の口）で言うと、それを自分（の耳）でも聞くことになる。そうすると、怒りや憎しみが倍加されて、瞋（怒り）の我（煩悩）がますます強くなっていく。

②　たとえ自分は他人の悪口を言わなくても、別の人が他人の悪口を言っている場面に遭遇した場

合、それを面白く感じる人も、かなり瞋(怒り)の我(煩悩)が強いと思って間違いない。

③ 同じ我(煩悩)を持つ者同士は、自然に集まって一つのグループを作り易いが、我(煩悩)の中でも瞋(怒り)は特にその傾向がある。

瞋(怒り)の我(煩悩)が強い者同士は、自然に集まって一つのグループを作るのである。類は友を呼ぶのである。そうなると、瞋(怒り)の我(煩悩)はますますひどくなっていく。

④ 我(煩悩)が強い人が一人でもいると、それほど我(煩悩)が強くない周りの人達も自然にその影響を受けて、我(煩悩)が次第に強くなっていく。

例えば、地域のリーダー的立場や会社の上層部に、ある一つの我(煩悩)が強い人がいると、その同じ我(煩悩)を持つグループが自然と形成されて、地域や会社全体がその我(煩悩)に染まった地域風土や社風になっていく。

⑤ さらに我(煩悩)が恐いのは、健康(肉体)にも影響を及ぼすことである。

「脳内革命」という本の中で、著者の春山茂樹氏は脳内物質を例に挙げて説明している。

人間は怒ったり強いストレスを感じると、脳からノルアドレナリンというホルモンが分泌されるという。このホルモンはものすごい毒性があり、自然界にある毒物では毒蛇に次ぐ毒性をもつと言われている。

怒り、憎しみ、怨みなどの我(煩悩)は、この強い毒性ホルモンを分泌させるのである。このホルモンは血管を収縮させる働きがあり、そのために血圧が上がったり、血管の目詰まりを起こし易くする。これを過剰に出し続けると、脳梗塞やボケの状態を誘発させ、病気になったり、老化を進めてしまうというのである。

そのほかに、瞋(怒り)の我(煩悩)は怒りや憎しみの想念(思い)を出す。想念(思い)は、想念

（思い）特有の波動エネルギーを出して、肉体の全細胞に影響を及ぼすのである。その結果、顔の表情も次第にそれ特有の表情に変化し、心臓などの内臓もその影響を受けて、肉体全体の機構や機能も次第に変化していく。

密教系の宗派など、特有の煩悩には特有の病気になり易いと説いている所もある。心と体は密接な関係にある。

⑥　我（煩悩）が恐いのは、自分の家族（妻、子、孫）も、自分と同じ我（煩悩）で苦しむようになることである。自分の家族も、自分と同じ我（煩悩）を持っていると思ってまず間違いない。

そのため、自分が頻繁に強烈に我（煩悩）を出していると、自分の家族もその同じ我（煩悩）が強くなり、しだいに頻繁に強烈に出すようになる。想念（思い）特有の波動エネルギーは、自分の肉体だけでなく、家族の心身にも影響を及ぼすのである。その結果、自分と同じ欠点（煩悩）を頻繁に強烈に出すようになる。特に、幼児や体が衰えている老人は、その影響を受けやすい。

（三）大生命と気と我（煩悩）

①　宇宙にある全てのもの、物質、生物、人間全てに限なく「大生命」は浸透している。

「大生命」が浸透しているからこそ、宇宙にある全てのものは存在することができる。星の運行を始めとする全ての運動や、人間を始めとする生物の行為も背後で支えている。

②　「大生命」そのもの（全体像）は知ることはできないし、説明することも出来ない。

「大生命」の一つの表れや特質など、ごく断片的なものしか知ることはできないし、説明することは出来ない。

たとえば、二次元の世界があり、そこに二次元の住人が暮らしていると仮定する。二次元の世界は「面の世界」なので、面として全ての物を認識することになる。

もし、二次元の世界に三次元の物体が現れたとしても、三次元の物体は面(断面)としてしか二次元の世界には現れないので、二次元の住人は三次元の物体の全体像を認識することはできない。

例えば、二次元の住人が三次元の球を、知ろうと思ったとする。ところが、三次元の球は、二次元の世界では断面である点や円で現れる。

球の断面は、面と接する点から始まって無数の大きさの円として現れ、二次元の住人は点や無数の大きさの円として認識することになる。

ある二次元の住人は点だと認識するし、別の二次元の住人は小さな円として認識するし、さらに別の二次元の住人は大きな円として認識する。

二次元の住人は、三次元の球の全体像を認識することは絶対にできないのである。球の断面である点や無数の大きさの円としてしか認識できないのである。

そのため、二次元の住人が三次元の球の説明をしようとした場合、二次元の住人が認識できる「断面である点や円」を説明するしかなく、三次元の球の全体像を正しく説明することはできない。

説明する二次元の住人によって、様々な「三次元の球」の説明がなされることになる。しかも「三次元の球」そのものではない。

「大生命」と人間との関係は、あたかも三次元の球と二次元の住人との関係に似ている。

「大生命」そのものは知ることはできないし、説明することも出来ない。説明したとしても、それは説明する人間が認識したごく断片的な「大生命」の表れや特質でしかなく、「大生命」そのものではない。

「創造されたもの」は、「創造するもの」そのものを知ることはできないし、説明することは出来ないのである。

③「大生命」すなわち「創造するもの」は知ることはできないし、説明することも出来ない。「大生命」のような「人知を超えたもの」に関しては、権威者はいない。

ところが、多くの人は「人知を超えたもの」に関しても権威者を作りたがり、権威者に頼ろうとしがちである。

いやむしろ、「人知を超えたもの」だからこそ権威者を作りたがり、権威者に頼ろうとする。権威者がいて、その権威者が授ける秘伝の法によって、すぐに真理を悟ることができたり、すぐにある特殊な能力を得ることができるということは決してない。

そして、権威者が説く真理はそのまま自分自身の真理ではない。

たとえ権威者が説く真理を理解できたとしても、それは単なる一つの思想であり観念でしかない。一つの信仰でしかない。

極端に言えば、そういう思想や観念や信仰に、心(自分自身)は縛られることになる。

「人知を超えたもの」は、自分自身で体験するしかない。真理は自分自身で悟るしかないのである。

しかしながら、「人知を超えたもの」は、自分自身で感じることはできる。そのため、「大生命」のような「人知を超えたもの」を追求するためには、他人を頼らずに自分自身で実践(修行)し体験するしか方法がないのである。

権威者はいないけれども指導者はいるので、指導者の教えと意見を参考にしながら、自分自身で実感しながら実践(修行)し体験するしか方法がないのである。

それは、空手や柔道などの武道や芸事を修得する場合とよく似ている。空手や柔道のどんな技でも、指導者が教えただけでは修得することはできない。

指導者が教える技法は、それだけでは単なる一つの情報でしかない。

指導者の教えと意見を参考にしながら、自分自身で何回も何回も繰り返し練習して初めてその技を使うことができるようになる。

さらに、その技を得意技の境地まで高めるためには、それこそ血の滲むような猛練習が必要となる。

自分自身で実践(修行)し体験することで、始めてその技を修得することができるのである。

「大生命」のような「人知を超えたもの」を追求する場合も全く同じである。

自分自身を拠り所としながら、自分自身で実践(修行)し体験するしか方法がないのである。

そして、真理の法(宇宙法則)である「大生命」そのものを自分自身で感じつつ、「大生命」を拠り所としながら、たゆまず追求しなければならない。

このことは、基本とも言うべきものであり、仏陀および仏陀の弟子達にとっては、当たり前すぎるほど常識であった。

そして、仏陀は臨終においても、この当たり前すぎるほどの常識を最後の教えとしてアーナンダに説いている。

その結果、仏典の中において、「仏陀の臨終の言葉」すなわち遺言として記された。

「自燈明・法燈明」

これがそうである。

④
「大生命」は、宇宙にある全てのものを存在させている法則であり、原動力である。

たとえば、私達の体で説明すると、「大生命」は私達の体の機能を維持するところの原動力である。

東洋医学では、私達の体の機能を維持しようとして働いている未知の力、未知の存在の一つを、「気」または「気息」と称している。

江戸時代までは、「気」はその存在を信じられ、日常生活の中で活用されてきた。

ところが、西洋科学が日本に入ってきた明治時代以降は、その存在に懐疑的な人が多くなった。

しかし、最近ではまた、多くの人達がその存在を信じるようになってきている。

「気」は、私達の体に流れており、体の機能を発揮させ維持する重要なものである。

自動車で例えると、ガソリンによく似た働きも担っている。

「気」の流れが損なわれると、体の機能に異常をきたし体調不良や病気になったりする。

そういう意味で、「気」は私達(の体)を存在させている原動力であるところの「大生命」の一つの表れである。

⑤
「気」は「大生命」の一つの表れである。そうであるからこそ、気を感じることは、大生命を感じることである。

気は、心が平安であり安定している時に感じることができる。

特に、心が感謝の思いにある時は、気を感じることができる。

この「ジーン」とした感触である気は、感動した時にも感じることができる。

まさしく「感動してジーン」とするのである。

気は、愛情や慈しみが湧いた時にも感じることができる。

ここでいう愛情は、幼子に対して自然に湧いてくる父性愛・母性愛といった無私の愛情であり、慈しみである。

すなわち、愛や慈しみの状態の時にも、気の流れが多くなる。


気は、幸福感とか喜びが湧いた時にも感じることができる。

すなわち、歓喜の状態の時も、「気の流れ」すなわち「大生命の現れ」が多くなる。


気は、赦そうと思った時にも感じることができる。

すなわち、「赦す」と思う状態の時も、「気の流れ」「大生命の現れ」が多くなる。


自信がある時や他人を信頼している時も、心は平安であり安定している。

すなわち、心に信(自分への信すなわち自信、他人への信すなわち信頼)が満ちている状態の時も、「気の流れ」すなわち「大生命の現れ」が多くなる。


感謝と感動と赦しと信の基盤となっているのは、愛と慈しみである。

すなわち、「大生命」は、愛であり、慈しみであり、歓喜である。

第四課程　チャクラを開発する技法

チャクラを開発するためには、まずチャクラのある場所を実際の感覚として感知する必要がある。

チャクラのある場所を感覚として感知するためには、チャクラを胎動させなければならない。

チャクラを胎動させるためには、チャクラを刺激しなければならない。

そして、チャクラを刺激し胎動させる代表的な方法として、

①　気（のエネルギー）により、チャクラを刺激し胎動させる方法

②　振動により、チャクラを刺激し胎動させる方法

の２つがある。

①の気（のエネルギー）による方法が「クンダリニー小周天によるチャクラ開発法」であり、「火と水によるチャクラ開発法」である。

②の振動による方法が「音声（振動）によるチャクラ開発法」である。

筆者の経験でもそうだが、一般的には①の〝気による方法〟の方が、②の〝振動による方法〟よりも効果が顕れるのが早い。

しかし、トレーニングする際は、②の〝振動による方法〟の方が、〝気による方法〟よりもやり易い。

ここで、注意しなければならないことがある。

それは、気についても同じだが、チャクラについてもその存在を信じることである。気の場合と同様に、チャクラについても適切な方法で訓練することにより、チャクラを実際の感覚として感知できるし、チャクラを覚醒することができる。

人間の身体は、チャクラを感知し覚醒するように造られているのである。

そのためには、信じることである、信念である。訓練を積み重ねることで、信念も強くなる。

空手に「試し割り」というのがある。瓦、板、レンガ、バットなどを手や足や頭で割ったり折ったりして、どれくらい破壊力が身についたかを試すのが「試し割り」である。

その「試し割り」で最も大切で最も必要なことは、「自分は割ったり折ったりできる」という信念である。この信念がなければ、「試し割り」は成功しないし、その前に実行しようとも思わない。

「試し割り」を成功させるためには、「自分はできる」という信念と、それに向けての日々の訓練である。人間の身体は適切に訓練することによって、「試し割り」を成功することができるように造られているのである。

チャクラを開発する場合も、全く同じである。

(一) クンダリニー小周天によるチャクラ開発法

手順1　心身をリラックスさせる。

結跏趺坐、半跏趺坐、正座、もしくは椅子に座って腹式呼吸を行なう。

呼吸法は、自然呼吸法、反式呼吸法のどちらでもやり易い方で構わない。

手順2　懺悔する。心の底から懺悔する。懺悔の念を心身のすべてに満たす。

手順3　次いで、感謝する。とにかく感謝する。感謝の念を心身すべてに満たす。

手順4　気の発生源である尾てい骨付近に意識を集中する。

その際、気を「チャクラの玉」と強くイメージする。

「チャクラの玉」のイメージには、

①「赤く燃え盛る炎の玉」が、振動しながら勢いを増してくるというイメージ

②「小さな太陽の光の玉」が、振動しながら勢いを増してくるというイメージ

③「小さな太陽の光の玉」が、北極星から見た場合の地球の自転方向、公転方向と同じ「反時計回り(左回り)」に回転しながら勢いを増してくるというイメージ

などがある。

その他にも、いろいろあると思う。個人差があるので自分でいろいろ試してみて、効果があるやり易いイメージで訓練するとよい。

手順5　次は、気を督脈(背面ルート)を通して頭頂まで上げていく。

頭頂まで気が上がると、それまで「ジーン」という感覚とか、または水などの流体が流れるような感覚、虫が這うようなムズムズした感覚であったものが、「スースー」とした涼しげな感覚に変わってくる。

この「スースー」とした涼しげな感覚(気)に、「チャクラの玉」をイメージする。

①、②、③などの効果があるやり易い「チャクラの玉」をイメージする。

手順6　しばらくは、頭頂付近に「チャクラの玉」である気を留める。

頭頂付近にはサハスララ・チャクラがあり、ここに気を留めることは、サハスララ・チャクラを刺激し、覚醒を促すことになる。

ここで、チャクラが刺激されて覚醒するというイメージを持つことが大切である。

手順7

（手順6）を繰り返し訓練していくと、そのうち、頭部の深奥部の方に気が通るようになる。「チャクラの玉」を頭部の深奥部の方に移動させて、濃縮・増強する。

濃縮・増強の方法は、「チャクラの玉」を大きくしたり小さくしたりと径方向に振動させたり、「反時計回り（左回り）」に回転させるなどがある。その他にもいろいろあると思うので、自分でいろいろ試してみて、効果があるやり易いイメージで訓練するとよい。

最初のうちはイメージだけだが、訓練を続けるうちに気の感覚（圧力感とか振動）を伴なうようになる。

頭部の深奥部にはっきりと、振動とか流体が流れるような圧力感を感じるようになる。または、液体が一、二滴ほどじわーっと滲み出るような感覚がある。

手順8

そこまで出来るようになったら、「チャクラの玉」を再び頭頂に戻す。

次に頭頂から前額部を通して眉間へと「チャクラの玉」（気のエネルギー）を下ろし、そこでいったん留める。

すると、頭頂では「スースー」とした感覚だった気は、再び流体が流れるような感覚や虫が這うようなムズムズした感覚に変わってくる。

眉間付近にはアジナー・チャクラがあり、ここに気を留めることは、アジナー・チャクラを刺激し、覚醒を促すことになる。

手順9

（手順8）を繰り返し訓練していくと、そのうち、眉間付近からも頭部の深奥部の方に気が通るようになる。「チャクラの玉」を頭部の深奥部の方に移動させて、濃縮・増強する。

すると、頭部の深奥部にはっきりと振動や圧力感を感じるようになる。

この時点で、頭頂⇕頭部の深奥部⇕眉間付近の気のルートが開通したことになる。

頭部の深奥部には、思い（想念）の発信器官と受信器官があると言われている。多くの人が、自分の思いが相手に通じた経験や相手の思いが何故だか分かったという経験を持っていると思う。頭部の深奥部を気で刺激することは、思い（想念）の発信器官と受信器官の活性化にもつながる。そこで、頭頂⇕頭部の深奥部⇕眉間付近を気で活性化する当訓練を行なう上で最も必要なことは、心を浄化する訓練も併せて行なうことである。

心が浄化するほど相手の思い（想念）を正しく理解できて、それに振り回されることは少なくなるし、相手を愛し、相手の幸せを祈ることができるようになる。

逆に、心が浄化していないと相手の思い（想念）を誤解し易いし、それに振り回されることが多くなり、煩悩（怒り、憎しみ、怨みなど）により相手を傷つけ自分も傷つくことが多くなる。

そのため、基本課程である四神足瞑想法の「心の浄化・強化法」を十分に行ないながら当訓練を続けることが重要である。

手順10　ここまで出来るようになったら、「チャクラの玉」を再び眉間付近に戻す。

次に眉間から任脈（前面ルート）を通して、鼻を経由しノドまで「チャクラの玉」（気のエネルギー）を下ろす。そして、そこで留めて濃縮・増強する。

ノド付近にはヴィシュダー・チャクラがあり、ここに気を留めることは、ヴィシュダー・チャクラを刺激し、覚醒を促すことになる。

手順11　しばらく、気をノドに留めると、気の独特な感覚がよりはっきりと感知されるようになる。

そこが、ヴィシュダー・チャクラである。

手順12　次いで、「チャクラの玉」をノドから胸部（両乳首の間）まで下ろす。そこで気を留めて濃縮・増強する。

胸部にはアナハタ・チャクラがあり、ここに気を留めることは、アナハタ・チャクラを刺激し、覚醒を促すことになる。

アナハタ・チャクラがある場所は諸説があり、心臓付近とか胸の中央付近とか言われている。筆者の体験では胸の中央付近がアナハタ・チャクラがある場所であり、そのため「チャクラの玉」を両乳首の間に留めてそこを刺激し覚醒させる。

アナハタ・チャクラが開発されてくると、ナーダ音というある微妙な音が聞こえるようになると伝えられている。

筆者の場合でも、ナーダ音というある微妙な音が聞こえるようになったが、その時は多くのチャクラを同時に開発していたので、アナハタ・チャクラの開発によりナーダ音が聞こえるようになったのかは明確ではない。

アナハタ・チャクラの覚醒については、その瞬間に「チャクラの光輪」が出現したので、アナハタ・チャクラが覚醒したことをはっきりと自覚することができた。

手順13　次いで、「チャクラの玉」を、胸から腹部まで下ろす。まずは、へその五㎝ほど上の所に留める。ここでも、「チャクラの玉」を留めて濃縮・増強する。

濃縮・増強してくると、かぁーと火照るような熱感を感じるようになる。

または、熱い球があるかのような存在感を感じるようになる。

ここにはマニピューラ・チャクラがあり、ここに気を留めることは、マニピューラ・チャクラを刺激し、覚醒を促すことになる。

手順14　次いで、「チャクラの玉」を、へその五㎝ほど下の所まで下ろす。ここでも、「チャクラの玉」を留めて濃縮・増強する。

ここにはスヴァジスターナ・チャクラがあり、ここに気を留めることは、スヴァジスターナ・チャクラを刺激し、覚醒を促すことになる。

スヴァジスターナ・チャクラがある場所も諸説があり、性器の根元付近とか、へそと性器の間とか、はたまた腎臓付近とか言われている。

それらの場所のいずれにも漢方医学でいう気の通り道(経絡)があり、気の中継所のような部位である穴位(ツボ)がある。

筆者にとって、火照るような熱感を感じる場所であるへその五㎝ほど下の所を、ここではスヴァジスターナ・チャクラがある場所としている。

手順15

次いで、「チャクラの玉」を、腹部から肛門と性器の中間付近まで下ろす。ここでも、「チャクラの玉」を留めて濃縮・増強する。

ここにはムラダーラ・チャクラがあり、ここに気を留めることは、ムラダーラ・チャクラを刺激し、覚醒を促すことになる。

ムラダーラ・チャクラがある場所も諸説があり、肛門と性器の中間付近とか、クンダリニーが宿る尾てい骨付近とか言われている。

ムラダーラ・チャクラが覚醒すると、体力や精力が増進すると言われており、筆者の体験では、その場所は肛門と性器の中間付近である。

クンダリニーが宿る尾てい骨付近は、確かに火照るような熱感や圧力感を感じる場所の一つであるが、ここは根源的な生体エネルギーが宿る場所なので当然のことなのである。

それに対して、肛門と性器の中間付近は、ここに気を留めて濃縮・増強してくると、火照るというよりも振動するという感じが次第に増してくる。

そして、気持がよくなってきて下半身を中心に力というかエネルギーが増してくる感じが次第に強くなってくる。

睡眠時間も短くなり、体力や精力が増進してくる感覚を実感するようになる。

そんな訳で、ムラダーラ・チャクラがある場所は肛門と性器の中間付近である。

そこで、肛門と性器の中間付近に「チャクラの玉」を留めて濃縮・増強する。

ここで注意しないといけないのは、意識を気に集中するとともに肛門を締めながら行なうことである。

決して他のことに心を奪われてはならない。股間は言うまでもなく生殖器のある所なので、そこを刺激することになる。気持がよくなってくるのは、そこを刺激された結果であると思われるので、場合によっては性欲を刺激するような妄想にとらわれかねない。

そのため、そういうことがないように、肛門を締めて、心は常に気の感覚に集中して清浄に保つよう心がける。

手順16　そして、「チャクラの玉」を出発点の尾てい骨まで移送する。ここで、上半身を縦に一周したことになる。

(手順1)~(手順16)までを1サイクルとして繰り返し行ない、チャクラを刺激し覚醒させる。

（二）火と水によるチャクラ開発法

冬の寒い日に、焚き火やストーブにあたって身体を暖めた経験は誰にでもあると思う。その時、手のひらをかざしただけでも身体全体が暖かく感じた経験があると思う。

これは、単なる気のせいだけではなく、実際に身体全体が温まってきているのである。何故かというと理由はいろいろあると思うが、その理由として、手のひらに流れる血液が温まってそれが全身に巡って身体全体が温まるからというのもその一つである。

それとは別に、筆者の体験から、火（のエネルギー）は体内の気（のエネルギー）と同化しそれを増強すると同時に、チャクラを刺激して活性化するというのも理由の一つである。

また、寒い日に、冷たいシャワーを浴びたり水風呂に入った経験を、多くの人が持っているものと思う。そんな時、水を浴びる前から皮膚には鳥肌が立ち、きりっと気が引き締まった経験があると思う。

それは、「今から、冷たい水を浴びるんだ」ということで、心と体が本能的にそれに備えるためである。極端に言えば、生命の危機に際して、本能的に身心がそれに対応するためである。

生命の危機が大きければ大きいほど(例えば厳寒の滝行など)、それはより顕著になる。そういう時にも、チャクラは刺激されるのである。

そしてまた、冷たい水を浴びた後にくつろいで体を暖めていると、体が暖まるにつれて心地よい脱力感を覚え、心身ともにリラックスしてくる。

この心身ともにリラックスした状態は、気を感知し易く、気が流れ易く、さらにチャクラが覚醒するための条件の一つである。この時の心身の状態は、脳波にアルファ波やシータ波が出ている状態である。

これらのことより、火と水による適切なトレーニングを工夫することで、チャクラ覚醒に大きな効果をもたらすことができる。

筆者が、火と水によるチャクラ開発法に気付いたのは偶然であった。

後で述べるように、筆者はアナハタ・チャクラが覚醒した直前に「水の行」を行なっており、その後に日だまりの中で瞑想をしていた。その時にアナハタ・チャクラが覚醒したのである。

もっとも、アナハタ・チャクラが覚醒したのは、当時は「クンダリニー小周天によるチャクラ開発法」を熱心にトレーニングしていたので、その相乗効果だと思っている。

とにかくその時に、「水の行」の後に日だまりの中で瞑想すると、チャクラが活性化することに気付いたわけである。

それと、次のような経験がある。それは、以前従事していた職場において、鉄を溶かしてそれをいったん大きな鍋に移し替えてから、鋳型という内部が製品形状の空洞になっている型に注入して、鉄製品(鋳造品)を造っていた。その時、火焔を吹き上げている大鍋の中の溶けた鉄を目の前にしていると、その火炎に見とれて無意識になる。

そんなある日、マニピューラ・チャクラとアナハタ・チャクラが振動し始めて、気が体の中をめぐっていることに気づいた。それ以降、火炎を前にすると、自然にチャクラが活性化するようになった。

火は、日だまりよりもさらに強力にチャクラを活性化することに気づいたのである。

すなわち、
① 水の行により、身体の全細胞が冷たさに備えるために活性化するとともに、チャクラも刺激される。
② 火により身体が温まるにつれて心身ともにリラックスし、意識の無意識化が行われる。それにつれて、火のエネルギーが体内に多く取り入れられて、体内の気が増幅しチャクラが活性化する。

尚、当技法は、健康な人を対象にしたものであり、健康を害している人、特に心臓に疾患がある人、および少しでも体調が思わしくない人は行なってはならない。

屋内シャワーでは一人でも構わないが、実際の滝で行なう場合は経験者と一緒に行なうようにする。

手順1　心身をリラックスさせて、「今から水を浴びるんだ」と体中の全細胞に言い聞かすつもりで、これから行なう当技法を一通りイメージする。

手順2　水浴びの用意(水着などの着用)をする。この時の着物は、薄いものを選ぶ。むしろ、上半身は裸でもよい。屋内シャワーでは、全裸でもよい。

手順3　柔軟体操やストレッチ体操を行なって、体を充分にほぐす。

それから呼吸を整える。この時には、体の表面は、充分に冷えていること。冷たい手で体を触っても、あまり冷たさを感じない程度まで冷えていること。

手順4　いよいよ水浴びをするわけだが、まず心臓から遠い右手と右腕に水をかけて、次いで左手と左腕に水をかける。そして、右足、左足の順で水をかける。

それから、両手で水をすくって、頭、顔、胸、腹へと水をかける。

手順5　そして、一気に水を浴びる。その際、頭部は出来るだけ水の直撃が少なくなるように工夫するとよい。水を浴びる時間は、気温、水温にもよるが、最初は一分間を目安とする。

春から秋までは、トレーニングが進むにつれて、二分、三分と延ばし、体力と体調に応じて三～五分を目安にする。五分以上は危険である。

そして、気温が低い冬場は、一～二分を目安にする。三分以上は危険である。

実際の滝で行なう場合は、指導者や経験者に従う。

手順6　水浴びを終えてから、体を充分に拭いて服を着る。服装は、保温性が高く、ゆったりとした、くつろげるものが好ましい。

また、特に寒い時には、暖かいお茶などを飲んで、体の中から暖まるようにする。

手順7　火炎があればよいが、ここでは、誰でも手に入れることができる、ガスストーブや電気ストーブを対象にする。まず、ストーブの前に座り、リラックスする。

腹式呼吸を行ない、気(のエネルギー)を操作できる状態に心身を整える。

手順8　手を火にかざして、「手のひらから火のエネルギーが吸収され、腕を通って体内に流れ込む」イメージを活用して火のエネルギーを取り入れる。

手順9　すると、手のひらから腕を通って気が伝わっていく。

手順10　訓練を繰り返すうちに、気が身体に入り、特定の部位で熱をもったり、振動するようになる。そこがチャクラである。人によって覚醒し易いチャクラは異なるので、チャクラがあると思われる各部位に意識を集中すると、覚醒し易い部位に気が集まってきて、ついには振動するようになる。

習熟してチャクラが覚醒してくると、手をかざしただけでチャクラが振動するようになる。

この時の呼吸は、ゆっくりとした微かな呼吸であり、けだるさの中で全身が心地よいリラックスした状態になっていることがコツである。

（三）音声（振動）によるチャクラ開発法（中級編）

チャクラが胎動し始めると、チャクラの場所に独特な感覚が感知されるようになる。その感覚とは、気の感覚と同じく熱感であり、振動である。特に振動が特徴的である。

そこで、チャクラの場所に振動を与えることで、チャクラを開発しようというのがこの技法である。振動を与えるといっても、何も機械や器具などを使って振動を与えるのではない。自分自身の声帯による振動、すなわち音声を使って、チャクラに振動を与えるのである。

一つの言葉(呪文、真言など)や一つの音(アでもオでも)を声帯から発し、チャクラがあると思われる場所に意識を集中して、その音声(振動)をそこに送り込むのである。

また、音声(振動)によりチャクラを直接刺激する効果以外にも、一つの言葉を繰り返すことは、意識野を狭くし被暗示性を高めて一種のトランス状態に入り易くする。

トランス状態においては、意識(心)は表層意識から潜在意識へと移ってきており、心身両面に有用な効果をもたらす。そのため、チャクラ開発にも有用な効果をもたらす。

ここで紹介するのは一つの例なので、音声の出し方やイメージなどは自分自身でいろいろと工夫して、自分に適したより効果的な方法でトレーニングを行なうとよい。

手順1　心身をリラックスさせる。

結跏趺坐、半跏趺坐、正座もしくは椅子に座って、腹式呼吸を行なう。

手順2　口はあまり開けないで、「オーン」などの一つの音を発する。

その際、声帯の振動をイメージしながら、胸腔、腹部を通してチャクラがあるという場所に意識を置いて送り込み刺激する。

最初は、振動が伝わり易い胸部のチャクラ（アナハタ・チャクラ）や腹部のチャクラ（マニピユーラ・チャクラ）から始めるとコツがつかめ易い。


手順3　そのうちに、声帯の振動はチャクラがある場所を刺激するようになる。

そうなると、意識をさらに集中し、さらにチャクラが活性化するイメージを強める。

具体的には、火の玉か黄金の玉が現れて、そこで回転し始めるとイメージする。


（手順1）～（手順3）を繰り返し行なっていくと、そのうち、その場所が振動したり、熱くなったりするなどの独特な感覚を覚えるようになる。それが、チャクラが胎動している感覚である。

その感覚がより明瞭なものになるように、トレーニングを繰り返す。

（四）音声（振動）によるチャクラ開発法（上級編）

音声（振動）が身体（特にチャクラと気）に及ぼす影響には、次のようなものがある。
① 身体（特にチャクラと気）は、母音（アイウエオ）の発声（振動）に影響を受ける。
日本語は外国語とは異なって、必ず母音（アイウエオ）をつけて発音する。

日本語の五〇音を発声して調査したが、結局は身体（特にチャクラと気）は母音（アイウエオ）の発声（振動）に影響を受ける。
② 母音（アイウエオ）の発声（振動）は、気（のエネルギー）の流れに影響を及ぼす。
③ ウとオの発声（振動）は、気（のエネルギー）を体内に貯める効果をもたらす。

すなわち、ウとオの発声(振動)は、生命維持に働く。

生命維持に働くということは、守備的、平和的であると言うことが出来る。

クンダリニー小周天やクンダリニー全身周天をマスターしていると分かるが、ウとオの発声(振動)は、クンダリニーを刺激して、クンダリニーが宿る尾てい骨付近から、気が督脈(背面ルート)を通って頭部に流れ、そして任脈(前面ルート)を通って胸部や腹部へと流れ、さらに全身に流れる効果をもたらす。

この場合は、意識や感情を伴なう必要はない。

すなわち、意識することなく、また感情を伴なうことなく、そういう効果がある。

④ ウとオの発声(振動)は、さらに、体外の気を体内に流入させる効果をもたらす。
特に、頭頂と手のひらと足の裏は、体外の気が流入し易い。

この場合は、「体外の気を体内に取り入れる」という意識を必要とする。

例えば、オを発声(振動)しながら、頭頂から体外の気を体内に取り入れるという意識を持つと、頭頂から気が体内に流入してきて、尾てい骨付近から上がってきた気と合流して、胸部や腹部へと流れる。

⑤ ウとオの違いは、オの発声はウの発声よりもクンダリニーを刺激する。
ウの発声はオの発声よりも気を流れ易くする効果がある。

⑥ イとエの発声(振動)は、逆に体内の気を体外に流出させる効果をもたらす。
この場合は、「体内の気を体外に流出させる」という意識を必要とする。

おそらく、生命を維持するために、意識を伴なわないと気(生体エネルギー)は体外に流出しないように、人間の身体は造られているものと思われる。

しかし、意識を伴なわなくても、怒りや憎しみなどのマイナスの感情を伴なうと体内の気は体外に流出し易い。

例えば、怒りや憎しみや怨みなどの感情（煩悩）を持って、イを発声（振動）すると気は体外に流出する。

そういう意味からも、怒りや憎しみや怨みなどの我（煩悩）は身体に悪影響を及ぼす。

ウとオの発声（振動）が守備的・平和的であるとすると、イとエの発声（振動）は攻撃的・闘争的と言うことが出来る。

イとエの発声（振動）は腹部と胸部のチャクラを刺激して、腹部と胸部の気を任脈から手足の方に流す効果をもたらす。

手のひらと足の裏からは、体内の気は体外に流出し易い。

⑦ イとエの違いは、エの発声はイの発声よりも腹部と胸部のチャクラを刺激する。

イの発声はエの発声よりも気を手足の方に流す効果がある。

⑧ アの発声（振動）は、ウとオの発声（振動）の効果と、イとエの発声（振動）の効果の両方の効果がある。

アの発声（振動）は、全身を気に敏感な状態にさせるので、意識しだいでウとオの発声（振動）と同じく気を体内に貯める効果をもたらし、イとエの発声（振動）と同じく逆に体内の気を体外に流出させる効果をもたらす。

すなわち、アの発声（振動）は、意識しだいでウとオの発声（振動）とイとエの発声（振動）の両方の効果をもたらす。

⑨ 母音ではないが、ンの発声（振動）は、ウとオの発声（振動）と同じく気を体内に貯める効果をもたらす。さらに、気を一つの場所に集中させる効果がある。

私達は日頃から、音声(振動)が身体に及ぼす影響を意識することなく体験している。

1　寒い時、寒さに対抗しようと無意識に「オーッ寒い」と言うことが多い。
腹が痛い時、痛さに対抗しようと無意識に「ウーッ、ウーッ」と唸ることが多い。
これらの場合は、ウとオの発声(振動)によって、無意識に気(のエネルギー)を体内に貯えて対処しようとしているのである。

2　剣道や空手や相撲や柔道などにおいて、攻撃する時に「エイ」とか「エイヤー」と叫ぶことが多い。
怒りを相手に向ける時、「イーッ」とか「エーッ」とか無意識に言うことが多い。
これらの場合は、イとエの発声(振動)によって、無意識に気も同時に体外に流出させて相手に向かっているのである。

当技法は、音声(振動)自体と気の両者によって、チャクラを刺激し開発しようとするものである。

手順1　心身をリラックスさせる。
結跏趺坐、半跏趺坐、正座もしくは椅子に座って、腹式呼吸を行なう。

手順2　口の筋肉に負荷がかからぬように、口は小さく開いて発声する。
ここでは、意識を用いて「ア・オ・ウ・ン」と発声する。

①「ア」の発声で、全身を気に敏感な状態にさせる。
②「オ」の発声で、主に、クンダリニーを刺激し気の発生を促進させる。
その際、意識を気の発生に置く。
③「ウ」の発声で、主に、気を経絡を通して体内にめぐらす。

その際、意識を気の流れに置く。

④「ン」の発声で、気をチャクラの場所に集中的に送り込む。その際、意識をチャクラの場所に置いて、気を集中的に送り込む。

⑤この気を、前述した「チャクラの玉」であると強くイメージする。

ヨガでは「オ・ウ・ム」と発声することが多いというが、「ム」の発声は母音の「ウ」の発声と同じく気は流れ易いので、チャクラに気を集中的に送り込むことはむずかしい。

そして、最初に「ア」の発声がないので気の発生も少ない。

仏教では「オ・ン」と発声することが多いというが、「ウ」の発声がないので気は流れにくい。さらに、最初に「ア」の発声がないので気の発生も少ない。

手順3 意識を用いて「ア・オ・ウ・ン」と発声すると同時に、声帯の振動を、胸腔、腹部を通してチャクラがある場所に送り込み刺激する。

手順4 チャクラの場所に集中的に送り込んだ気「チャクラの玉」を濃縮・増強する。

濃縮・増強の方法は、ここでも「チャクラの玉」を大きくしたり小さくしたりと径方向に振動させるか、「反時計回り(左回り)」に回転させる。

(手順1)〜(手順4)を繰り返し行なっていくと、そのうち、その場所が振動したり、熱感を感じるというように、独特な感覚を覚えるようになる。チャクラが胎動したのである。

尚、ここで断わっておくが、「ア・オ・ウ・ン」が「オ・ウ・ム」や「オ・ン」よりも多岐にわたって優れているという意味ではない。あくまでも気の発生とチャクラ開発という点において、「ア・オ・

ウ・ン」は効果があるという意味である。

「オ・ウ・ム」や「オ・ン」は、宗教的な見地から、有意義で優れた点があることが多くの宗教家や有識者によって解説や報告がなされている。

(五) チャクラ開発の事例

チャクラ(力の中枢とも言われている)が覚醒すると、どのような現象を経験するのかについて幾つかの文献にその内容が記されているが、具体性に少し乏しいように思われる。

そこで、チャクラが覚醒した時、どういう現象を経験するのかについて、より具体的な例として、筆者が体験したチャクラ開発の事例を次に示す。

㈠ マニピューラ・チャクラの開発

各チャクラの覚醒が始まり、そしてさらに修練を積んで各チャクラ(特に、マニピューラ・チャクラ)の開発が進んでくると、サマーナ気を制することができるようになるという。

サマーナ気について、ヨガの根本経典である「ヨーガ・スートラ」に次のように記されている。サマーナというのは、五つの気の一つである。

ヨガの大家でもあった故佐保田鶴治博士によれば、五気というのは、十三の心理器官全体のはたらきの共通の元である生命の五つの活動様式である。

五つの気というのは、

① **プラーナ**……鼻頭から心臓までの間にとどまり、気息を運ぶはたらきをする。

② **サマーナ**……心臓からヘソまでの間にとどまり、食べたものを消化して平等に配達するはたらきをする。

③ **アパーナ**……ヘソから足のうらまでの間にとどまり、身体の汚れをとり去るはたらきをする。

④ **ウダーナ**……鼻頭から頭までの間にとどまり、上昇の原因である。

⑤ **ヴィアーナ**……全体にいきわたっている気である。

以上の五つを総称してプラーナという。

3・40　サマーナ気を支配することができるようになると、身体から火焔を発することができる。

この火は、生命エネルギーである気の一つの形態である。

暗い場所では光明となる火であることもあれば、実際の火焔そのものを発火させることもあるという。

密教の不動明王が、全身、火焔につつまれ、あるいは背中に火を背負っているのはこの火であるという。

また、ゴーピ・クリシュナ氏は、彼の著書「クンダリニー」の中で次のような内容を述べている。

私自身（ゴーピ・クリシュナ氏）を注視すると、全身から松明の火のような光のうねりが、渦を巻くように様々に変化しながら吹き出しており、大きな火柱のようになっていた。

それは実際に何回となく体験したことであり、決して幻覚ではない。あえてこの現象を解釈すれば、その時の私の意識は拡張して、宇宙エネルギーである「プラーナ」の世界と接触していたのだということになろう。

要するに、各チャクラが覚醒し開発されてくると、生体エネルギー（ヨガでいう五つの気、すなわちプラーナ）が活性化し強化されて、しかも、そのエネルギーの発生を自由に制御することができるようになるということである。

なお、サマーナ気は、マニピューラ・チャクラに関係する生体エネルギーである。

それでは、筆者の体験を次に述べる。

サマーナ気を制す

ある夏の日の夕方、薄暗くなってくる部屋でぼんやりしていると、体から湯気が出ていることに気がついた。それも、火炎が立ちのぼっているように、もうもうと渦を巻いて出ていることに気がついた。

「おかしいなー、運動もしていないのに湯気が出るとは。しかも、寒い冬ならともかく、今は暑い夏じゃないか。」と訝しげに思いながら、その湯気を見ていた。

しばらくして、ハッとする。なんと、服の上からも湯気が出ていたからだ。

「これは湯気じゃない。体から放射・放散しているある種のエネルギーである。」と分かった。

それ以来、この湯気のようなものは、時々、何かの拍子で出るようになる。

後日、ヨガのことを記述している本に目を通していると、その中にサマーナ気の記述を見つけた。

そして、「もしかすると、あの湯気のようなものはサマーナ気じゃないか」という疑問が頭に浮かんできた。

それを確かめるために、すぐに瞑想に入り、マニピューラ・チャクラに気を集めて練っていると、思った通りに例の「湯気」が現れた。光輝く火炎のように、四方八方にもうもうと渦巻いていた。

やはり、サマーナ気であった。
ヨーガ・スートラによれば、この時点で、筆者もサマーナ気を制し始めたことになる。

なお、特にヨガなどの修行をしていないのにもかかわらず、サマーナ気が見えるという人もいる。筆者の仕事上の知り合いに、サマーナ気が見えるという者がいる。彼は、宗教関係の本を多く読み、なぜか神社・仏閣に心が惹かれるとのことで、よく神社や寺院を訪れるのだと言う。

彼といろいろ話をして分かったことは、彼は少年時代から不思議な体験をしていた。

彼もまた、「夕方などの薄暗い時分に、時折、白い煙のようなものが腰のあたりから、渦を巻いたりして火炎のようにもうもうとゆらめく」と言う。

しかし、自分自身で見ようと思っても見ることはできないが、ゆっくりとくつろいでいる時、何かの拍子にこの火炎が見えるという。

彼には特徴的な性格があった、その性格とは、とにかく人間が出来ているのである。

人を疑うことをせず、彼から人の悪口を聞いたことがない。

彼のような性格の人間は、案外、このような体験を持っているものと思われる。

こういう人は、瞑想を始めると、早く上達するものと思われる。

(二) アナハタ・チャクラの覚醒

筆者は、就寝前に太極拳と「軟酥の法」を行ない、休日にはさらにジョギングなどを加えてトレーニングを行なっていた。

そして、いつの頃からか時々、胸の中心付近にも振動のような異様な感覚を感じるようになっていた。

アナハタ・チャクラの胎動であった。

休日のある日、風呂場のシャワーを滝と見なして行なっていた水行の後、部屋に差し込む早朝の柔らかな陽だまりの中、心地よい気だるさの中で軟酥の法を行なってから瞑想に入った。

この上もなく気持がよくなり、肉体は脱力して仮死状態のようになり、または金縛りにあったようになり、ただ意識だけは明瞭で気持よさの中にいた。

一種のトランス状態にあった。そして、胸の中心に振動のような異様な感覚も感じていた。

突然、目の前全体、視界全体に、視界の中心から金色の小片(周囲は少し赤緑色に縁どられていた)が四方八方に脈動しながらコンコンと湧き出る映像が現れた。金色の小片は、同心円状に果てしなく広がり湧き出でくる。

「あたかも、池の中に小石を投げ入れた時にできるような同心円状の波紋であり波動に似ている」

「コンコンと湧き出る黄金の花びらの泉だなあ」と思いながら見とれていた。

アナハタ・チャクラの覚醒である。

瞑想を終えてから、リードビーター著の「チャクラ」に載っているチャクラの図絵を見るが、どのチャクラの図絵も筆者が見た映像とは異なっている。

ただ色彩だけは、「チャクラ」に載っているアナハタ・チャクラとよく似ていた。

しかし、「チャクラ」に載っているアナハタ・チャクラの図絵と筆者の見た映像とは、決定的な違いがあった。チャクラの図絵は「花柄模様の円形」であるが、筆者の見た映像は外形がないのだ。

何しろ筆者の映像は果てしなく広がっていて、外形がないのだ。そして、筆者は自分の見た映像をノートに書こうとしてハッとした。

なんと、筆者の見た映像を図絵に表すには同心円でしか表せないし、それはまさしく花柄模様の円形になる。そこで、次のように理解した。

　リードビーターのチャクラの映像は、チャクラの中心から放射される一種のエネルギーの映像であり、広がるにつれてエネルギーは減衰するので、エネルギーの強弱により、大小の円形に見えたのである。

　また、筆者と同様に、視界全体にチャクラの映像を見た者も、それを図絵に書き残すには花柄模様の円形をもって表したことだろうと思う。何しろ、視界全体に視界の中心から金色の小片が四方八方に果てしなく広がり湧き出ているのだから、それを図絵に表すにはその一瞬の静止した映像を同心円の形状で表すしかできないのだ。

　「ある修行者は泉と言い残し、また別の修行者は輻(や)とか放射と言い残したのは、これだったのか」と理解できた。

　「チャクラは、生きている生命の波動であり息吹である。生命そのものである。」と実感した。

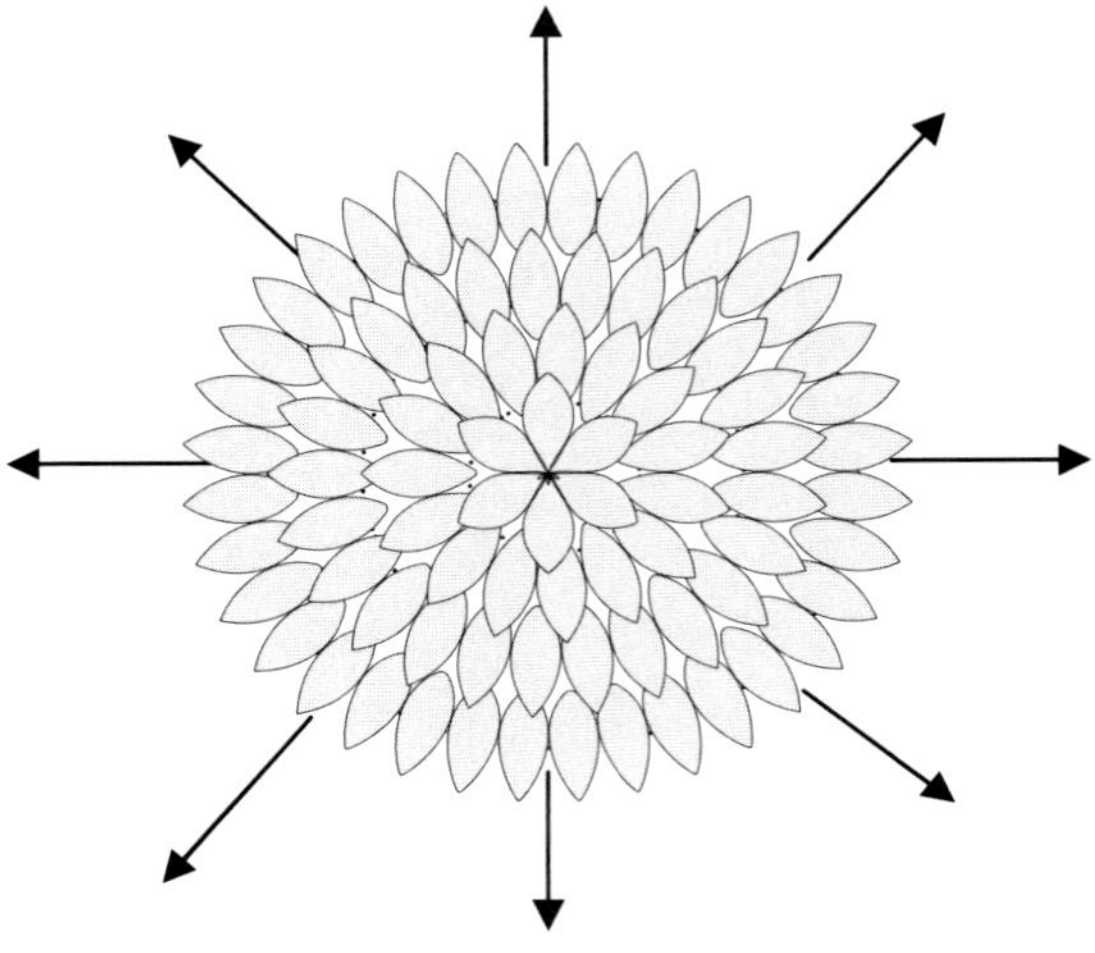

中心から視界全体に、小さな木の葉のような楕円状の黄金色の小片(周囲は赤緑色)が、同心円状に外側に向かって延々と脈動しながら湧き出ている

㈢　脳のチャクラの胎動

そこで、なぜ、アナハタ・チャクラの映像を見たのかを考えた。

考えられる理由の1つとして、アナハタ・チャクラが一気に覚醒したので、その際そこから放出されたエネルギーが、大脳まで上昇して視覚中枢を刺激したことにより、映像へと結びついたのであろうと思われる。

そうは言っても、アナハタ・チャクラの映像は、チャクラを正面にして見ている映像であり、あたかも自分の目が体から外に出て、自分の体を正面から見ているような不思議な映像であった。

この時を境に、アナハタ・チャクラに意識を向けると、振動・熱感を感じるようになった。

そして、その振動・熱感は、アナハタ・チャクラから溢れるように、自然とマニピューラ・チャクラやビシュダー・チャクラの方へと流れるようになった。

さらに、ヨーガ・スートラでいう、ある微妙な音、ナーダ音が聞こえるようになった。

この時点では、マニピューラ・チャクラはすでに胎動していたので、気はマニピューラ・チャクラでとどまり、その開発を行なうことができた。

しかし、ビシュダー・チャクラの方は、全く胎動さえしていなかったので、気はそこを素通りして、脳のチャクラへと流れ、そこでとどまり、そこを刺激するようになった。

そして、アナハタ・チャクラに意識を向けて振動・熱感(気のエネルギー)を集めて、それから、その気を脳のチャクラ(サハスララ・チャクラ)の方へ移送させて、そこでとどめて刺激することを繰り返しているうちに、今度は脳のチャクラが振動するようになった。すなわち、脳のチャクラの胎動である。

脳のチャクラが覚醒するのは、それから数年の後である。その時、ヨーガ・スートラでいう、光明が現れて燦然と輝くようになった。

㈣ ヴィシュダー・チャクラの覚醒

一部の気は、つい先ほどまでトレーニングをして振動させていたアナハタ・チャクラに流れ込み、そこを大きく振動させた後にヴィシュダー・チャクラに流れ込んだ。そして、そこも大きく振動させながらサハスララ・チャクラに達した。

その時である。突然、ある音響が大きく聞こえ始めた。

その音に聞き入っていると、〝心が自然に落ち着いてくる〟という表現がぴったりの音響である。

「そうか、これがアナハタ・チャクラやヴィシュダー・チャクラが開発されると聞こえるようになるという音響、ナーダ音なのか」と、理解できた。

トレーニングが終わってしばらくして思い出したが、この音はなんとそれまでにも時々聞こえていた音であった。それはごく微かな音響であり、この音が聞こえ始めた頃は、「聴覚異常にでもなったのでは。」と非常に心配したこともあった。

しかし、それが度重なると、いつしかそれも気にならなくなり、特に意識しなくなった。なんと、その音と同じ音響であった。ただ違うのは、その音響が大きく鳴り響いていることである。

この音が聞こえ始めたのは、いつ頃からだろうか。サマーナ気を制し始めた数年前の7月頃だろうか。

それとも、アナハタ・チャクラが覚醒した時分からだろうか。

確実なのは、チャクラ開発に再び取り組み出しサマーナ気を制し始めた頃、夜半にチャクラ強化の瞑想を行なった時にこの音が聞こえ、その時、「眠れば治るだろう」ぐらいに軽く思ってそのまま寝たが、翌朝目が覚めてもまだ聞こえていたので、「もしかすると聴覚異常になったのでは」と非常に心配したことがあった。

その時は、ごく微かな音であった。

応用課程　心の浄化・強化法（応用編）

（一）運と煩悩（我）

私達は生きていく上において、常に行動を起こしている。

そして、その行動においては、意識する意識しないに関わらず、常に判断し選択をしている。その判断と選択の良し悪しが、成功と失敗、達成感と後悔、幸福と不幸とを分けることになる。

すなわち、判断と選択が適切であれば、成功、達成感、幸福という結果が得られることになる。

よく、「運が良かった」と表現される場合が多い。

しかし現実においては、成功する時もあれば失敗する時もあるし、達成感を得られる時もあれば達成感を得られずに後悔する時もある。そして、幸福に感じる時もあれば、不幸に感じる時もある。

失敗や後悔、そして不幸は、判断や選択が適切でなかったからだと言うことができる。

よく、「運が悪かった」と表現される場合が多い。

ここで、「運が良い時」と「運が悪い時」について、すなわち「運」について少し考えてみたい。

「運が良い時」とは、一般的には何をやっても大抵うまくいく時、金回りがいい時、好調な時をいう。

そして、健康であり、仕事も順調で、遊びや飲む機会も多く、寄ってくる人も多い。

さらに、公私に関係なく、新しくつき合う人達は人間性が高い人達を選択していることが多いし、従来からつき合っている人達はその時期はプラス思考でかつ人間性が高い時期が多い。

「運が良い時」は、気前がよく、困った人を見かけたら助けようとするし、また周囲を喜ばせようとする。

「運が悪い時」とは、それとは反対に何をやってもうまくいかず、金回りも悪く、不調な時をいう。

そして、健康にも不安な時が多く、仕事や遊びや飲む機会も少なく、寄ってくる人も少ない。

さらに、公私に関係なく、新しくつき合う人達は人間性が低い人達を選択していることが多いし、従来からつき合っている人達はその時期はマイナス思考でかつ人間性が低い時期が多い。

「運が悪い時」は、困った人を助けたくても、相手が望むようには助けることができない場合が多い。

「運」と「心」には、密接な関係がある。特に、「運」と煩悩(我)には、非常に密接な関係がある。

一般的に、「運」は周期的に変化すると言われており、その変化は波形によく例えられる。

そして、八つの段階に分けることも多い。

- 普通の運の時(普通運期もしくは平運気)
- 普通運期から上昇する時(上昇運期)
- 運が良い時(好運期もしくは吉運期)
- 好運期から普通運期に下降する時(運の劣化期)
- 普通の運の時(普通運期もしくは平運気)
- 普通運期から下降する時(下降運期)

・運が悪い時(悪運期もしくは凶運期)
・凶運期から普通運期に上昇する時(運の回復期)

そこで、「運」と「心」の関係だが、次のような関係があるという。

好運期や上昇運期の時は、親切で、温厚で、前向きで、心にゆとりがあり、人を憎んだり、怨んだりすることは他の運期の時よりも少ないし、悪口や陰口を言うことも少ないし、誰かを避けるようなことも少ない。

「誰それから嫌われているとか、邪魔されている」といったマイナスの心が生じることは少ないし、何か困った事が生じた場合、自分にも責任がある時には、決して誰かのせいにしたりはしないし、自分には責任がない時でも、責任がある人を糾弾するよりも、二度と同じ事が生じない方策を検討することに重点を置く。

すなわち、相手のことを考え、相手が良くなるようにと考え、困った人を助けようとすることが多い。

そして、仕事でも趣味でも、目標に向かって、「今、やるべきこと」に集中している。

好運期や上昇運期の時の心には、「将来は大丈夫だろうか、明日はどうなるだろうか」といったマイナス思考の「将来、明日」はない。プラス思考の「今、現在」しかない。

それに対して、凶運期や下降運期の時の心は、我(煩悩)が出易い。

とかく、不親切で、怒りやすく、後向きで、心にゆとりがなく、何かにつけて人を憎んだり、怨んだりするし、悪口や陰口をよく言うし、誰かを避けたりする。

そして、自分の利益や地位を守るためには、他人はどうなっても構わず、ただ自分さえ良ければいいと考え易い。

我(煩悩)が強い人ほど、人を騙したり嘘をついたり、人を強要したりしてでも、我を通そうとする。

腕力がある者は腕力で、金や地位や名誉がある者は金や地位や名誉で、我を通そうとする。

多数決が優先する現代社会では、それを悪用して自分と同類の仲間を集めて我を通そうとする。

そして、仕事でも趣味でも、目標に向かうよりも、「明日や将来」に心が囚われている。

心には、プラス思考の「今、現在」はなく、マイナス思考の「明日」しかない。

そのため、思い煩い、人と争い、人を憎んだり、怨んだり、傷つけたりする。

それを続けていると、たとえ良い運を持って生まれてきたとしても、そのうち必ず良い運を失ない、凶運期や下降運期が常態化するようになる。

すなわち、健康の損失を始めとして、自分自身はもとより身近な人達もしだいに衰退していく。

さらに、子孫にも影響を及ぼす。

まさしく「易経」にあるように、「積善の家には必ず余慶あり、積不善の家には必ず余殃あり」が現象化することになる。

運命学では、人の運期は決まっていると言われている。

しかし、好運期や上昇運期の時に、凶運期や下降運期の時の心グセを出すと、運が損なわれてしまい、その結果上昇するはずの運は上昇しないと言われている。

反対に、凶運期や下降運期の時に、好運期や上昇運期の時の心を保つと、すなわち心グセを出さないように心掛け、相手のためになるように考えて行動していると、運がうまく保たれて、運は下降しないと言われている。

凶運期や下降運期の時の心グセである、憎しみ、怨み、復讐の思いを、煩悩(我)と言う。

(二) 心の浄化・強化法(応用編)とは

先に、失敗や後悔、そして不幸は、判断や選択が適切でなかったからだと言ったが、判断や選択を誤らせる一つに、貪り、怒り、慢心、憎しみなどのマイナスの心(我、煩悩)がある。

また、昔から、「智慧がなかった」とか「智慧が足りなかった」という表現が使われている。

それでは、その「マイナスの心」や「智慧」とは、どういうものなのだろうか。

仏陀と弟子達との間で交わされた会話の中に、次のような内容のものがある。


(弟子)「争い、口げんか、悲しみ、憂い、ものおしみ、慢心、傲慢、悪口は、どこから起こるのか教えて下さい。」

(仏陀)「それらは、愛し好むことから起こる。」

(弟子)「愛し好むことは、何にもとづいて起こるのか教えて下さい。」

(仏陀)「それは、欲望にもとづいて起こる。世の中にはびこる貪りも欲望にもとづいて起こる。」

(弟子)「欲望は、何にもとづいて起こるのか教えて下さい。」

(仏陀)「それは、〝快〟とか〝不快〟という感情にもとづいて起こる。そして、怒り、虚言、疑惑も、〝快と不快〟という感情にもとづいて起こる。その際、断定を下すが、その断定はそれまで得ていた外的事物の情報にもとづく。

その外的事物の情報は、名称(名)と形態(色)とによって認識されている。」

(弟子)「〝快と不快〟という感情は、何にもとづいて起こるのか教えて下さい。」

(仏陀)「〝快と不快〟という感情は、眼、耳、鼻、舌、皮膚などの感覚器による接触にもとづいて起こる。」

(パーリ文小阿含経)

●会話の解説●

会話の解説だが、学問的には字句に沿って厳密に解説しないといけないが、そうすると経典特有の簡潔な文章のために、かえって表面的にしか内容を理解することができない。

仏陀(お釈迦様)がどんな相手にも理解できるように、詳しく懇切丁寧に例え話を織り込みながら話された内容であることを念頭において解説すると、次のようになる。

ここに、一本のボールペンがあるとする。

このボールペンを私達が他の人に伝えるのに、「ボールペン」と言うだけで相手はすぐに理解・認識してくれる。

それは、私達の意識(記憶)の中に、こういう形態(こういう形状で、こういう機能)の物は、「ボールペン」という名称であると断定され認識されているからである。

こういった情報には、ボールペンのような物質・物体だけでなく、貪り、憎しみ、妬みなどの心(心ぐせ、心の欠点、我、煩悩)も含まれる。

たとえば、ある人から欠点を指摘されるなどの忠告を受けた場合、自分の意識の中に憎しみという情報(マイナスの情報)が多くあれば、忠告を聞き入れるどころか、忠告をしてくれた人を恨んだり憎んだりなどして、結局はその欠点のために失敗し後悔する場合がある。

ところが、自分の意識の中に素直さという情報(プラスの情報)が多くあれば、忠告に従って欠点を是正しながら努力して、その結果、ついには成功を収めたりする。

日常生活において、自分と他人との関わりの中で五感(眼、耳、鼻、舌、皮膚などの感覚器)を通して生じる〝快と不快〟という感情があり、不快の感情が発展した貪り、憎しみ、妬み、恨みなどの心の欠点を出さないように、なくすようにしないといけない。ということを、仏陀はこの会話の中でお説きになっておられる。

・常日頃から、貪り、憎しみ、妬みなどの自分自身の心の欠点を十分に認識し、それを出さないように、なくすように努める。

⬇

・常に、見たり、聞いたり、触ったりなどの外部情報によって、自分の心がどのように反応するかを注意する。すなわち、日常生活において、自分と他人との関わりの中で生じる貪り、憎しみ、妬みなどの自分自身の心の欠点(我、煩悩)に常に注意し、それを出さないように、なくすように努める。自分の心の欠点が出ないように気をつけて、軽はずみな行動をしないように注意し、そうして情報を分析し、先(予想される結果)を読みながら判断し選択して行動していく。

⬇

・このような対処方法・対応技術によって行動することで、正しい判断・選択ができ、その結果、失敗、過ち、後悔、不幸等々の苦しみを避けることができる。そして、ついには、このような対処方法・対応技術を用いるまでもなく、直感的に正しい判断・

選択ができる「智慧」が身についてくる。

このことは、碁や将棋の例で説明すると分かり易い。

一手打つ時、可能性のある何通りかの手を選んで、それらの手を一つずつ検討する。

そうして、その中から最良の手を選択して打つと、勝利を得る可能性が高くなる。

その際、先を読めば読むほど、判断・選択の適正さは向上する。

そうして、このように先を読んで手を打つ習慣を続けていくと、しだいに適正な手が直感的に分かるようになってくる。

将棋の高段者クラスになると、直感的に適正な手が分かり、三通りほどの手を五〇手先まで読んで確かめてから打つという。

・逆に、このような対処方法・対応技術がなかったり、智慧がない場合には、失敗、過ち、後悔、不幸等々で苦しむことになる。

仏教では、智慧を明知(みょうち)と言ったり、方法・知識・技術を明(みょう)と言ったりする。明知(みょうち)や明(みょう)がないから、失敗、過ち、後悔、不幸等々で苦しむことになる。

すなわち、無明であるから苦しむのである。

もう少し詳しく説明すると、私達には、直接体験することによって獲得した世界(体験的世界)というか情報がある。

その情報を認識する際は、私達自身のそれまで獲得していた情報(内在的情報)に深く影響される。内在的情報には、心の欠点(怒り、恨み、憎しみ、無気力、焦りなどのマイナスの心)も含まれる。

もっとも、内在的情報自体も、それ以前の体験などの情報によって影響され、形成されている。

そのため、内在的情報がゆがんでいると、新たに獲得する情報も、内在的情報と同じようにゆがんで認識されることになる。

この体験的世界以外に、私達は、人間特有の言語的世界を持っている。

言語によって、自分は直接体験しなくても、体験した他の人の世界というか情報を獲得できる。この言語的世界には、未知の世界(宇宙、原子の世界、空想の世界)も含まれ、そして、過去の出来事などの歴史的世界も含まれる。この言語的世界も、私達の内在的情報を通して認識されている。

すなわち、私達の過去の体験とか知識というフィルターを通して認識されるのである。

さらに、言語的情報を発信する人間によっても、その情報は変化する。意識的に情報をゆがめようとしなくても、発信する人間の内在的情報によって、ゆがめられた形で発信される。ゆがめられなくても、少なくとも影響を受けた形で発信される。

すなわち、私達は、自分自身の内在的情報のうち、悪影響を及ぼす心の欠点を出さないように、なくすように努めることが、正確な体験的情報を得るためには重要なのである。

そして、言語的情報に対しては、自分の心の動きや内在的情報をよく見つめて、その言語的情報がどういう目的でどういう影響を及ぼすのかを冷静に分析しながら見極めることが重要なのである。

こういう姿勢で対処することで、正確な情報を得て、正しい判断・選択ができるようになるのだろう。

尚、ここでいう心の欠点とは、潜在意識・深層意識にある心の欠点(我、煩悩)を指している。

そのため、潜在意識・深層意識にある心の欠点が、そのまま表層意識に出ている場合は自覚できるが、教養や教育によって押さえ込み表層意識には出ていない場合もある。

この心の欠点(我、煩悩)に気付く方法、見つける方法が一つある。

それは、仏陀が教えるように、日常生活において、自分と他人との関わり合いの中で反応する自分の心(意識)を、常に注意するのである。自分と他人との関わりの中で反応するマイナスの心(貪り、怒り、恨み、傲慢、慢心など)が、自分の心の欠点(我、煩悩)である。

すなわち、日常生活において自分と他人との関わり合いの中で生じる貪り、憎しみ、妬みなどの自分自身の心の欠点(我、煩悩)を常に注意するのである。


さらに、この心の欠点を出さないように、なくすようにするには、三つの方法がある。

- 一つ目は、心の欠点とは逆の心(意識)を、常日頃から心がけるのである。そうすることで、心の欠点を是正していくのである。
例えば、貪りが欠点の場合は、貪らずに、ケチにならないように心がけるのである。
- 二つ目は、心の欠点が出にくい状態を、常日頃から心がけるのである。その状態で、外的事物に反応する自分自身の心を見つめて、心の欠点が出ないように努めるのである。
そうすることで、心の欠点が出なくなり、心の欠点自体も是正されていくのである。

例えば、怒りが欠点の場合でも、心身がリラックスしていると、冷静に物事を判断できるために、むやみに怒りが出ないのである。
- 三つ目は、気(のエネルギー)によって、心の欠点を浄化するのである。気は「大生命」の現れであり、「大生命」そのものの力を有しているからである。

以上の三つの方法のうち一つ目と二つ目は、実は互いに密接に関連し合っており、不即不離の関係にある。というのは、二つ目の心の欠点が出にくい状態を常日頃から心がけると言っても、心の欠点が強いとなかなかその状態を維持することは出来ない。

逆に、一つ目の心の欠点とは逆の心(意識)を常日頃から心がけると言っても、心の欠点が出易い状態だとなかなかそれが出来ないのである。

ここで、一つ目の方法は説明するまでもないので、二つ目の方法について次に補足したいと思う。心の欠点が出にくい状態とは、心が安定した状態や統一している状態である。心が安定した状態というのは、怒りや焦りなどのマイナスの心がなく、リラックスした状態をいう。心が統一している状態というのは、さらに心が澄んで、雑念に影響されない状態である。

ただし、こういう状態になることができるのは、瞑想とか座禅とか、音楽を聞いている時とかの特殊な場合である。

日常生活において、常に雑念に影響されないようにすることは非常にむずかしい。たとえば、雑念が生じた時、それに反応して思いを起こさないように努めたとしても、短時間でさえ思いを起こさない状態を続けることはできない。すぐに、何らかの思いが生じてしまう。

ところが、「四神足瞑想」をトレーニングして、上級課程まで進んでくると、気に集中したり、ナーダ音に集中することで、しだいに心が安定化し統一化してくる。

それは三つ目の方法にもつながっており、気によって心の欠点が浄化されてしだいに心が安定化し統一化してくるのである。

以下に、気による心の浄化法と、ナーダ音による心の浄化法について説明する。

(三) 気(のエネルギー)による心の浄化法

ここでは、全身に気を感知できるようにする技法である「起勢(チシ)による技法」をもとに、それを発展させた技法によって、いつでもどこでも気を感知している状態にすることで、心(意識)をいつでもどこでも安定化させる。

手順1　通常通りの「起勢(チシ)による技法」で、両手、両腕を中心に、全身に気を感知する。気(のエネルギー)を感知できる状態は、心身ともにリラックスして心が安定している状態である。

手順2　次には、両手を上げ下げするだけで、両手、両腕を中心に、全身に気を感知できるようにする。

手順3　次いで、手のひらを上げ下げするだけで、両手、両腕を中心に、全身に気を感知できるようにする。

手順4　さらに進んで、指だけを上げ下げするだけで、両手、両腕を中心に、全身に気を感知できるようにする。

手順5　最終的には、腹式呼吸をするだけで、両手、両腕を中心に、全身に気を感知できるようにする。この段階まで出来るようになると、いつでもどこでも気を自由に全身に感知している状態に直ちになることができる。すなわち、心身がリラックスして心(意識)が安定している状態になることができる。

手順6　意識することなく、気を全身に感知している状態になるまで、常に、(手順1)～(手順5)を繰り返す。

手順7　次に、全身にゆきわたっている気に、我(煩悩)の消滅・解消の祈りを込めるのである。または、気によって、我(煩悩)が消滅・解消していくことをイメージするのである。

ここが、重要ポイントである。秘伝であり、奥義である。この時、大事な事は、気を感じながらのイメージである。

気は「大生命」の現れであり、「大生命」の力の一部を有している。その「大生命」の力を有している気によって、心の奥にある怒り・憎しみ・怨み・羨望・怖れ・妄想・偏見・自己限定などの我(煩悩)はしだいに消えていくとイメージするのである。

イメージだけの場合はただの自己暗示に過ぎないが、気を感じながらのイメージは実際に効果がある。それは、気は「大生命」の現れであり、その力が実際にあるからである。

仕組みや理論など科学的には解明されていないが、その力が実際にあるからである。気の力は、気功による体調の回復効果、麻酔効果などが知られているが、他にもまだ多くの解明されていないものがある。

(四) ナーダ音による心の浄化法

心が統一している状態というのは、心が澄んで、雑念に影響されない状態のことである。すなわち、自分の思いがない状態である。

何も思わない状態(想念停止状態)を一〇分間でも続けることは、きわめてむずかしい。一〇分間思いを起こさない状態を続けようとしても、すぐに、何らかの思いが生じてしまう。精神力だけで一〇分間思いを起こさない状態を続けることは、過酷な苦行なのである。

その「精神力だけで思いを起こさない」状態を、一日中(日常生活の全てにおいて)続けるという前代未聞の絶対至難の苦行を行ない、遂にはそれを成し遂げて悟りを開いたという人が、白光真宏会という宗教団体の創始者である五井昌久師である。

五井師は、幼少の頃に「勉学を続けて立派な人間になろう」という堅い決意をし、憎しみや恨みの心(意識)を持たずに、人助けや人に尽くすという気持(意識)を常に持ち合わせて行動していたという、生まれながらの聖者と言ってもいいほどの極めて稀有な人である。

しかも、五井師の自伝によると、師の背後霊である聖霊の助けを受けることで絶対至難の行を成し遂げることが出来たという。

それに比べて、憎しみや恨みの心(意識)を多く強く持っていて、しかも聖霊の助けを受けることが期待できない普通の一般人にとっては、「精神力だけで思いを起こさない」状態を一〇分間だけでも続けることさえ、極めてむずかしいのである。

ところが、ナーダ音が聞こえるようになると、そのナーダ音が聞こえる状態になってナーダ音に意識を集中していると、その間はわりと簡単に思いを起こさない状態になることができる。

ナーダ音は心身がリラックスしないと聞こえないし、心(意識)が安定すればするほど音響は大きくなる。ナーダ音が聞こえる状態とは、全身に気がゆきわたっている状態、全身周天の状態である。ナーダ音に意識を集中すると、心は統一化するのである。具体的な方法は割愛するが、ナーダ音が聞こえるようになると自得できるようになる。

(五) 心の欠点(我、煩悩)の監視方法と心の浄化・強化法(応用編)

「心の欠点(我、煩悩)の監視方法」、すなわち、心の欠点(我、煩悩)をその場でただちに気付く方法を次に紹介する。

そして、この「心の欠点(我、煩悩)の監視方法」は、そのまま「心の浄化・強化法(応用編)」でもある。

日常生活において、自分と他人との関わりの中で五感を通して生じる怒り、憎しみ、妬み、貪りなどの心の欠点(我、煩悩)を、その場でただちに気付くことは非常にむずかしい。

その訳は心の欠点(我、煩悩)を出している最中は、それに翻弄されており、自分自身を冷静に見つめることは決して出来ないからである。

心の欠点(我、煩悩)を出してから後悔し反省した後に、心の欠点(我、煩悩)に気付くのが、せいぜい関の山である。

筆者は、何とかして、それができないものだろうかと様々な工夫を試みた。

たとえば、自分自身を四方から監視して(いる瞑想を行ないながら)、日常生活を送ることができないだろうかとか様々試してみた。

それらを試した結果、効果がなかったり実用的でなかったりしたものが大半だったけれども、興味深いものがいくつかあった。

それらの紹介は省略するが、結論としては、これから紹介する方法が効果があった。

通常の心(意識)の状態のままでは、すなわち心の欠点(我、煩悩)に無防備な状態のままでは、どうしても心の欠点(我、煩悩)が出易く、それに翻弄されてしまう。たとえ、通常の心(意識)の状態のままで、心の欠点(我、煩悩)に気を付けていても、心の欠点(我、煩悩)が出る際は突然であり、出るのを抑えることはまずできない。

いったん心の欠点(我、煩悩)が出てしまうと、それに翻弄されてしまう。常に、「大生命」の意識(心)になろうと心掛けていないと、心の欠点(我、煩悩)が出てしまい、それに翻弄されてしまう。

心の欠点(我、煩悩)をその場でただちに気付く方法、すなわち心の欠点(我、煩悩)をその場ですぐに抑える方法は、常に「大生命」の意識(心)になろうと心掛けることである。

「大生命」の意識(心)になろうと心掛けていると、心の欠点(我、煩悩)に気付き易いし、その場ですぐに抑え易い。常に「大生命」の意識(心)になろうと心掛ける方法としては、次の五つが効果的である。

方法1　常に、「大生命」を意識する。言葉を換えると、常に「大生命」にすがりつくのである。

もし神仏を信じているならば、「神様どうかお守りください」、「神様どうか力をお与えください」など、いつも真剣に神仏にすがりつく。

どうしても神仏の存在を信じることができないならば、「大生命」とか、「真理」とか、「宇宙法則」に置き替えるとよい。

方法2　常に、「大生命」の意識(心)を表現している言葉を唱える。

「大生命」の意識(心)の表現には、二つの種類がある。

一つ目は、自分自身(の心・意識)についての表現

たとえば、「私の心は愛そのものである」、「私の心は平安そのものである」など、

二つ目は、全ての人々や全ての存在(の心・意識)についての表現

たとえば、「世の中が平和でありますように」、「人々が幸せでありますように」など、

方法3　常に、「大生命」の意識(心)を表現している真言や呪文を唱える。

たとえば、昔から多くの人達が唱えている不動明王の真言とか毘沙門天の真言など

ここで、(方法2)の言葉や(方法3)の真言・呪文を唱える際は、次の(効力)と(約束)を自分自身に言い聞かすとさらに効果がある。

(効力)この言葉や真言や呪文を唱えることで、心が浄化され、自分も周囲も全て幸せになっていく。

(約束)この言葉や真言・呪文を唱える際は、怒りや憎しみなどの心の欠点(我、煩悩)を出さないようにする。

真言や呪文の宗教的見地からの意義や効力についての言及はここでは差し控えるが、昔から自己暗示だけでは得ることができない不思議な力があると言われている。

尚、言葉や真言・呪文の唱え方は、口に出して唱えてもいいし、心の中で無言で唱えても構わない。どちらかと言うと、頻繁に唱えることが重要であるので、心の中で頻繁に無言で唱えるのがよい。

方法4　常に、自分が話す言葉に注意して、プラスの言葉で話すように努める。

言葉は、心(意識)が外に現れたものである。

「大生命」の意識(心)は積極的な心であり、プラスの言葉となって外に現れる。

そのため、常に、誰に対しても、プラスの言葉で話すように努める。

プラスの言葉で話すと、自分の心(意識)は勿論のこと、相手の心(意識)も「大生命」の意識(心)へと生まれ変わっていく。

たとえ、マイナスの言葉(憎い、悔しい、出来ない、むずかしいなど)がつい口に出ても、すぐに、プラスの言葉(好い人だ、うれしい、もう少しだ、やりがいがあるなど)に言い換える。

そうすることで、否定的な心(意識)は、しだいに積極的な心(意識)へと生まれ変わっていく。

心身統一法で有名な財団法人天風会の創始者である中村天風師(一八七六〜一九六八年)は、(方法4)を特に推奨されていた。

天風師は、本格的なヨガを日本に初めて紹介した、哲人と言われているヨガの達人である。天風師は、(方法2)の「大生命」の意識(心)を表現している言葉に相当する多くの誦句も遺されている。

方法5　常に、「大生命」の現れである気(のエネルギー)を身心に感じる。

その際、気によって、心の欠点(我、煩悩)は浄化されるとイメージ(意識)する。

具体的には、「気(のエネルギー)による心の浄化法」のことである。

この五つの方法とも、仏陀が「念持」せよと弟子達に説法したように、常に行なうこと、常に心がその状態であることが秘伝であり、奥義である。常に行ない、常にその状態であることが、最も重要であり必要条件である。

無意識に常に行ない、無意識に常にその状態であるようになるまでトレーニングする。

ここで、「念持」の方法について説明する。

「念持」は常に意識して思ったり行なったりすることを意味するが、日常生活を営む上で、常に意識して思ったり行なったりすることは事実上不可能である。

そこで、次善の策として次の二つを熱心に行なう。

①　「念持」したい事柄を、一日に一回か二回、心の底から強く思う。(方法1)〜(方法5)のいずれかの方法を、心静かに入念に行なう。

②　それ以外は、休憩時間とか手が空いた時とか思い出した時に、一日にできるだけ多く、「念持」したい事柄を思う。

①と②を行なうことで、「念持」に近い効果が得られる。その訳は、誰でも人の名前とか場所の名前とかを度忘れした経験があると思う。そういう時には、懸命に思い出そうとしてもなかなか思い出せないことがある。

ところが、時間が経って、別の何かをしている最中にふと思い出すことがある。これは、一度でも心の底から強く思い出そうとすると、自分(表層意識)はほかの事をしていても、もう一人の自分(潜在意識)は継続して思い出そうと努めていたためである。

そのために、この二つを行なえば、自分(表層意識)ともう一人の自分(潜在意識)とで「念持」していることになる。

(方法1)〜(方法5)は、通常の心(意識)の状態ではなく、「大生命」の意識(心)に近づいた心(意識)の状態なので、心の欠点(我、煩悩)が出にくく、たとえ思わず出た場合でもその場でただちに心の欠点

(我、煩悩)に気付き、その場で出るのを抑えることができる。そして、これらを行なうことで、しだいに心の欠点(我、煩悩)が浄化されてくる。

以上紹介した技法を同時に全て行なってもよいが、それらを十分に活用できる人は、瞑想にかなり熟達した段階まで到達できた人か、または心の欠点(我、煩悩)が少なくかつ微弱になった人に限られる。

そこで、筆者がお薦めするのは、最初のうちは心の欠点(我、煩悩)は多くかつ強烈なので、(方法1)〜(方法4)のいずれかを重点的にトレーニングするのがよい。

そうして、心の欠点(我、煩悩)がしだいに少なくなり、かつ弱くなってきた段階で、(方法5)である「気(のエネルギー)による心の浄化法」または「ナーダ音による心の浄化法」を重点的にトレーニングするのがよい。

以上紹介した応用課程の技法は、応用課程の技法の基本にあたる技法である。

この基本技法を更に発展した自分なりの技法は、今回紹介した技法をトレーニングしていく過程で、必ずや見つかるものと信じている。

解脱とは、我(煩悩)が全てなくなった状態であり、我(煩悩)から解放された状態であると言われている。おそらく、我(煩悩)だけでなく、心を束縛する他の全てのものからも解放された状態を言うのだろう。今回紹介した技法のうち、(方法1)〜(方法4)は心の欠点(我、煩悩)を浄化するために、神仏にすがりついたり、言葉(真言や呪文も同じ)を繰り返すことを行なう技法である。

または、常に、自分が話す言葉に注意する技法である。

たとえ我(煩悩)を浄化するためとはいえ、神仏にすがりついたり、言葉(真言や呪文も同じ)を繰り返すことは、それに束縛された状態をつくることを意味している。

常に、自分が話す言葉に注意することも、それに束縛された状態をつくることを意味している。

(方法1)~(方法4)に比べて(方法5)は、心は束縛された状態ではなく、かなり解放された状態である。

最終的には、心は5つの方法からも解放されて始めて、我(煩悩)から解放された状態になるのだろう。

今回紹介した技法を更に発展させた技法が、トレーニングの過程で必ず見つかるものと信じている。

第五課程　クンダリニーを活動させて、「明星」を発現させる技法

さていよいよ、本課程より「明星を発現させる技法」に入っていく。

その際、クンダリニー(尾てい骨付近に宿る根源的な生命エネルギー)を活動させつつ、そこで発生するエネルギーを利用するために、クンダリニーを活動させる技法も併せてトレーニングする。

古来、クンダリニーの覚醒・上昇は、心身ともに危険を伴う極めて困難な修行と言われてきた。

本課程においては、クンダリニーを活動させる技法をトレーニングするが、必ずしもクンダリニーの覚醒・上昇までは目指していない。

しかし、万一、クンダリニーの覚醒・上昇が起こった場合でも大事には至らないように、すなわちクンダリニーが安全な通り道であるスシュムナーを通って覚醒・上昇するように、これから説明する「スシュムナー・イメージ法」をまず最初にトレーニングする。

ここで断わっておくが、本課程において必ずしもクンダリニーの覚醒・上昇までは目指していない理由は、「クンダリニーの覚醒・上昇」が「明星を発現させる技法」よりも難しいからではない。

筆者の感覚では、「クンダリニーの覚醒・上昇」も「明星を発現させる技法」も同じように難しい。

甲乙つけがたい。

理由は、以下の四点である。

①「クンダリニーの覚醒・上昇」は一度しか起こらないし、極めて偶発的な現象である。すなわち、修行者がクンダリニーの覚醒・上昇を意識的に自由に成し遂げることは極めて難しい。

②さらに、「クンダリニーの覚醒・上昇」は極めて危険だからである。

③それに対して、「明星を発現させる技法」は余程安全であり、しかも主観と客観が一体となる「三昧」の境地を得ることができるからである。

④さらに、「明星を発現させる技法」は修行者自身がコントロールできるのである。すなわち、「明星の発現」は修行者自身が当技法を行なえば、その度に経験できるのである。

(一) スシュムナー・イメージ法

クンダリニーが覚醒・上昇する時には、背骨に沿って存在するクンダリニーの通り道(ナディ)を通って、頭部のチャクラへと上昇する。

その際、すさまじい光、音響、衝撃等を受ける。

クンダリニーの通り道には三つあって、中央をスシュムナー、右側をピンガラ、左側をイダと称す。中央に位置するスシュムナーを通ってクンダリニーが上昇した場合には身体には損傷(ダメージ)はない。

ところが、もしピンガラを通ってクンダリニーが上昇すると体内に熱が発生し、もしイダを通ってクンダリニーが上昇すると、ピンガラの場合とは逆の現象である猛烈な寒気が起こり、両方とも心身に重大な損傷を受けるという。

そのため筆者は、クンダリニーを活動させるための準備として、まずスシュムナーをイメージして、クンダリニーから漏れ出るエネルギーがそこを通っていくとするイメージ・トレーニング法を実施した。

この技法は、スシュムナーのイメージを潜在意識に記憶させるとともに、クンダリニー自体を刺激して活性化する効果をあわせ持っている。

手順1　「クンダリニー小周天」のトレーニングにおいて、クンダリニー部(尾てい骨付近)から漏れ出るように発生する気(のエネルギー)を、スシュムナー、ピンガラ、イダの三つの通り道をイメージして、さらに、そのうちの中央に位置するスシュムナーに通すとイメージしながら頭部に上げる。

この時の呼吸は、「火の呼吸(ふいご式呼吸)」であることが秘伝・奥義である。

「火の呼吸」を意識しすぎるとスシュムナーのイメージができなくなるので、まず最初に「火の呼吸」を意識せずにできるようになるまでマスターしておく必要がある。

尚、なぜ「火の呼吸(ふいご式呼吸)」を行なうのかは、筆者の体験による。

筆者がクンダリニーを活動させようと、いろいろ試みていた当時、今から思えば情けない話だが「火の呼吸」をすっかり忘れていた。

確か大学の空手部に入部したての頃、上段蹴りを習得するために体の柔軟性を高める目的で、ヨガの本を買って読んだことがあった。

その中に「ふいご式呼吸法」が半ページほど簡単に書いてあった。

「霊力(クンダリニー)を開発し、めい想を容易にする手段である」とか、「霊能開発に深い関係があるとされている」と簡単に書いてあったが、体の柔軟性を高めることとは関係なさそうだったので読み流したために、記憶に残らなかった。忘れていても頭の片隅に記憶が残っていたのかもしれない。

クンダリニーを活動させようといろいろ試みていた時、自然に無意識に、身体の方がある呼吸とそれに合わせたある動作を行なっていた。

その時の呼吸が、後日、ヨガの本を読み直して「火の呼吸」であることをあらためて知ったのである。

クンダリニーを活動させるための「火の呼吸」は、通常の「火の呼吸」とは異なるので別途詳しく説明するが、ここでは通常の「火の呼吸」でトレーニングしても構わない。

ただ、次に示すことは厳守する。

①「火の呼吸」で息を吐く時に、クンダリニー部の気を頭部に上昇させようとイメージして行なう。

②最初は、イメージがきちんとできる速さで、ゆっくりと行なっても構わない。

③慣れてきたら、一秒間に一〜二回の速さを目標に行なう。

④「火の呼吸」では特に注意しなければならないことがある。

それは、「火の呼吸」も腹式呼吸なので、腹の動きは前後運動とともに上下運動を多くしている。

腹の動きの上下運動は、横隔膜を圧迫し、肺や心臓も圧迫されるので、血圧も高くなり健康を損なうことになる。

そのため、腹の動きは前後運動するように意識しなければならない。「火の呼吸」は呼吸が特に激しいので、さらに注意する必要がある。

⑤　一回で長い時間は行なわない。せいぜい三分で打ち切って、呼吸が整うまで休む。少しでも、呼吸が苦しくなったり、めまいがしたり、心臓が苦しくなるなどの体の不調を覚えた場合は、その日は中止する。

回数は特に制限はないが、自分の体調と体力に合った回数で行なう。

⑥　一週間に一回長時間行なうよりも、短時間でも毎日行なう方が効果は大きい。

手順2　次いで、スシュムナー、ピンガラ、イダの三つとも、気が通っていくとイメージしながら、気を頭部に上げて、クンダリニー小周天を行なう。

手順3　再び、スシュムナーのみに気が通っていくとイメージしながら、気を頭部に上げて、クンダリニー小周天を続ける。

手順4　続いて、中央に位置するスシュムナーだけが太くなり、左右に位置するピンガラとイダは逆に細くなっていくとイメージする。

手順5　ついには、中央のスシュムナーだけになり、左右のピンガラとイダは消えていくとイメージしながら、気を頭部に上げて、クンダリニー小周天を行なう。

すなわち、クンダリニー部と頭部のチャクラとが、スシュムナーの太い管だけでつながっているとイメージしながら、クンダリニー小周天を行なう。

ここで、最初のうちは、(手順1)から(手順5)までを一気に行なうのは難しいので、段階的に行なう。

すなわち、第1段階：（手順1）のみを、繰り返しトレーニングしてマスターする。
第2段階：（手順1）から（手順3）までを、繰り返しトレーニングしてマスターする。
第3段階：（手順1）から（手順5）までを全て、繰り返しトレーニングする。

この技法は、事前に「火の呼吸」という特殊な呼吸法と、途切れることがないイメージ力を充分にマスターしておく必要がある。

この技法を繰り返し行なっていると、クンダリニー部から漏れ出る気も多くなり、熱感も大きくなるとともに、頭部のチャクラもはっきりと振動してくる。

（二）クンダリニーの活動法（クンダリニーを活動させるための呼吸法）

当呼吸法は、火の呼吸法をベースにしている。

火の呼吸法は身体機能を高めるために重要であることは勿論だが、クンダリニーを活動させるためには必要不可欠であると言っても過言ではない。

当呼吸法は単なる火の呼吸法ではなく、意識の用い方や筋肉の動かし方など、心と体を総動員して行なうものである。

そして、意識することなく自然に当呼吸法ができるようになるまで繰り返しトレーニングする。

筆者の場合は、クンダリニーを活動させようと思った時、体の方が自然に無意識に当呼吸法を行なっていた。（もしかすると、誰でもクンダリニーを活動させようと思うと、体の方が自然に無意識に当呼吸法を行なうものなのかもしれない。）

実は、筆者はクンダリニー小周天をトレーニングしていた時にも、時々、無意識に行なっていた。クンダリニーが眠る尾てい骨付近から頭部まで気を上げようと試みていた時、様々な方法を試してトレーニングしていた。

当時は、当呼吸法を知らなかったが、時々、無意識に身体の方が勝手に、当呼吸を行なっていた。

筆者は、当呼吸法を誰からも教わらずに、身体の方が勝手に行なっていたのである。

そのため、当時は当呼吸法は、筆者オリジナルの呼吸法だと思っていたほどである。

当呼吸法の基本が火の呼吸法と呼ばれているのを、しばらく後にヨガの本を読み直して知った。

クンダリニーを刺激しながら、そこから漏れ出るように発生する気を頭部に上げるためには、通常の火の呼吸法だけ行なえばよいというわけにはいかない。

その際には、特殊な意識の用い方(イメージ法)も必要であるし、独特な体の筋肉の動かし方も必要である。しかもその筋肉を、呼吸と意識に連動させて動かすことが必要となる。

すなわち、クンダリニーを刺激しながら、そこから漏れ出る気を頭部に上げるためには、意識、呼吸、筋肉を総動員して行なう特殊な技術・技法が必要であり、その技術・技法の基本である呼吸法が通常の火の呼吸である。

それでは、当呼吸法の基本技法を紹介する。

手順１　クンダリニー小周天を二〜三サイクルほど行なう。
手順２　クンダリニーが眠っている尾てい骨付近に意識を集中して、全身の気をそこに集めるつもりで濃縮させて刺激する。
手順３　尾てい骨付近の気を、督脈の奥にあるスシュムナーを通して頭部へと上げる。

もし、スシュムナーをまだ感知できていない場合は、督脈をスシュムナーとイメージして気を頭部へと上げる。

この時の呼吸が、「四神足瞑想法」特有の「火の呼吸」である。

「四神足瞑想法」特有の「火の呼吸」は、

① 意識は、腹部を前後運動だけするように集中して、ふいごのように激しく膨らませたり凹ませたりすることで、出来るだけ腹部の上下運動を抑える。

② 口は軽く閉じて、鼻から息を吸って、鼻から息を出す。

③ 腹部を凹ませて息を吐く時、同時に意識を尾てい骨付近にもおいて、気が上昇するように強くイメージする。

そうすると、お尻全体が腹部の収縮運動に合わせて上がるような動きになる。

④ すなわち、腹筋を収縮させる動きにあわせて、お尻を少し上げようとする筋肉の動きを伴って息を吐くのである。

その際、同時に気が上昇するように強くイメージするのである。

次いで、腹筋を弛緩させる動きにあわせてお尻が元の状態に戻って息を吸うのである。と言うよりも、息が自然に鼻から入ってくるのである。

ここで特に注意しなければならないことは、尾てい骨付近の気を上昇するように強くイメージして腹部を収縮すると、どうしても両肩が上がってしまう。

両肩が上がると横隔膜も一緒に上がり、心臓と肺を圧迫するので苦しくなる。長く続けることが出来ないし、健康を損なってしまう。そのため、両肩は絶対に上がらないように注意して行なう。

⑤　意識を、腹部の前後運動と、尾てい骨付近の二ヶ所に同時に集中して、さらに尾てい骨付近の気を上昇するようにイメージするのは、イメージ・トレーニング法に相当熟練していないとうまく出来ない。

そこで、尾てい骨付近の方は、そこから漏れ出る気を感じることで、結果的に意識はそこにも集中している。

すなわち、尾てい骨付近の熱感とかムズムズ感とかの気の特有の感覚を感じながら、腹部の前後運動に集中するとうまく出来る。

尾てい骨付近の気を上昇するようにイメージするのは、気が実際に上昇していくのを感じることで、イメージの助けとする。

⑥　始めのうちは、三分ほど行なったら少し休み、呼吸を整えてから再び行なう。回数は特に制限はないが、自分の体調と体力に合った回数で行なう。

手順４　気が、督脈（背面ルート）ではなく、それよりも奥の方を流れて上がっていくのが、はっきりと感知できるようになるまで繰り返しトレーニングする。

手順５　最終的には呼吸しようとして行なうのではなく、気を頭部に上げようとするだけで、無意識に「四神足瞑想法」特有の「火の呼吸」を行なっているという状態になるまで、繰り返しトレーニングを行なう。

(三) 空間瞑想法

「四神足瞑想法」で行なう〝空間瞑想法〟は、古来の一般的な空間瞑想法とは異なっている。

一般的な空間瞑想法は空間に意識(心)を集中する技法であるが、「四神足瞑想法」で行なう空間瞑想法は意識だけではなく、気(のエネルギー)を用いて行なうのである。

具体的には、

(1) 体内の気を濃縮・増強して、その気を頭上の空間に放出して留める。

(2) 次に、その気を頭上の空間において移動させながら、さらに意識を空間の気に集中する。これを繰り返すうちに、空間の気と体中のチャクラやクンダリニーが共鳴するようになる。

このように、ただ単に空間に意識(心)を集中する技法ではない。

なぜ、気を用いて行なうのかというと、それは大まかには三つの理由による。

理由1 気を用いることで、空間に意識を集中することが容易になる。というのは、意識だけを空間のある一点に集中しようとしても、周囲の情景が否応なしに目に飛び込んでくる。すると、心(意識)はその情景に向いてしまい空間の一点に集中することがむずかしくなる。

それに対して、気を用いてそれを感知しながら行なうと、「意識(心)を集中する」という行為が、「気を感知する」という行為に転化されるので、気を感知している間は、意識(心)の集中は途切れずに行なわれる。

説明が前後するが、当技法は半眼(薄く眼を開けること)で行なう。目を完全に閉じると、当然のことだが周囲の情景は目に入らない。

しかしその代わり、心の奥(潜在意識)から色々な思い(煩悩や記憶)が湧き出てきたり、視界が完全に閉じられるために心(意識)が不安定になり易い。そうなると、空間に意識を集中することはむずかしいのである。もっとも、熟達してくると目を完全に閉じても問題ない。


理由2　この技法は、クンダリニー(尾てい骨付近に宿る根源的な生命エネルギー)や頭部のチャクラおよび腹部のチャクラの活性化に多いに効果がある。

その理由は、筆者の感覚では、頭上三〇～一〇〇cmの空間の所に体内の気を放出してそこに留めると、クンダリニーや各チャクラと共鳴する「特異点」というか「特殊な空間」がある。

とりあえず、ここでは、「空間のチャクラ」と呼ぶことにする。

当技法では、その「空間のチャクラ」が開発されるのである。

そして、「空間のチャクラ」を開発することが、腹部のチャクラや頭部のチャクラをさらに開発することでもあり、クンダリニーの開発にも繋がっていくのである。

理由3　三つ目の理由は、さらに高度な技法を行なうための準備のトレーニングとして行なうのである。しかしそれは、今回の「四神足瞑想法」のテーマではないので省略する。
当瞑想は、二、三のチャクラが胎動し始め、また全身周天まで出来るようになった段階での技法であり、腹部のチャクラや頭部のチャクラの開発に有効である。

それでは、「四神足瞑想法」の「空間瞑想法」について、その内容を以下に説明する。

「四神足瞑想法」の「空間瞑想法」は、中級編と上級編の2つから成り立っている。

・中級編：イメージ・トレーニング法：魔法のボール瞑想法
・上級編：気(のエネルギー)を用いた空間瞑想法

いずれにおいても、行なう姿勢は結跏趺坐、半跏趺坐、正座で行ない、慣れてくると、足を肩幅に広げて立ったままの姿勢や、足を肩幅に広げてさらに膝を軽く曲げて立ったままの姿勢でも行なうことが出来るようになる。

そして、人によっては立って行なう方が早くマスターできるケースもある。

筆者の場合は、上級編は当初は半跏趺坐で行なっていたが、後には立って行なったりもした。

そこで、もし座って行なってもなかなかコツがつかめない人は、諦めずに試しに立って行なうことをお勧めする。

中級編：イメージ・トレーニング法(魔法のボール瞑想法)

中級編では、頭上三〇cm～一〇〇cmの空間の数か所に意識を移動させる。

その際、空間の各所において「意識の集中」と「意識の拡大」のトレーニングを行なう。

空間の各所において意識を集中しながら同時に意識の拡大を行なうことで、クンダリニーや各チャクラを刺激するのである。

頭上の空間に意識を集中して、さらに意識を拡大するトレーニング法は、伝統的な瞑想法の中にも見られる。たとえば、チベット密教の行法のいくつかがそうである。

それでは、「魔法のボール瞑想法」を以下に記す。

手順1　心身ともにリラックスするまで、腹式呼吸をゆっくりと行なう。

手順2　天上世界より、直径一〇㎝ほどの青い色の魔法のボールがゆっくりと降りてきて、頭上三〇㎝の空間に止まるとイメージする。

その魔法のボールは、修行者の心に応じて、色彩や不思議な力が変化するとイメージする。

・プラスの心(やさしさ、慈悲心、寛容な心、積極的な心、向上心など)であれば、魔法のボールは光り輝いて、不思議な力が増大する。

・逆に、マイナスの心(恨み、憎しみ、怒り、悲観、憂うつ、無気力など)であれば、魔法のボールは色彩を失って、不思議な力も弱くなり、終いには消えてしまう。

手順3　懺悔する。心の底から懺悔する。

自分自身のこれまでの人生において、人を傷つけたり、人に迷惑をかけた事、および、助力できたのに助力してあげなかった事、さらに、努力すべきだったのに怠けた事などについて、深く反省し、関係者に心の底から深く謝罪するのである。

➡　そうすると、青色の魔法のボールは、しだいに光りはじめて、徐々に赤くなってくるとイメージする。

手順４　次には、感謝する。心の底から感謝する。
自分自身のこれまでの人生において、人から親切を受けた事、人から助けられた事などに対して、関係者に心の底から深く感謝するのである。

⬅

そうすると、魔法のボールは、ますます光り輝き、赤色からオレンジ色に変化し、ついには黄金色に光り輝くとイメージする。

手順５　その魔法のボールから放射される黄金の光は、頭部のチャクラや腹部のチャクラ、さらにクンダリニーまで浸透していき、それらを強く刺激するとイメージする。
もし、チャクラをまだ感知できない場合は、その場所に直径五㎝ほどの光球か火球があるとイメージして、そこに魔法のボールから放射される黄金の光が浸透していくとイメージする。

手順６　次に、頭部のチャクラ、腹部のチャクラ、クンダリニーは活性化して、振動し始めるとイメージする。

手順７　さらに、魔法のボールと頭部のチャクラ、腹部のチャクラ、クンダリニーは振動を増していき、互いに共鳴し合うとイメージする。
活性化した各チャクラとクンダリニーの力により、過去から積み上げてきた心身の罪や穢れ、病気や悩みなどが消え去っていくとイメージする。

手順８　次は、頭上三〇㎝の空間にある魔法のボールは、ゆっくりと上昇していき、頭上５０㎝の空間に止まるとイメージする。その際、魔法のボールと頭部のチャクラ、腹部のチャクラ、クンダリニーは振動して互いに共鳴し合うと強くイメージする。

手順９　続いて、魔法のボールは再び上昇して、頭上六〇㎝の空間、頭上八〇㎝の空間、頭上一ｍの空間に、次々に止まるとイメージする。

それぞれの位置において、魔法のボールと頭部のチャクラ、腹部のチャクラ、クンダリニーは振動して互いに共鳴し合うと強くイメージする。

手順10　最後に、魔法のボールは再び上昇して、そのまま天上世界に帰っていくとイメージする。

上級編：気(のエネルギー)を用いた空間瞑想法

次は、いよいよ「四神足瞑想法」独特の空間瞑想に入る。
すなわち、イメージ(意識)だけではなく、気(のエネルギー)を用いて行なうのである。
手順1　心身ともにリラックスするまで腹式呼吸を行なう。
手順2　クンダリニー小周天を行なう要領で、気を頭部に上げて、そこで気を集めて濃縮する。
手順3　気が濃縮していき、気の塊をはっきりと感知できるようになると、その気の塊を頭上三〇cmほどの空間に、イメージを用いて上げる。
その際、意識は気の塊に置いて、意識ともども気の塊を上げていく。
①　気の塊を頭上三〇cmほどの空間に上げることができるようになるのに、人によっては相当な時間を要することもあると思われるので、ここであきらめないこと。
ちなみに、筆者は約二週間かかった。
②　意識を気の塊に置いて意識ともども気の塊を上げていくことができるようになるのは、さらに時間を要することもあると思われるので、ここでもあきらめないこと。
手順4　次いで、気の塊を頭上三〇cm〜一mの間で、イメージを用いて移動させる。

その際、意識は気の塊に置いて、意識ともども気の塊を移動させる。すると、気の塊がある位置にくると、頭部のチャクラが振動するのを感じる。
すなわち、気の塊と頭部のチャクラが共鳴する位置がある。その位置で、気の塊をとどめて、意識をさらに気の塊に集中していく。

手順5 そのうち、クンダリニー(尾てい骨付近)が熱を持ったり振動するようになり、全身に気がゆきわたっているのが感知される。

この技法に習熟すると、意識自体(自分自身)が、気の塊がある空間にあって、あたかも自分の肉体から離れているような感覚を覚える。

空間瞑想法との出会い

「四神足瞑想法」の「空間瞑想法」上級編の「気(のエネルギー)を用いた空間瞑想法」は、古来の一般的な空間瞑想法を参考にして編成したのではない。
筆者が偶然に体験したことを、修行法として編成したものである。

筆者は以前、気を体内に取り入れたり、体外に放出することが出来るようになった時点で、いろいろな事に応用しようと取り組んだ時期があった。
昔の偉人・怪人の逸話に出てくるような不思議な現象から小説などに出てくる不思議な現象に至るまで、それらが本当なのか、そして再現できる可能性があるのか、それとも全くの作り話なのかを気を用いて調べた時期があった。

その頃に調べたけれどもはっきりとは分からなかったことが、後年、再び調べてみて分かるようになった現象がいくつかある。

そうした現象の一つを修行法として編成したものが、「気(のエネルギー)を用いた空間瞑想法」である。

東洋でも西洋でも、仏像や仏画やキリスト教の聖人を画いた宗教画においては、光背もしくは後光(頭部の光明である頭光、身体部の光明である身光)が特徴的である。

その後光については、有識者が言うようにオーラ(肉体を取り巻く生体エネルギー)を象徴したものであると思っている。

天使の羽や天女の羽衣も、同じくオーラを象徴したものであろう。

しかし、天使の頭上に浮かんでいる光輪とか光の円盤については、同じ生体エネルギーでも何か異質というか別の意味があるような気がしていた。

その意味を探ろうと、体内の気を体外に放出して、頭上に何かあるのだろうかと調べたことがあった。

その時に、頭上のある位置に何か違和感を覚えたけれども、はっきりとは分からなかった。

そのため、当時は、天使の頭上に浮かんでいる光輪とか光の円盤は、頭部の光明である頭光をたまたまそのように表現したのだろうと結論づけた。

それから数年が経って、トレーニングは上級課程まで進んでいた。

その日、故郷に帰るために新幹線の駅のホームで「ひかり」を待っていた。時間帯によるのかもしれないが、ホームには人影は少なかった。そして、新幹線が到着するまでにはまだ時間があり、手持ち無沙汰であった。

その時どういうわけか、久しぶりに体内の気（のエネルギー）を体外に放出して、頭上に何かあるのだろうかと調べ始めた。しばらくすると、気が頭上の空間のある位置にきた時、突然振動し始めたのである。同時に、頭部のチャクラを始め体中のチャクラが共鳴して振動し始めたのである。さらに、体の隅々まで気が流れ始めたのである。

その時である。意識は肉体を離れて、頭上の空間の気と一体になって感じられた。完全に肉体から離れて頭上の空間で意識し、周囲を認識していたのである。

小学生になるかならない頃、近所の遊び仲間の家に行き、そこの縁側で日向ぼっこをしていた。庭にある置石をぼんやり眺めていると、しだいに自分がその石になったような気分になった。自分が石そのものであるかのような気分になった。そして、実に気持ちがいいのである。快楽な気分なのである。

大人になってから体験する射精時の気持ち良さよりも、ずっと気持ちがいいのである。

しかも、自分がその石そのものの気分になっている限り、その気持ち良さは続くのである。そのため、一時期、気持ち良さを求めて遊び仲間の家に行き、そこの縁側でよく日向ぼっこをしていた。

しかし、幼児期であるその頃は目にする全てのものが新鮮で興味があったので、次々に興味が移っていったことと、「日向ぼっこ」をしようとすると、遊び仲間達から当時よくやった遊び（相撲や缶けりや馬乗りごっこなど）を誘われるので「日向ぼっこ」がなかなか出来なかった。そして、いつの間にか「日向ぼっこ」を忘れていった。

その時は、自分がその石そのものであるかのような気分になったけれども、意識は少しは肉体に残っており、肉体的な快楽な気分に浸っていた。

ここで補足するが、瞑想中に意識を集中する対象(幼児期の筆者は石がそうであった)そのものであるかのような気分になることができたとしても、必ずしも快楽な気分になるとは限らないようである。

禅僧も瞑想中に対象そのものであるかのような気分になることがあるというが、その際に快楽な気分になったという話を聞いたり本で目にしたことはない。

反対に、瞑想中に意識を集中する対象そのものであるかのような気分にならなくても、快楽な気分になったという話を聞いたり本で目にしたことがある。

そうだとすると、瞑想の段階には、対象そのものの気分になる段階と、快楽な気分になる段階とがあり、それぞれ段階が分かれているのかもしれない。

筆者の場合は、たまたまそれらが同時に現れたことになる。もっとも、幼児期の筆者には、当然のことだが瞑想をしているという自覚は全くなかった。

尚、後年、第三課程に入ってすぐの頃に、「日向ぼっこ」のことを思い出して、「日向ぼっこ」で経験した「対象そのものの気分になる快楽の瞑想」(以後、快楽の瞑想と仮に称す)を再開したことがある。「庭の置石」の代わりに「部屋の置物」を使って再開した。

すると、やり方はすっかり忘れていたのに、三〇年近く経っていても心と体は覚えていたものとみえて、すぐに「部屋の置物」になったような気分になった。そして、実に気持ちがいいのである。この上もない快楽な気分なのである。

人間は快楽に弱いので、その日から毎日会社から帰宅すると、「快楽の瞑想」を行なっていた。「快楽の瞑想」は、快楽に浸っているために寝食を忘れるほど何時間でも行なうことができた。そして、二〜

三週間ほど経った頃であろうか、ある日、心と体にある変化が現れ始めたことに気付いたのである。

体の変化とは、男性性器が引き締まって体の奥に引っ込み始めたのである。仙道修行の高度な段階で発現するという「馬陰蔵相」の状態が発現したのである。

「馬陰蔵相」とは、男性性器が赤ちゃんの時と同じように引き締まって体の奥に引っ込んでしまう現象で、そうなると完全に精は漏れなくなると伝えられている。

女性の場合は「赤竜を切る」と言い、男性のように乳房がなくなり、生理が完全に止まると伝えられている。

仙道修行も気を駆使するが、そのためには、精を漏らさずに気を蓄えることを最重要視する。その方法は、睡眠と栄養を十分に摂ることで気を蓄えることであり、気が濃縮したものであると言われている精液を漏らさないことなどがそうである。その中でも特に、精液を漏らさないことが重要とされている。

心の変化としては、性欲が薄れ始めたのである。

「馬陰蔵相」とは、精力旺盛な若者でも決して精液を漏らさないように心身が変化することである。このまま続けると完全に「馬陰蔵相」になると思い、「快楽の瞑想」は止めてしまった。

ほかの人と同じように、結婚をして子供を授かって生きることが幸せであり、両親を安心させることだと思っていたので、その日以来、「快楽の瞑想」は止めてしまった。

「快楽の瞑想」を止めてから、心と体を完全に元に戻すのに1か月ほど要した。男性週刊誌に掲載している女性ヌードを見たり、いわゆるエロ本やエロ記事を読んだりして性欲を元に戻すのに苦労した。

心と体は密接な関係にある。不思議なもので、性欲が元に戻ると男性性器も元に戻った。

人間は瞑想で快楽を獲得することができると、生来の心身の機能(心においては性欲、身体においては生殖機能)が不要であるかのように低下し停止するように造られているようである。

この時から、精を漏らしても気を蓄える方法、睡眠と栄養を十分に摂らなくても気を蓄える方法がないかを、考えたり文献を読んだりして探していた。

たどり着いたのが、「四神足瞑想法」特有の「クンダリニーを活用する方法」である。「快楽の瞑想」については、今回の「四神足瞑想法」では採用していないので省略する。

しかし、「快楽の瞑想」や「馬陰蔵相」を完全に嫌悪し否定している訳ではない。今になって思うのだが、もし、幼児期の頃に「日向ぼっこ」(快楽の瞑想)をあのまま続けていたら、その後どうなっていたのだろうか?

おそらく、第二次成長期(思春期)はなかったかもしれない。たとえあったとしても、生殖機能の発達は不十分で、生殖能力を持つことはなかったと思われる。

そして快楽を求めて、寝食を忘れるほど何時間でも「日向ぼっこ」(快楽の瞑想)を行なった可能性が高い。しまいには、ほかの事には一切目もくれずに一日中「日向ぼっこ」をしていた可能性が高い。

それを考えると、「日向ぼっこ」をしようとすると、タイミングよく遊び仲間達から当時よくやった遊びを誘われたことと、いつの間にか「日向ぼっこ」を忘れていったことは、今から思うと本当に幸運であった。

話が横道にそれたので、話を元に戻す。

しかし、駅のホームでは完全に肉体から離れて頭上の空間で意識し、周囲を認識していたのである。

その空間の位置を、「空間の特異点」とか「特殊な空間」とか「空間のチャクラ」と呼ぶことにした。

それからさらに数年が経って、トレーニングはさらに高度な課程まで進んでいった。

その頃になると、「空間のチャクラ」はなくなっていた。それというのも、気を頭上の空間のどの位置に移動させても、頭部のチャクラを始め体中のチャクラが共鳴して振動するようになったからである。さらに、頭上の空間だけでなく、体の正面の空間、体の左右の空間、体の背面の空間でも同じような現象が起こるようになった。

しかし、頭部のチャクラが大きく振動し、任脈と督脈に気が大量に流れるのは、頭上の空間だけである。体の正面の空間、体の左右の空間、体の背面の空間では、位置的に近い胸部のチャクラや腹部のチャクラは共鳴して振動するが、頭部のチャクラが大きく振動したり、任脈と督脈に気が大量に流れることはない。

これらの一連の体験より、以下のことが考えられる。

① 気を頭上の空間において移動させることで、頭部のチャクラを始め体中のチャクラを活性化することができる。

② 活性化が進むと、頭上の空間の気(のエネルギー)と体中のチャクラが共鳴して振動するようになる。

③ 最初のうちは、特定の位置(最初に体中のチャクラが共鳴して振動するようになった位置)でその現象は起こるが、トレーニングを繰り返すうちに、頭上の空間のどの位置でもその現象は起こるようになる。

すなわち、特定の位置「空間のチャクラ」は、トレーニングの最初のうちだけのものである。

④ 当初は、天使の頭上の光輪と「空間のチャクラ」とは何か関連があると思っていたが、あまり関連はなさそうである。

⑤　ただ言えることは、頭上の空間のある位置に気を移動させた場合、気を視覚化できる人（すなわちオーラが見える人）が見ると、その位置に気の集合体（球とか円盤状）が見えることになる。

駅のホームで行なった方法が、①と②を可能にする方法なのである。

そこで、駅のホームで行なった方法を整理し修行法として編成したものが、「四神足瞑想法」の「空間瞑想法」上級編の「気（のエネルギー）を用いた空間瞑想法」なのである。

（四）「明星」の発現技法

「明星」の発現技法には、中級編のイメージ・トレーニング法と上級編の気（のエネルギー）を用いた「明星」の発現技法がある。

・中級編：「明星」の画像（写真、絵画）によるイメージ・トレーニング法

・上級編：気（のエネルギー）を用いた「明星」の発現技法

筆者は、このうちの上級編の気（のエネルギー）を用いた「明星」の発現技法をトレーニングした。その結果、「明星」の発現を体験することができた。

この技法は、誰かに伝授してもらったとか、どこかの書物に書いてあったとかいうのではない。この技法は、筆者が試行錯誤でトレーニングした「明星の発現」に至るまでのプロセスや方法を、気（のエネルギー）を用いた「明星」の発現技法として整理したものである。

その際、第一課程の時からそうであったが、「明星の発現」に至るまでの間、技法のアイデアが突然浮かんだり、関係資料にタイミングよく出くわすなどの偶然が度々あった。その時にはあまり思わなかったが、今から思えば非常に幸運であった。

中級編のイメージ・トレーニング法は、「明星の発現」後に追加したものであり、密教などで行なわれている瞑想法を参考にしている。

「明星」の画像(写真、絵画)に精神集中することは心の動きを抑制する効果がある。

ここでは、さらに上級編の「明星」の発現を促進させる効果も期待して編成している。

いずれにおいても、行なう姿勢は結跏趺坐、半跏趺坐、正座で行なう。

中級編：「明星」の画像(写真、絵画)によるイメージ・トレーニング法

「明星」の画像(写真、絵画)によるイメージ・トレーニングでは、

(1) 夜空に光り輝いて瞬いている「暁の明星」と

(2) 満月もしくは夕暮れ時の太陽

の2つを対象に、実際に目の前でそれらを見ているかのようにイメージ(想像、瞑想)する。

その方法としては、「暁の明星」や満月の写真や絵画を見ながらイメージする

(1) 「暁の明星」のイメージ・トレーニング法

手順1 「暁の明星」の代わりに、夜空で光り輝く星(点状の光)の写真や絵画を、目の高さよりも上

手順2　方(斜め上)に掲げて、しばらく見つめる。

次に、目を閉じる。

すると、光り輝く星(点状の光)の残像がまぶたの裏に現れる。

初めのうちは残像は現れにくいが、繰り返すうちに、はっきりと残像が現れるようになる。


手順3　次に、現れた残像に意識(心)を集中する。

すると、意識(心)は深いリラックス状態になってくる。

その際、心の奥(潜在意識)にある記憶や煩悩が心の表面(表層意識)に現れてくるが、現れるままにまかせて、新たに思い(想念)は起こさない。

手順4　手順1～3を繰り返すうちに、意識(心)は深い瞑想状態まで沈潜する。

手順5　最終的には、画像(写真、絵画)を見なくても、イメージだけで意識(心)が深い瞑想状態まで沈潜できるようにトレーニングする。

⑵「満月もしくは夕暮れ時の太陽」のイメージ・トレーニング法

手順1　直径三〇㎝ほどの黄金色またはオレンジ色の円を、紙に書いて用意する。

黄金色またはオレンジ色の円が目の高さになるように、壁などに貼る。

壁から一mほど離れた位置で、円の絵をしばらく見つめる。


手順2　次に、目を閉じる。

すると、光り輝く円の残像がまぶたの裏に現れるようになる。

(手順3)～(手順5)は、「暁の明星」のイメージ・トレーニング法と同じここで注意しなければいけないことは、中級編のイメージ・トレーニングは、あくまでも「明星」を発現させるための準備のトレーニングであるということである。

「明星」の画像(写真、絵画)に精神集中することは、心の動きを抑制する効果がある。

しかし、画像(写真、絵画)に精神集中することは、それらに心が縛られるマイナス効果もある。

心が何かに縛られると、「明星」は発現しない。

中級編のイメージ・トレーニングは、心の動きを抑制する目的として行なう。

そして、画像(写真、絵画)に心が縛られないように、最終的には画像を見なくても、イメージだけで意識(心)が深い瞑想状態まで沈潜できるようにトレーニングする。

イメージ・トレーニングだけでは、一般的には「明星」は発現しない。

もし、イメージ・トレーニングだけで「明星」が発現する場合は、それは多分に自己暗示による現象であり、目指しているところの「明星の発現」ではない。

イメージ・トレーニングだけでは、「明星」どころか「光明」さえ発現するのはむずかしい。

ただし、幼児は別である。

幼児の頃は、表層意識と潜在意識を隔てている「抗暗示障壁」がまだ出来上がっていないので、暗示やイメージが容易に潜在意識まで到達できる。そのため、イメージ・トレーニングや暗示によって、「明星」の発現までは無理にしても、「光明」の発現については、それを体験する幼児が時たま見られるからである。

しかし、そういう幼児であっても、イメージ・トレーニングや暗示を継続しないと、幼児から児童さらに大人へと成長していく過程で、「光明」は発現しなくなる。
その場合でも、「四神足瞑想法」をトレーニングすれば、再度、「光明」は発現するようになる。

上級編：気（のエネルギー）を用いた「明星」の発現技法

この技法の詳細を文章だけで解説するのはどうしても限界があり、そのために理解しにくい点もあるとは思うが、ここまでの課程をマスターした人ならば必ず理解できるはずである。
まず最初に、「明星」が発現するまでの過程（プロセス）について説明する。

その過程は、以下に示す五つの段階からなる。

段階1：チャクラとクンダリニーの宿る場所を活性化して気を発生させ、発生させた気を脳のチャクラ（サハスララ・チャクラ、アジナー・チャクラ）に移送する段階
段階2：脳のチャクラにおいて、気を濃縮・強化する段階
段階3：意識が深く沈んで呼吸がほとんどないかのような状態になり、そして光明が発現する段階
段階4：発現した光明（の色や形状）が、さまざまに変化する段階
段階5：意識がさらに深まって、さまざまに変化していた光明が、突然、安定した円形の光明（満月や太陽のような光明）、もしくは点状の光明（明星のような光明）になる段階、すなわち「明星」の発現の段階

それでは、気を用いた「明星」の発現技法を段階ごとに紹介する。

■段階1　気（のエネルギー）の発生、および脳のチャクラへの移送

手順1　意識をマニピューラ・チャクラとクンダリニーが宿る場所（尾てい骨より三㎝ほど上にある生体エネルギーの源泉）に向けて、その二ヵ所で気を発生させるとともに、マニピューラ・チャクラの気を任脈（前面ルート）を通してクンダリニーが宿る場所（尾てい骨付近）に合流させる。

手順2　尾てい骨付近で合流させた気を、督脈（背面ルート）またはスシュムナーを通して脳のチャクラ（サハスララ・チャクラ）に移送する。

この時の呼吸は、「クンダリニーを活動させるための呼吸法」で行なう。

尚、いったん「光明」や「明星」の発現に成功したならば、普通の腹式呼吸でも発現できるようになる。

■段階2　気（のエネルギー）の濃縮・強化

手順1　尾てい骨付近の気の一部は、しばらくすると溢れ出るように任脈（前面ルート）の方にも流れる。その気を、ムラダーラ・チャクラ⇒アナハタ・チャクラ⇒ビシュダー・チャクラと経由して、サハスララ・チャクラに移送し、（段階1）で移送したエネルギーと合流させて濃縮・強化する。

手順2　さらに濃縮・強化する場合は、両方の手のひらを用いる。

両手を合わせ（合掌もしくは外縛印で、力は抜く）、尾てい骨付近の気をアナハタ・チャクラ、ビシュダー・チャクラを経由して両手に移送する。

そして、両方の手のひらで気を濃縮・強化した後に、サハスララ・チャクラに移送する。

■段階3　光明の発現

手順1　脳のチャクラに送り込んだ気を用いて、そこを中心にして脳全体をしばらく刺激する。

文章でその方法を説明するのは難しいが、あえて説明するならば、気をあたかも手とか筋肉とかのような感じで用いて、脳全体をマッサージするように刺激するのだ。

手順2　そのあと、再び、脳のチャクラに気を集めて、そこを重点的に刺激する。

手順3　次に、定を深める(意識を深く深く、さらに深く沈めていく)と、眼前(瞼の裏)にぼんやりと光明が現れてくる。

そうなると、頭というよりも脳全体が熱くなったような感じになり、意識は自然に光明に溶け込もうとする。

この時の呼吸は、真息(鼻孔に羽毛を近づけても、羽毛が動かないほどのごくごく静かな呼吸である)から胎息(真息よりもさらに静かな呼吸である)になっており、あたかも呼吸をしていないかのように感じる。

ここで、注意しないといけないのは、最初のうちは、呼吸の方に意識を取られてはいけないということだ。

すなわち、真息とか胎息とかの呼吸をしようと意識してはいけないということだ。

最初のうちは、真息とか胎息の呼吸をしようと試みても、到底できるものではない。すぐに息苦しくなり、意識を深めるどころではなくなり、瞑想が中断してしまう。ポイントというか、コツは、意識を深く深く、さらに深く沈めていくように努め、その深みの奥に意識を溶け込ませるように集中することだ。

そうすると、自然に無意識に真息とか胎息とかの呼吸になっている。


筆者の体験を述べよう。

最初、光明の発現までに数時間かかったような気がした。そして、気がついたら、何と自分は呼吸をしていないことに気がついた。それなのに、全く息苦しさは感じない。

不思議だなあと、自分を観察すると、何と全身の毛穴から呼吸しているかのように、ごくごくわずかに呼吸をしている。

「そうか、これが仙道でいう仙人の呼吸である胎息なんだ。」

と、気がついた。


ポイント　光明を発現させる「技術」があり、その「技術」の一つが、呼吸では「胎息」であるということだ。

ただし、真息とか胎息とかの呼吸は、「技術」といっても、これを技術的に解説することも伝授することも出来ない。自分自身で体験するしか方法はない。

しかし一度体験すると、それ以降は意識的に真息とか胎息とかの呼吸をすることができるようになる。


これ以降、呼吸を意識的に真息から胎息にすると、すぐに光明が発現するようになった。

これは、脳に「呼吸と光明発現」の回路が完全にできたことを意味している。

■段階4　光明から明星へ

手順1　出現した光明に意識を集中する。さもないと、光明は消えてしまう。

この時点では、光明は安定してなく、様々な形態をとる。

円形やドーナッツ状になったり、アメーバのように形状が絶えず変化したり、時には花に見えたりなどする。色も緑系統、黄系統、白系統など様々な色彩である。

そのため、人によっては、この時の花に見える光明をもって「チャクラ」の映像という人もいるが、そうではない。チャクラの映像は、もっと深い状態まで意識が沈む必要がある。

特定のチャクラに気を集中させて、チャクラを活性化させた状態で深い瞑想に入ると、チャクラが覚醒する段階において、チャクラの映像が見える場合がある。

手順2　この段階で、満足もしくは立ち止まってはいけない。この段階が、光明のままで終わるか、明星の発現へと飛躍するかの岐路、まさに分かれ道であり、ここが正念場である。

手順3　さらに一歩足を踏み入れて、意識を深く深くさらに深く沈めていく。すると、光明がより明瞭になってくる。そして、光が増してくる。

■段階5　明星の発現

意識がさらに深まっていった時、突然、揺れ動いていた光明は安定した光円となる。

筆者の体験を述べよう。

(1)　ついに明星が出現したのだ。と同時に、気(のエネルギー)自体が意識を持っているかのごとく脳を刺激しつづけ、意識は明星の中に溶け込んで一体となった。

その色は、輝く黄緑色というか緑の黄金色というか、とにかく黄金色である。

筆者は、初めてこの明星の発現に成功した時には気づかなかったが、明星の形態すなわち悉地(明星の発現修行の完成)の形態には二種類あった。

(2) 明星は、瞼を開けても閉じても、瞬き輝いている。はっきりとした明星である。

ただし、「明星」というよりは「満月」もしくは「夕暮れ時の太陽」といった方が適切な表現である。約一m前方に、直径三〇cmほどの大きさで輝いている。

(3) しばらくして、さらに使われずにまだ眠ったままの状態の脳細胞を活性化すべく、脳のいろんな部位を気(のエネルギー)を使って刺激していた。

(4) すると、直径三〇cmほどの明星「満月または夕暮れ時の太陽」は消えてゆき、同時に遠く彼方で瞬く本当の〝暁の明星〟のような「明星」が出現した。

この「明星」は、初めは少し揺動していたが、意識をさらに集中すると、ピタッと静止し、静かに神秘的な輝きを増した。

その色は黄色がかった白色であり、あたかも、遠く彼方で輝く「暁の明星」のように見える。

この明星が、弘法大師空海が著書の中で記した「明星」であると思われる。

(5) 明星には、約一m前方に直径三〇cmほどの大きさで黄金に輝く明星「満月もしくは夕暮れ時の太陽」と、あたかも夜空の遠く彼方で黄白色に輝く暁の明星のような明星「暁の明星」の二種類があった。

(6) そして、もう一つの特徴は、明星の発現までは、意識を深く深く沈めていく。

すなわち、意識をどこまでも集中していくのである。

ところが、光明が「明星」になった瞬間、意識は「明星」にひとりでに溶け込んで一体となる。

時には、意識は宇宙に溶け込み、一体になったようにさえ感じる。

ここで言う一体とは、意識的に(いわゆる想像で)、一体になるのではない。ちょうど、私達は意識(心)と肉体を一体として感知しているように、あたかも宇宙そのものが自分の肉体であるかのように感知される。

この「意識の集中」から「意識の拡大」への変化は、意識的に行なうのではなく、「明星」が発現すると同時にひとりでに行なわれる。

あたかも、深呼吸において、息を吐くのが中途半端な場合は、意識して息を吸う必要があるけれども、息を充分に吐き切った場合は、意識しなくてもひとりでに空気が肺の中に入ってくるのに例えることができる。

(7)　いったん「明星」を発現させることが出来ると、あとは回を重ねるごとに、「明星」の発現までの時間は短くなる。

(8)　いったん「明星」を発現させることが出来ると、ただゆっくりとくつろいでいるだけで、自然にアジナー・チャクラとマニピューラ・チャクラが振動し共鳴し合ったり、サハスララ・チャクラとアナハタ・チャクラが振動し共鳴し合ったりと、チャクラ同士で自然に振動し共鳴し合うようになる。

「明星の発現技法」の特徴

(1)　ヨガの聖典とも言われている「ヨーガ・スートラ」では、瞑想によって心の動きをしっかりと抑制することがヨガであるとされている。

そのために、瞑想(精神集中)をするわけだが、精神集中への心理的過程を、制感・凝念・静慮・三昧の四つの段階に分けている。

このうちの制感は身体的要素もあるので、凝念・静慮・三昧を特に瞑想の三段階と称している。

第二段階の静慮(ディアーナ)は、中国では禅那と音訳し、略して禅と言う。

静慮(ディアーナ)の瞑想法としては、まず「意識の集中」を行ない、その後に観想すなわち「意識の拡大」を行なう。

その際の観想すなわち「意識の拡大」は意識的に行ない、その境地の獲得を目指している。

三昧は極限の境地であって、主観と客観とが一体となったものとされている。

三昧(サマーディ)の瞑想法としては、具体的には記されていない。

(2) 仏教の一派である密教の瞑想法は、ヨガの瞑想法とは異なっているが、「意識の集中」を行ない、その後に観想すなわち「意識の拡大」を行なう手順はヨガの静慮の瞑想法と同じである。

その際の観想すなわち「意識の拡大」は、静慮の瞑想法と同じように意識的に行ない、その境地の獲得を目指している。

(3) 「四神足瞑想法」においても、「明星の発現技法」以外の瞑想法は、やはりヨガの静慮の瞑想法と同じように「意識の集中」を行ない、その後に観想すなわち「意識の拡大」を行なう。

そして、その際の観想すなわち「意識の拡大」も意識的に行なう。

ただし、ヨガの静慮の瞑想法とは異なって、上級課程になるほど、気を用いて「意識の集中」

を行ない、その後に気を用いて観想すなわち「意識の拡大」を行なう。

その理由は、例えば、「意識の集中」を行なう際、一つの対象物に集中することは、意識野を狭くし、トランス状態に近づいてくるので、潜在意識の扉が開き易くなる。

そうなると、心の奥(潜在意識)に記録されている様々な思い(記憶や煩悩)が心の表面(表層意識)に湧き出てくる。

その時、心(意識)は、湧き出てきた様々な思い(記憶や煩悩)に、一瞬反射的に向いてしまう。

そうなると、心(表層意識)と体(瞑想)に隙間ができるのである。

その結果、湧き出てきた様々な思い(記憶や煩悩)に心(意識)がそのままとらわれてしまい、「意識の集中」は中断される。

「意識の集中」を中断されないためには、理屈の上では、二つの方法がある。

一つ目は、心(意識)が様々な思い(記憶や煩悩)に一瞬反射的に向いてしまっても、心(表層意識)と体(瞑想)に隙間ができるのを防止すればよい。

二つ目は、心(表層意識)と体(瞑想)に隙間ができても、湧き出てくる様々な思い(記憶や煩悩)にとらわれなければよい。

このうち、二つ目の「湧き出てくる様々な思い(記憶や煩悩)にとらわれない」ようにすることは、実際やってみれば分かるように非常に難しい。

長年厳しい修行を積んでいる禅僧でさえ、非常に難しいと言われている。

湧き出てくる様々な思い(記憶や煩悩)に、意識してとらわれないようにすることは極めて至難の技なのである。

様々な思い(記憶や煩悩)にとらわれないようにすることが出来るならば、「意識の集中」は中断されることはない。

それを可能にするのが、気(のエネルギー)を用いての「意識の集中」なのである。

気を用いての「意識の集中」は、一つ目の「心(表層意識)と体(瞑想)に隙間ができるのを防止する」のである。

その結果、湧き出てきた様々な思い(記憶や煩悩)に心(意識)はとらわれないし、「意識の集中」は中断されることはない。

(4)「明星の発現技法」は、結果的には、同じように「意識の集中」から「意識の拡大」へと変化するが、しかし一つだけ異なっている。

それは、「意識の集中」から「意識の拡大」への変化は、意識的に行なうのではなく、「明星」が発現すると同時にひとりでに行なわれる。すなわち、意識的に観想するのではなく、意識することなく行われる。意識することなく、主観と客観とが一体となる。そして、明星の発現までは、ただ意識を深く深く沈めていくのである。ひたすら、「意識の集中」だけを行なうのである。

その際、気を用いて、「意識の集中」だけを行なうのである。

なぜそうすると、明星が発現するのかの明白な理由や理屈は分からない。

ただ言えることは、「大生命」そのもの(全体像)は、知ることも説明することも決してできない。「大生命」は、心(人間)が作り出した観念(考え)や思想や心象(イメージ)では決してなく、今この瞬間において全ての生命を維持し、全ての存在を背後で支えている実在である。

そのため、「大生命」に少しでも近づくためには、心(人間)が作り出す観念(考え)や思想や心象(イメージ)を全て排除する必要があるものと思われる。そうしない限りは、「大生命」に近づくことは決してできないからであろう。

「明星の発現技法」は、心(人間)が作り出す観念(考え)や思想や心象(イメージ)を全て排除する技法である。

すなわち、「明星の発現技法」は、「大生命」に近づく方法の一つでもある。

(5) これは「明星の発現技法」だけではなく「四神足瞑想法」全体に言えることだが、瞑想(意識の集中、意識の拡大ともに)においては、気(のエネルギー)を用いて行なうことを基本にしている。

その理由は、以下に示す筆者の体験に基づいている。

① 筆者は今でもまだ少しそうであるが、高校生まではひどい吃音症(どもり)であった。

日常会話はそれほどでもなかったが、人前で話すとか人前で教科書を朗読するなどの緊張する場面では、必ずどもって(吃音して)いた。

「あ、あ、あ、あさ目が覚めました」と、言葉の出だしを複数回繰り返すとか、「……あ……さ目が覚めました」と、言葉の出だしに声が詰まったり途切れたりしていた。

特に、は行(は、ひ、ふ、へ、ほ)で始まる単語は、日常会話でも必ずと言っていいほどどもって(吃音して)いた。

「ひ、ひ、ひ、ひろい空」

「……ひ……ろい空」など

それでも小学生時代までは、少しは恥ずかしい気持ちもあったが、普段はあまり気にすることはなく過ごしていた。

ところが中学生になって思春期に入ると、女子生徒を異性として意識するようになって、吃音症(どもり)であることが非常に恥ずかしくなり、時には罪悪感さえ覚えるようになった。そのため、吃音症(どもり)が増々ひどくなっていった。

その頃は、人前で話すとか人前で教科書を朗読することが非常に憂鬱だった。時には、恐怖心を覚えることもあった。

また、思春期特有の心の不安定さもあって、吃音症(どもり)として生まれたことに失望したり呪うことさえあった。

しかしそれでも、どうしても吃音症(どもり)を治そうと、様々なことを自分なりにそれこそ日夜真剣に試みた。

一つ目は、「吃音症(どもり)が治りますように」と、真剣に神仏に祈ったりもした。

二つ目は、「どもらず(吃音せず)に話したり、教科書を朗読している自分の姿」を無意識にしょっちゅうイメージ(夢想)していた。

どもって(吃音して)恥ずかしい思いをする度にイメージ(夢想)していた。

ある意味では、この頃から瞑想をしていたと言ってもいいかもしれない。

三つ目は、様々なことを自分なりに真剣に試みた結果、ようやく一つの方法を見つけることができたが、その方法が後に瞑想において気(のエネルギー)を用いるヒントになった。

その方法とは、話したり教科書を朗読する時に、リズム(節回し)を付けることである。

筆者は、歌を唄う時には人前であってもやはり緊張はするが、しかし吃音することは全くない。そこに注目して、他人には気づかれない程度の、わずかなリズム(節回し)を付けて話したり教科書を朗読するのである。

リズム(節回し)を付けていることを、他人に悟られずに話したり教科書を朗読することが出来るようになるまでには時間がかかったが、その効果は抜群であった。吃音症(どもり)を、ほぼ克服したのである。

② 後年、リズム(節回し)を付けることが、吃音症に有効であった理由を考えたことがある。
話したり教科書を朗読する時には、そのことに没頭すると吃音(失敗)しない。これは、スポーツや仕事や芸事など全てのことに当てはまる。

吃音しない(能力を発揮する)人は、そのこと(話すこと)に没頭しているのである。すなわち、心(表層意識)は話しや教科書の朗読に没頭しているのである。

ところが、吃音する人は、心(表層意識)のどこかに常に「吃音したら恥ずかしい」とか、「吃音したくない」という思い(意識)がある。

その「吃音したくない」という思いに、一瞬反射的に心が向いてしまうのである。

そうなると、心(表層意識)と体(話しや教科書の朗読)に隙間ができるのである。

その結果、「吃音したら恥ずかしい」とか、「吃音したくない」という思い(意識)にそのままとらわれてしまい、話しや教科書の朗読への集中が中断される。

心(表層意識)は、一度に二つのことを行なうことは出来ない。

心(意識)と体は密接な関係にあるので、「吃音したくない」という思い(意識)にとらわれると、いつものクセが出てしまう。すなわち、緊張して吃音するのである。

ところが、リズム(節回し)は、心(表層意識)が「吃音したら恥ずかしい」とか「吃音したくない」という思い(意識)に、一瞬反射的に向いてしまっても、心(表層意識)と体(話しや教科書の朗読)に隙間ができるのを防止する接着剤の役目として働くのである。そのため、いつものクセは出ることはない。

すなわち、リズム(節回し)は、緊張して吃音するのを防止するのである。

③ 瞑想中には、心(潜在意識)に記録されている様々な思い(記憶や煩悩など)が心の表面(表層意識)に湧き出てくる。

その時、心(意識)は、湧き出てきた様々な思い(記憶や煩悩)に、一瞬反射的に心が向いてしまうのである。

そうなると、心(表層意識)と体(瞑想)に隙間ができるのである。

その結果、湧き出てきた様々な思い(記憶や煩悩)に心(意識)がそのままとらわれてしまい、瞑想が中断される。それを防ぐのが、気(のエネルギー)である。

気(のエネルギー)は、心(表層意識)と体(瞑想)に隙間ができるのを防止するのである。

心(表層意識)と体(話しや教科書の朗読)における接着剤としてのリズムの役割を、心(表層意識)と瞑想においては気(のエネルギー)が担うのである。

その効果は、すばらしいものであった。

このようにして、ようやく瞑想(意識の集中、意識の拡大ともに)において、気(のエネルギー)を用いて行なうことを基本にする重要性に気付いたのである。

吃音症(どもり)であったがために、気(のエネルギー)の重要性に気付いたのである。

その時初めて、吃音症(どもり)として生まれたことに感謝し、幸運を喜んだのである。

そして、「このことは、まだ誰も気づいていない新しい発見だ」と興奮していた。

それからしばらく経ったある日、仏陀が説かれた「安那般那念経」(四神足)を見て愕然となった。

仏陀が説かれた「四神足」には、全て気息(気のエネルギー)を使うように記されていたからである。

「内息」「外息」「入息」「出息」「行息」…………「身止息」「心止息」

「四神足」は全て気息(気のエネルギー)を使って行なうために、最初に「気を感知し、気を操作する」トレーニングから始めるのである。

そして、最終目標である「解脱」の完成まで、気息(気のエネルギー)を駆使してのトレーニングが続くのである。

それまで何回も目にしていたのに、このことに全く気付かなかったのである。

ちょっと気の利いた人なら、当然すぐに気付いたはずである。

筆者は、これに気付くのに数年を要していた。

仏陀が「安那般那念経」の中で「瞑想も気(のエネルギー)を用いて行なう」ことを、懇切丁寧に教えて下さっていたのに、それに全く気付かず、しかもようやく気付いた時に「まだ誰も気づいていない新しい発見だ」と一人で興奮していたのである。

今振り返ってみても、何と愚かだったのだろう。

凡人の悲しさである。

(五)「明星」発現から「谷響」の発現へ

・二月五日　午後十一時　瞑想開始

・二月六日　午前三時　「明星」の発現(一回目)

瞑想を終えてから、しばらくの間、今起こった「明星」の発現のことを考えた。

「今の明星は、仏教やヨガの先人達がいうところの明星だろうか。いや、もしかすると、禅でいう魔境かもしれない。」などと色々考えた。

いろいろと考えた結果、「全く同じやり方をして全く同じ明星が発現するならば、これは一時的な現象であるという魔境ではない。仏教やヨガの先人達がいうところの明星である。すなわち、脳の特定の場所(視覚中枢など)が刺激を受けた結果、明星が見えたことになる。」と結論づけて、すぐにその方法と手順をメモする。

・二月六日　午前四時　手順に従い、再度瞑想に入る。

「明星」の発現(二回目)

・翌日、二月七日　午前五時　間じく手順に従い、瞑想に入る。

「明星」の発現(三回目)

この時、明星には二種類あることを再発見する。

ここでなぜ、発見と言わずに再発見と言うのかには理由がある。

それは、二種類の明星のうちのいずれかが、弘法大師空海の著書の中や仙道の本の中にも見られ、密教を始めとする仏教の瞑想法の中に、この二種類の明星のうちのいずれかを様式化したと思われるものがあるからである。

前述の「明星」の発現技法の中で述べているように、一mほど前方に直径三〇㎝ほどの大きさで輝いていた明星「満月または夕暮れ時の太陽」が消えていくと同時に、遠く彼方で瞬く本当の「暁の明星」のような明星が出現する。

谷響を惜しまず、明星来影す

その日も、「明星」の発現技法を行なう。

なんと、「明星」の発現とともに、昨日のあの音響(ナーダ音)が大きく鳴り響いていた。

瞑想を終えてから、ふと、「あの音響は、滝とか渓流の音響と同じように、意識がそこに引き込まれて心(精神)が安定するなあー。滝とか渓流と同じような響きがあるなあー。」と思って、八ツとする。

そう思うと、なんと、弘法大師空海が著書に書き記した「谷響をおしまず、明星来影す」に対応する現象が目の前で起こっていたのである。

「谷響」とは、現実の谷響ではなかったのである。

それは、アナハタ・チャクラやヴイシュダー・チャクラが開発された段階で聞こえるようになる音響だったのである。ヨガでいうところのナーダ音なのである。

そして、感動の中ですぐに「明星」の発現技法に再度とりかかった。

四月八日午後十一時から瞑想を開始し、おそらく四月九日に日付が替わってまもない頃のことである。

(六) クンダリニーの覚醒・上昇

「四神足瞑想法」ではクンダリニーの覚醒・上昇は目指していない。

そうは言っても、クンダリニーが宿る場所(尾てい骨付近)を気(のエネルギー)で刺激し開発する段階において、たとえばチャクラを開発する段階においてさえ、いつクンダリニーの覚醒・上昇が起こるか分からないのが実状だと思われる。

そこで、クンダリニーの覚醒・上昇についても説明しておきたい。


そういう意味においては、本章は第三課程の前に、目を通しておくべきものかもしれない。

クンダリニーの通り道(気道、ナーディ)には三つあり、スシュムナー、ピンガラ、イダーと呼ばれる。中央に位置するのがスシュムナーであり、ここを通ってクンダリニーが上昇すると、心身には損傷を受けない。

しかし、スシュムナーの右側に位置するピンガラや左側に位置するイダーを通ってクンダリニーが上昇すると、心身に損傷を受けると伝えられている。

実際にクンダリニーの覚醒を体験した先人達の中には、心身に損傷を受けた人達と、心身に損傷を受けなかった人達がいる。

そのため、クンダリニーの覚醒に挑戦する場合には、クンダリニーの覚醒には心身に損傷を受けるなどの危険が伴なうことを認識して、できるだけ十分な対応をとってから行なうことが必要である。

クンダリニー覚醒の危険性

ゴーピ・クリシュナ氏は、一九〇三年、インドのカシミールで生まれ、一九三七年にクンダリニーの覚醒を体験した著名な瞑想家である。

そして、その体験を分析して、クンダリニーの覚醒という現象を客観的に解明すべく、クンダリニー研究所をスリナガルに創設し、その成果を多くの著書として発表している。

ゴーピ・クリシュナ氏が、氏自身のクンダリニーの覚醒体験について著書「クンダリニー」の中で述べている内容を、次に要約して示す。


ある日の早朝、いつものように、結跏趺坐を組んで瞑想に入った。

頭頂に光り輝く蓮華をイメージして、そこに意識を集中していた。

意識が深まると、呼吸の回数がしだいに減ってきて、息をしているのか、していないのか分からぬほどまでになった。

突然、尾てい骨の先端に、上昇しようとする奇妙な感覚が走った。

そして、その上昇しようとする力が勢いを増してくると、心臓の動悸が激しくなってきた。

意識の集中が難しくなってきたが、そのまま意識を集中していると、突然、滝が落ちてくるような轟音とともに、一条の光の流れが脊髄を伝わって脳天まで達した。

ゴーピ・クリシュナ氏のクンダリニーの覚醒は、突然、急激に起こったことになる。

クンダリニーの覚醒はある日突然急激に起こり、各人の気質、体質、瞑想の熟練の度合などに応じて、覚醒の仕方(上昇する気道)と覚醒後の健康への影響は異なってくる。

クンダリニーとは、人体の生殖器より少し下がった尾てい骨のまわりに、蛇のようにとぐろを巻いている休眠状態のエネルギーだという。その蛇の口にあたるところが、スシュムナー管(脊髄にそって頭頂の意識中枢まで延びている導管)の開口部を塞いでいるという。クンダリニーが目覚めると、スシュムナー管を頭頂に向かって上昇する。

また、スシュムナー管の両側にも、気のエネルギーが通る管(気道)が通っている。右側にあるのがピンガラという気道で、このピンガラを通ってクンダリニーが目覚めると、外から鎮めようとしても全くコントロールのきかない体内熱が発生し、最悪の場合は高熱で死ぬこともあるという。

左側にはイダという気道が通っており、このイダを通ってクンダリニーが目覚めると、ピンガラの場合とは逆に体を冷やす効果を有し、猛烈な寒気に襲われるという。

ゴーピ・クリシュナ氏は、クンダリニーがピンガラを通って上昇したために、その後、長い年月高熱が出て心身ともに苦しんだが、幸いにして何とかイダにクンダリニーを通すことができ、そしてスシュムナーを通るようになって、ようやく熱が下がって苦しみから開放されたという。

以上が、クンダリニーがピンガラを通って上昇した場合の体験例である。

クンダリニーがスシュムナーを通るようになるまでの間は、高熱で苦しめられることが分かる。

次に、筆者の体験を紹介する。

筆者の場合は、幸運にも心身に損傷(ダメージ)を受けなかった。すなわち、ゴーピ・クリシュナ氏達のように、高熱や急激な寒さに苦しむことはなかったのである。

クンダリニーの覚醒

先人の貴重な体験と併記するようで恐縮するが、筆者の体験を述べることで、クンダリニー覚醒の特性がさらに明らかになるものと思っている。

気の操作が出来るようになった頃、体調が回復し空手の練習を再開した。それと併行して仙道の勉強を始め、そこで小周天の行法を知り、そのトレーニングを開始した。

最初は、伝統的な小周天の行法をトレーニングしたが、なかなか上達しなかった。

伝統的な小周天の行法では、睡眠と栄養を十分に摂って腹部(丹田)で気を練磨して濃縮・増強してから尾てい骨付近に移送して、そこから背骨付近にある督脈を通して頭部に上げていくのである。

気の濃縮・増強が十分ではなかったのか、腰までは上昇するけれども腰で停滞してしまい、それ以上はどうしても上げることができなかった。

そのこともあって、文献に書いてあったクンダリニーを利用できないかと考えた。

そして、その頃からクンダリニーが眠る尾てい骨付近に意識を集中して、そこで気を練磨して濃縮・増強する瞑想を開始した。

その際、いろいろ工夫して行なった方法の中で、最も効果があった方法が、「クンダリニー任脈、督脈開発法」の基になっている。

最初は、尾てい骨付近に何となくムズムズした感覚だったのが、しだいにその感覚は鮮明になり、熱感を感じるようになってきた。

あたかも尾てい骨に高熱炉があり、その炉にヒビが入り、そのヒビから熱が漏れ出たかのような感覚であった。そして、しだいにヒビが大きくなったかのように、漏れ出る熱の量も大きくなっていった。

次に、その熱感を頭部に上昇させるトレーニングを開始した。

そのトレーニング法は誰からも教わらずに、ただクンダリニーを上昇させようと自分なりにいろいろ工夫しながら行なっていた。呼吸においては、後日、「火の呼吸」であることを知る。

さらに、クンダリニーがスシュムナーを通って上昇するように、文献を調べたり自分なりに色々と考えたりしながら、クンダリニーの覚醒・上昇のトレーニングを続けた。

その方法の一つが「スシュムナー・イメージ法」であり、極めて効果があると思っている。

筆者が心身に損傷を受けなかったのは、「スシュムナー・イメージ法」をトレーニングしていたために、クンダリニーはスシュムナーを通って上昇したものと思っている。

その時いろいろ行なっていたトレーニングの一つを整備したのが、「空間瞑想法」である。

しかし、「クンダリニーの覚醒においては、生命に重大なる危険を及ぼす場合がある」という情報と、「クンダリニーの覚醒は極めて難しい」という情報のために、「生命に危険があるのは怖い」という思いと、「クンダリニーの覚醒は、古来多くの修行者がトライしても成就した者は極めて少なく、専門の修行者でもない自分には縁がないもの」という思いから、「クンダリニーの覚醒」のためのトレーニングを続けては中断し、中断しては再開するといった調子で、いつのまにか数年が経ってしまう。

その日、いつものようにクンダリニーを上昇させるトレーニングを一時間ほど行なった後、瞑想に入った。しばらくして、肉体が仮死状態になったかのように、意識が深く沈んでいった。

まさしく、アナハタ・チャクラの覚醒の時と同じ状態になった。

すぐに、そのままクンダリニーを上昇させるトレーニングを行なった。

その時である。その瞬間、尾てい骨から、すさまじい感覚が一気に頭部まで上昇し、眼の前でフラッシュが焚かれたように目がくらんだ。脳の奥で発光したことを知る。

しかし、ゴーピ・クリシュナ氏達のように、高熱や急激な寒さに苦しむことはなかったのである。

彼らの体験に比べるとあっけなく、そのためしばらくの間は、クンダリニーの覚醒・上昇は不完全か、または別の現象と思っていたほどである。

しばらく時を経てから、どうしてもクンダリニーを始め各チャクラを覚醒・開発しなければならないという思いが生じ、その思いに否応なく追い込まれた気分になり、再度トライする。

すると、容易に尾てい骨からエネルギーが頭部まで上昇し、そこでとどまり、そして頭部の中央付近と眉間の奥の二ヵ所が振動するようになり、眼を閉じると光明が現れて燦然と輝くようになった。頭部のチャクラも覚醒し始めたのである。

クンダリニーは覚醒していたのである。

そして、まだ覚醒していない残りのチャクラの開発にとりかかった。

この時実施した技法のうち基本的な技法を、第四課程で紹介している。

筆者の場合は、クンダリニーがスシュムナーを通って上昇したために、ゴーピ・クリシュナ氏や他の先人達のように、高熱や急激な寒さに苦しむことはなかったのである。

筆者が幸運にも高熱や急激な寒さなどに苦しむことがなかったのは、ひとえにクンダリニーに関する先人達の貴重な情報を事前に得ていたからであろうと思っている。

筆者は、「怖い」という思いと「自分には縁がない」という思いはあったけれども、それでもクンダリニーの覚醒を目指してトレーニングを続けていた。

先人達の貴重な体験から、クンダリニーがスシュムナーを通らないと間違いなく心身を損傷することを教わった。

ゴーピ・クリシュナ氏は、氏の著書から判断すると、クンダリニーの覚醒・上昇を目的に瞑想は行なってなく、それを目的とした修行も行なってはいない。

そのためであろうか、瞑想中にほとんど無防備な形で、それと認識する時間的余裕すらなく、クンダリニーの覚醒・上昇を体験している。

そして、クンダリニーがピンガラを通って覚醒・上昇したため、長い間、高熱が出て心身ともに損傷を受けて苦しんでいる。

それほど修行をしていない者に、クンダリニーがスシュムナーを通らずにピンガラやイダを通って覚醒・上昇したならば、ゴーピ・クリシュナ氏のように長い年月、高熱に苦しむか、または寒さに苦しむことになると思われる。

場合によれば、精神に重大な支障をきたすか、死に至ることも考えられる。

筆者は、先人達のクンダリニー覚醒・上昇の事例を検討した上で、事前にそれを回避する方法、すなわちクンダリニーをスシュムナーに通す方法を模索した。

クンダリニーをスシュムナーに通す方法のヒントは、幸いにもゴーピ・クリシュナ氏の著書である

「クンダリニー」の中にあった。その要約を以下に示す。

私(ゴーピ・クリシュナ氏)はクンダリーが覚醒した後、長い年月、高熱のために心身ともに苦痛の毎日を送っていた。

その苦しみから開放されようと、様々な治療や方法を試したが効果はなかった。

ある時、悲観的な考えが浮かんだ。それは、クンダリニーはスシュムナーの右側に位置する熱を統御する太陽の気道ピンガラを通って上昇したのではあるまいか、という考えであった。

もしそうならば、私にはこのまま死が待っているだけである。

私は必死になって、この状態から助かる方法がないかを考えていた。

すると、その時、あるアイデアが頭に浮かんだ。

それは、左側の月の気道イダを目覚めさせるというアイデアであった。

すなわち、イダが目覚めたら、身体を内部から焼きつくすピンガラの焦熱効果を中和させてくれるのではあるまいかというアイデアであった。

その時の私は、精神状態は不安定で、体は痛みにさいなまれていた。

それでも、最後の気力をふりしぼって、クンダリニーの座の左側に意識を向け、イダの気道を伝わって冷気と化したクンダリニーが上昇するように想念をこらした。

長い年月、心身の不調のために、朦朧とした意識状態にありながらも、私はイダの気道の所在を明瞭に感知し、クンダリニーの流れがスシュムナーに変わることを懸命に念じた。

すると、奇蹟が起こったのである。

バチンと気道に音がしたと思うと、クンダリニーの流れが脊髄をジグザグ状に昇り、最後に生命エネルギーの光り輝く滝となって脳髄に降りそそいだのである。

その結果、三時間あまりも私を苦しめていた火焔は、至福の白光に変わったのである。

そして、私は苦痛がなくなったことに深い喜びを感じていた。

ゴーピ・クリシュナ氏の体験より、クンダリニー上昇の特性について次のことが推定された。

(1) クンダリニーが覚醒・上昇する際、スシュムナー、ピンガラ、イダの三つの気道のうち、どの気道を通るかを、修行者自身が制御することは可能である。
そのためには、クンダリニーの覚醒・上昇に対して常に防備していることが必要である。

すなわち、クンダリニーが覚醒・上昇する可能性があるという意識を常に持ってトレーニングを行なうことが、クンダリニーの上昇ルートを制御するためには必要であることが推定された。

(2) クンダリニーの上昇ルートを制御する方法は、特殊なイメージ・トレーニング法である。
ゴーピ・クリシュナ氏は、意識を向けて想念をこらしたと簡単に書いているが、それは単なるイメージ法ではなく、ピンガラを流れていた気(のエネルギー)を感知しつつ、イダの気道に意識を強く集中することでイダの気道が通るようになることを促し、併せてイメージの力(想念の力)でピンガラに流れていた気をイダの方に流したと判断される。

(3) それを達成するためには、ゴーピ・クリシュナ氏が「最後の気力をふりしぼって」と述べているように、「これしか助かる方法はない、これに全てを賭ける」というほど全身全霊を傾けて行なったものと思われる。

また、「長い年月、心身の不調のために、朦朧とした意識状態にありながらも、私はイダの気道の所在を明瞭に感知し、クンダリニーの流れがスシュムナーに変わることを懸命に念じた。」と述べているように、心(意識)の領域が拡大した状態で一心不乱にイメージ力を駆使したものと思われる。ゴーピ・クリシュナ氏は、まさに生命を賭けて必死に行なったのである。

そうでなくとも、生命の危機に際して、生命維持の本能が最大限に発揮されたのかもしれない。

いずれにしても、

①　クンダリニーが覚醒・上昇する可能性があるという意識を持ってトレーニングする。

②　通したい気道をイメージして、気(のエネルギー)を流すトレーニングを行なう。

③　潜在意識に刻印されるほど集中してイメージ力を駆使し、全身全霊を傾けて行なう。

の三つを必要とする。

ここで、①の「クンダリニーが覚醒・上昇する可能性があるという意識を持ってトレーニングする」は、クンダリニーが覚醒・上昇した場合でもスシュムナーを通るように安全対策としてトレーニングを行なうと自覚する。

②の「通したい気道をイメージして気を流すトレーニング」は、常に気道をイメージするようにトレーニング方法を工夫する。

③の「潜在意識に刻印されるほど集中してイメージ力を駆使し、全身全霊を傾けて行なう」については、瞑想のトレーニングを積んで潜在意識まで意識が深化した状態でイメージすればよい。

チャクラが開発しているレベルならば問題はないと推定された。

また、強力なイメージ力と共に、同じイメージ(心象、想像)を繰り返し繰り返し行なうことでさらに効果が増すと推定された。

さらに、イメージだけだと自己暗示にしか過ぎないが、ここでは実際に気(のエネルギー)を用いてのイメージなので、気の力も加わって確実に大きな効果が出ると推定された。

以上の特性を考慮に入れながら、クンダリニーをスシュムナーに通して覚醒・上昇させるための基礎トレーニング法として編成したのが、「スシュムナー・イメージ法」である。

後日談

その日も、いつものようにクンダリニーをサハスララ・チャクラに上昇させるトレーニングに入っていた。強力なエネルギーがクンダリニーの場所(尾てい骨付近)で発生していた。

そのため、「このエネルギーをこのままストレートに上昇させたら、クンダリニー覚醒時に体験したあのすさまじい閃光(フラッシュ)だけでなく、へたをすると脳を損傷して取り返しのつかない障害を引き起こすかもしれない」という、不安というよりも恐怖が一瞬脳裏をよぎった。

一呼吸のためらいの後、意を決してトレーニングを続行した。

結果的には、不安・恐怖は杞憂に終わり、閃光(フラッシュ)もなく大半のエネルギーは直接サハスララ・チャクラに達した。

この時に気づいたが、すさまじい閃光や衝撃はクンダリニーの覚醒時のみの現象である。

いったんクンダリニーが無事に上昇すると、クンダリニーの通り道であるシュムナーが開通し、その両側にあるピンガラとイダは閉じられるか、または閉じられないにしろ、その２つの通り道にはクンダリニーはもう通らないものと思われる。

あとがき

今回、「四神足瞑想法」を紹介するにあたり、本の題名をどうするかでかなり悩んだ。

正直言って、本文作成(修行法の文書化)よりも、むしろ深く悩んだような気がする。


それと言うのも、「四神足」は解脱を成し遂げた偉大な仏陀である「お釈迦様」の修行法であり、仏典には修行法の名称は明記されてはいるが、その内容についてはあまり記されてはいない。

また、内容について記されたものも、簡潔な表現であり具体的ではない。

そして何よりも、「四神足瞑想法」という題名にすると、極めて不敬であり不遜であるような気がしてならなかった。


そのため、当初は「四神足瞑想法」という題名ではなく、別の題名をいろいろ考えていた。

しかし、書き進むにつれて、どうしても仏陀の修行法を冠した「四神足瞑想法」という題名でなければならないと思うようになった。


その理由は、当初、「安那般那」(四神足)の主役は、心(意識)の動きを抑制するための瞑想を主体とした修行法であると思っていた。

トレーニングの過程においては確かにそうである。

そのため、今回の「四神足瞑想法」でも主役は瞑想を主体とした修行法であり、「心の浄化・強化」

は四神足瞑想法をマスターするための補助、いわば脇役のトレーニングと位置付けて説明している。

しかし、実は、『心の浄化・強化』、すなわち『我(煩悩)の解消・消滅』が主役であり、『瞑想を主体とした修行』はそれを有効に修得できるようにするための道具、手段でしかない。

お釈迦様(仏陀)は常々、我(煩悩)の解消・消滅を人々に懇切丁寧に説いておられる。

仏陀の教えは全て、我(煩悩)の解消・消滅が根底・基盤にあると言っても過言ではない。

我(煩悩)の解消・消滅を目指した生き方こそが、解脱(悟り)に至る正道であり、大生命に沿う生き方である。

今回の「四神足瞑想法」は、偉大な仏陀の修行法である「安那般那」(四神足)を、ごく普通の一般人が解釈して編成したものとはいえ、「我(煩悩)の解消・消滅の修行法」そのものなのである。

そのため、仏陀の修行法を冠した「四神足瞑想法」という題名にしている。

「四神足瞑想法」を行なうきっかけは、今から思うと大学時代と入社数年の頃までさかのぼる。

大学の空手部の一年後輩に、修験道や密教などの宗教や、人間性や潜在能力を向上させる教え、死後の世界など目に見えない世界に対して「求道心・探究心の塊」のような男がいた。その彼から、小寒から大寒までの期間、山中での早暁の滝行に誘われたのである。

当時はちょうど修士論文作成の追い込みの毎日であったが、時間をやり繰りしながら朝4時に起床して、車で一時間ほどの距離にある山の中腹の滝場で、積雪の日も休まずに、暗がりの中二人だけで滝行を続けた。

その一〇か月前、彼から数回にわたって超能力や宗教や死後の世界に関する数冊の本を紹介された。当時は幼少時からずっと宗教的なものに対して嫌悪感とか拒否感を持っていたが、彼の純粋なる親切心に動かされて、それらの本を読んでみた。

すると、本に書いてあった超能力や死後の世界があるかもしれないという思いが生じてきたのである。そうして、超能力がもしかすると芽生えるかもしれないという幼稚な期待を持って滝行に臨んだ。

今から思うと、その滝行までの経緯が起点とまでは言わないまでも、大きなきっかけになっている。

もう一つは、入社数年の頃に入院して退院した直後に、大学の空手部の同期の親友から、太極拳が健康の維持・回復に優れた効果があると聞かされたことが、大きなきっかけになっている。

入院して以降は超能力への幼稚な期待は消え去っており、ただ入院前の健康と体力を取り戻したい一心で、太極拳に望みをかけて打ち込んだ。

その後、入院前の健康と体力を取り戻してからは、正直に言うと、僧侶や宗教者の方々のような「悟りを得る」とか「人を救う」というような高尚な目的意識ではなく、ただ単に仏陀の修行法である「安那般那」(四神足)を知りたいという好奇心に動かされて続けてきた気がする。


本文においては、唯一の実存を「大生命」と称しているが、けっして宗教を否定しているのではない。多くの宗教が説いている神仏や聖霊を否定しているのではない。

一神教が説く「神」は「大生命」と共通しているし、伝統仏教が説く「菩薩」「明王」「天」は我(煩悩)の完全消滅の途上にある「聖霊」、「大生命」との一如化への途上にある「聖霊」であると説明できる。

宇宙にある全てのものは、「大生命」が浸透しているからこそ存在している。

そのために、仏教などで尊崇されている仏像を始めとする本尊に、敬虔なる祈りを捧げると、その祈りに応じてご加護・ご利益があるのは当然だと思われる。

それらは、多くの人々が数百年・数千年という長い年月にわたって、聖なるものとして尊崇してきた特別なものである。

そういった特別なものには「大生命」が強力に浸透しており、そのため敬虔なる祈りは強力に浸透している「大生命」に感応し易く、そして通じ易いのである。

同じく敬虔なる祈りは、仏像を始めとする本尊を通して、その宗教・宗派に縁のある聖霊にも感応し易いのである。

さらに敬虔なる祈りは、聖者の遺骨や遺品を通して、聖者の霊にも感応し易い。

我(煩悩)が完全に消滅した意識(心)は、「0(ゼロ)次元」の点の意識であり、「大生命」に直通した意識である。すなわち、点の意識は「大生命」そのものの意識でもある。

聖霊や聖者の霊は、我(煩悩)を完全に消滅したか、またはその途上にあり、「大生命」が強力に浸透している。

そのため、聖者の遺骨や遺品への敬虔なる祈りは、「大生命」に感応し易く、そして通じ易いのである。

筆者は、宗教が「心の浄化・強化」を目指し、人間性を高めることを目的としているならば否定しない。

瞑想と宗教のつながりは実に深い。

瞑想を主体にしているヨガの修行は、宗教そのものであるとさえ言える。

瞑想において潜在意識の扉が開かれると、そこに内蔵されている(インプットされている)ものと出会うことになる。潜在意識には、これまで生活してきた全ての経験、行為の記憶、思考、感情などが内蔵されている。

また、前世での経験、行為の記憶、思考、感情までもそこには内蔵されていると、古来少なからずの宗教家や有識者および瞑想家が指摘・示唆している。

それら全てが、楽しく愉快なもの、満足した思い出、人を喜ばせたことや困っている人を助けたことなどであればよいが、決してそういうものばかりではない。

それらの中には、不愉快なもの、悔しい思い出、怒りや憎しみを覚える出来事、はたまた人には言えない恥ずかしい行為、他人を苦しめたことや困っている人を助けなかったことなど、マイナスの心を呼び起こすものも少なからずインプットされている。

いやむしろ、その方がはるかに多いのではなかろうか。

そのため、瞑想中にそういったものが潜在意識・深層意識の奥から湧き上がってきて、マイナスの心、マイナスの感情を誘発する。

しかも厄介なことには、いったんマイナスの感情にとらわれると、なかなかそこから抜け出せないし、マイナスの感情を制御することも容易なことではない。

誰でもこれまで何回かは経験したことがあると思うが、「行なってはいけない。思ってもいけない。」と分ってはいるが、どうしようもなく、つい行なったり、思ったりしてしまう。」ということになってしまう。

そのため、自分の悩み、苦しみの元になっている様々な問題を解決するために行なった瞑想が、逆に、かえって悩みや苦しみを増加させるという結果になる場合がある。

さらにひどい場合には、情緒を不安定にさせ、精神に異常を生じさせる危険さえある。

そういった危険を回避するためには、経験豊富な指導者の指導を受けることが必要である。

しかし、困ったことには、そういう本物の指導者は極めて少ないという。

そういう指導者がいない場合には、正しい信仰を持ち、潜在意識に入力されているマイナス要因を除去しつつ、あわせて新たなマイナス要因を入力しないことが必要となる。

ヨガにおいても、それを強調し、そして行法の中にそれを組み入れている。

たとえば、ヨガの多くの流派の中で、最も古い起源を持っているラージャ・ヨーガという流派では、以下に示す「ヨーガの八部門」というものを掲げている。

⑴ 禁　戒（ヤマ）

①非暴力………他のものに暴力を加えないこと
②不　盗………人のものを盗まないこと
③正　直………正直、誠実であること
④梵　行………清らかな行ない（困っている人を助けるなど）
⑤不　貪………むさぼらないこと

⑵ 勧　戒（ニヤマ）

①清　浄………心身をいつも清らかに保つ
②知　足………現在に満足し、今やるべきことにベストを尽くす
③苦　行………苦難に耐えて、それに立ち向かうこと
④読　誦………聖典（仏教で言うとお経など、精神を浄化し向上させる書物）や聖句（ヨガではオーム、仏教では真言など）を唱える

⑤　神明祈念……神明（英智を備えた霊的存在、仏教では仏陀）に向かって、修行の加護、成就を祈る

(3)　坐　法（アーサナ）

(4)　呼吸法（プラーナーヤーマ）

(5)　制　感（プラチアーハーラ）

(6)　凝　念（ダーラナー）

(7)　静　慮（ディアーナ、禅）

(8)　三　昧（サマーディ、定）

(1)と(2)は、瞑想を行なうために必ず守り実施しなければならない、いわゆる日課である。そして、(3)～(8)が瞑想であり、(5)(6)(7)(8)と順を追って高度になってくる。

すなわち、(3)～(8)の瞑想だけを行なうのではなく、(1)(2)も常時行なうことで心（潜在意識）を浄化するように組み立てられている。

言葉を替えると、潜在意識のマイナス要因をプラス要因に入れ替え、さらに新たなマイナス要因を作

らないように努めながら、瞑想を行ない、さらに瞑想を深めていくのである。

そして、瞑想が深まることで、心(潜在意識)はさらに浄化していく。
(1) (2)の修行は、瞑想を行なうための必要条件、前提条件に位置づけられているのである。
「四神足瞑想法」も、その点を考慮に入れて編成している。

基本課程や特別課程や応用課程として、別個に「心の浄化・強化法」を組み入れている。

さらに、「クンダリニー任脈、督脈開発法」にも「心の浄化・強化法」を組み入れている。

第一課程と第二課程の基礎的訓練を終えて、いよいよ本格的な段階である第三課程に入るわけだが、その第三課程の最初に編成した「クンダリニー任脈、督脈開発法」にも「心の浄化・強化法」を組み入れている。


この技法が、実質的な意味での「四神足瞑想法」の最初の技法である。

この技法の最大の特徴は、意識を、いや心身の全てを「懺悔している状態」と「感謝している状態」にもっていってから、行なうというところにある。

この「心身が懺悔している状態」と「心身が感謝している状態」というのは、生体エネルギーである「気」が発生し易く、かつ流れ易いということもあるが、それだけではない。

「懺悔する心」は、「自分の言動や行為を反省し、神仏や関係者に対して許しを乞う心」でもあり、必ず「謙虚な心」をもたらし、さらには「他人をゆるす心」を呼び起こして、心の浄化へとつながっていく。

また、「感謝する心」は、その当然の帰結として、報恩の行為に結実する。

すなわち「懺悔する心」と「感謝する心」は、潜在意識に入力されているマイナス要因を軽減・解消しつつ、プラス要因を入力していくように働くのである。

筆者が、古来の「任脈、督脈を開発する技法」を採用せずに、この「クンダリニー任脈、督脈開発ある。

法」を「四神足瞑想法」に組み入れたのは、その大きな効果だけではなく、以上の点も考慮したからである。

すなわち、「四神足瞑想法」は、これをトレーニングすることで「懺悔する心」と「感謝する心」を心身に満たし、それによって潜在意識の浄化を促進するように編成している。

しかし、潜在意識の奥底にあるマイナス要因には様々なものがあり、これだけでは充分とはいえない。生きている他人の恨みや憎しみ、さらには亡くなった人の死に際の苦しみや思い(念)も、彼らと縁が深い今生きている私達に影響を及ぼし、マイナス要因になる場合がある。

そのため、瞑想を始めるにあたっては、よき指導者の指導を受けるか、正しい信仰を持つことがトレーニングの上達の近道であると思われる。

そうすることで、より確実に、より安全に瞑想を修練することができ、その結果、「明星」と「谷響」を体験し、場合によっては「クンダリニーの覚醒・上昇」を体験するであろうものと確信する。

本書において、仏陀の修行法「安那般那」をもとに筆者の体験によって編成したところの「四神足瞑想法」を紹介したが、各段階の技法については筆者オリジナルの技法も含めて、それらの概略説明に終始した感がある。

出来ればもっと詳しく解説するつもりであったが、こういった特殊な瞑想技法は、口や文章ではどうしてもうまく説明し切れない限界があり、それをあえて説明しようとするとかなり冗長なものになりかねず、「四神足瞑想法」の全体像がぼやけてしまう懸念があった。

しかし、駆け足の説明になったけれども、とにかく本書において、「四神足瞑想法」の全体像を紹介することができたと思っている。

古来、特殊な「瞑想法」や修行法については、具体的な内容を公開することは行なわれていない。

ごく限られた一部の者に対してだけ、口頭伝授か実地指導で伝えられてきた。

そういう点からいえば、文書の形式とはいえ「四神足瞑想法」の公開は控えるべきかもしれないが、公開しないと、このまま埋もれさせることになる。

そこで今回、「四神足瞑想法」に共感を覚え、実施する人が一人でも二人でも現れることを願って、公開することにした。

「四神足瞑想法」は、実際に行なって習得しない人にとっては、単なる一つの理論とか仮説にしか過ぎない。

例えば、気功ができない人にとっては、第一課程と第二課程さえ単なる理論とか仮説にしか過ぎないし、気(のエネルギー)の存在さえ疑わしく、人によっては全く信じることができないものである。

また、気功がある程度できる人にとっては、第一課程と第二課程はすぐに実施できる確固たる技術であるが、第三課程以上の上級課程は習得しない限りは単なる理論とか仮説にしか過ぎない。

そこで、「四神足瞑想法」に共感を覚えて実施する人が一人でも二人でも現れ、実際に行なって習得し、確固たる技術として自分自身や周囲に役立てることを願って、今回公開することにした。

「四神足瞑想法」を実践する際の最も重要な点は二つある。

一つは、習得するまで決してあきらめないことである。

例えば、自転車に乗れない人が自転車に乗る練習において、何回練習をしてもどうしても乗ることができないために、途中で練習を止めてしまうと一生自転車に乗れないままであるが、そこを何とかあきらめずに踏ん張って練習を続けることで、やがて乗ることができるようになる。

「四神足瞑想法」も全く同じであり、習得するまで決してあきらめないことである。

練習を続けることでやがて習得できるようになる。


二つ目は、お釈迦様が臨終の際に、最後の教えとしてお説きになった「自燈明、法燈明」である。

お釈迦様は臨終の際に、「解脱を成し遂げるための修行法」(成仏法)を実践する際の最も重要な点をお説きになったのである。これは、修行だけに限らず、仕事やスポーツや趣味でもそうであるが、何かを成し遂げる際には、「自燈明、法燈明」が最も重要なのである。

それは、
何かを成し遂げる際には(法を修する際には)、自分自身への確固たる「信」「自信」が最も重要である。

そして、成し遂げるための原動力(力の本源、大生命)と方法(法、修行法)への絶対的な「信」「信頼」が最も重要である。

迷いや不安があってはいけない。わずかな迷いや不安もあってはいけない。


それにはどうしたらいいのか。

確固たる「信」は、常に力の本源である「大生命」に繋がっていなければならない。

常に「大生命」に繋がるとは、常に力の本源である「大生命」を感じていなければならない。

宇宙の法則とか真理とか言われている「大生命」を自分自身で感じつつ、「大生命」を拠り所としながら、自分は必ず成し遂げることができるという確固たる自信を持って実践(練習)するのである。

「自燈明」とは、自分自身を拠り所としながら実践(練習)するという意味である。

「自分自身を拠り所とする」の意味は、自分自身を信じるという意味である。

自分は必ず成し遂げることができるという確固たる自信を持たなければならないという意味である。

「法燈明」とは、宇宙の法則とか真理とか言われている「大生命」を自分自身で感じつつ、「大生命」を拠り所とするという意味である。

「大生命を拠り所とする」の意味は、真理(大生命)に関する思想や観念(考え)を説いている権威者や書物に頼るのではなく、大生命そのものを感じながら自分自身で追求するという意味である。

もう一つの意味は、「解脱を成し遂げるための修行法」(成仏法)を絶対的に信じるという意味である。

そのために、トレーニング(訓練)をしていると言っても過言ではない。

「自燈明、法燈明」こそ最も難しく、最も重要であるために、お釈迦様は臨終の際にも、念を押すように最後の教えとしてお説きになったのである。


尚、解脱を完全に成し遂げた際には、まさしく「自燈明、法燈明」そのものになる。

すなわち、自分自身の言動全てが大生命にかなったものになり、大生命と同じように人々の行動(生き方、人生)の指針すなわち燈明になる。

そして、お釈迦様の臨終の言葉は、「自燈明、法燈明」の後に、それを達成する方法として、四念住(四念処)法の説明が続いている。

そのため、四念住(四念処)法を「自燈明、法燈明」の認識のもとに、最後の教えとしてお説きになったという見方もできる。

仏陀の最期を看取ったのは、２５年間仏陀に近侍し身の回りの世話をしてきたアーナンダである。

その時、十大弟子の中で彼だけは解脱していなかった。仏陀はそれを気に揉んでいたと思われる。

いよいよ最期の時、解脱を目指す弟子達の代表としてアーナンダに、身近で仕えてくれた感謝の気持と激励の気持を込めて、念を押すようにして教えを説いたのである。

「解脱を成し遂げるためには、権威者や書物に頼るのではなく、大生命そのものを感じながら、自分は必ず成し遂げることができるという確固たる自信を持って、四念住(四念処)法を実践しなさい。」と。

お釈迦様の臨終の言葉「自燈明、法燈明」の中の『法』は、宇宙の真理であり唯一の実存である「ブラフマン」や密教の「大日如来」に相当する概念である。

しかし、「ブラフマン」(「大日如来」もそうであるが)という言葉からは、「人間の姿形に近い全能の力を持つ存在」というように擬人化されてイメージ(心象)され易い。

唯一の実存であるブラフマンは、「人間を始めとして宇宙にある全てのものを創造し、それゆえ人間を始めとして宇宙にある全てのものに浸透している」のに、「人間とは全く別個の、全能の力を持つ特別な存在」というようにイメージ(心象)され易い。

人間は誰でも我(煩悩)を持っているので、必ず何らかの悩みを抱えている。

健康上の悩みであったり、金銭の悩みであったり、仕事の悩みであったり、人間関係の悩みであったり、子供の悩みであったり、勉強や進学の悩みであったり、恋愛の悩みであったり、容姿や体重の悩みであったりと、それこそいろいろな多くの悩みを抱えている。

その悩みを解決したいがために、どうしても「追求する」よりも、「お願いする」とか「すがりつく」

方向に心(意識)は向いてしまい、心(意識)はそれに束縛され限定されることになる。

仏陀はそれを出来る限り防ぐために、、『法』という言葉で表現し、解脱の方法を人々に教え指導されたと思われるのである。

また、同じような趣旨で、仏陀は占術やいわゆる超能力などに頼ることも戒めている。

尚、仏陀は、『如来』という仏陀の一〇種の称号(十号)の一つを用いて説法されることもあった。

例えば増一阿含経「有無品」での説法(教え)で、「心の奥の『如来』を礼すべし」というような表現で『如来』という言葉を用いている。

この場合の『如来』は、人間に浸透している唯一の実存である「ブラフマン(梵)」、すなわち「ヴェーダ」でいうところの「アートマン(真我)」、または「仏性」をそのように表現している。

『法』は、宇宙にある全てのものに浸透している唯一の実存である「ブラフマン(梵)」をそのように表現している。

筆者は、それに倣って、「大生命」という表現を同じ趣旨で採用した。

そして、基本課程　四神足瞑想法の「心の浄化・強化法」の中の「四念住(四念処)法による心の浄化・強化法」は、その考え方で解説している。

「四念住(四念処)法」こそ、「解脱を成し遂げるための修行法」(成仏法)の基本であり、奥義でもあると考えている。

だからこそ、「四念住(四念処)法」は、これだけでも解脱することができる「一乗道」と言われてきたのである。

尚、仏陀の一〇種の称号(十号)とは、次のようなものである。

如来(にょらい)、応供(おうぐ)または阿羅漢、正遍知(しょうへんち)、明行足(みょうぎょうそく)、善逝(ぜんぜい)、世間解(せけんげ)、無上士(むじょうし)、調御丈夫(じょうごじょうぶ)、天人師(てんにんし)、仏世尊(ぶつせそん)

筆者は、企業に入社以来、技術者として過ごしてきた。

筆者が経験してきた幾つかの分野において、改善手法の手順は大きく分けると全く同じである。

例えば、生産トラブルの復旧方法を例に挙げると、大きく分けると二つの手順がある。

1．まず最初に、生産トラブルの原因を調査して、原因を特定するのである。

2．次に、特定した原因を排除する。(その際の破損個所の修理も、原因排除の中に入る。)

おそらく、この世の全ての分野において、改善手法の手順は大きく分けると全く同じであると思われる。

「解脱を成し遂げる方法」も、「解脱していない状態(迷い苦しむ状態)」から「解脱している状態」へと改善させる方法である。

そのために、解脱を成し遂げるための方法(成仏法)も、同じような手順で構成されている。

1．まず最初に、解脱を妨げる原因となっている我(煩悩)を見究める。
そのために、「四念住(四念処)法」で説かれているように、常に自分の心(言動)に注意するのである。

2．次に、見究めた我(煩悩)を一つずつ解消・消滅する。
その際、我(煩悩)の本体は心の奥(潜在意識)にあるので、潜在意識の扉を開くための技術である瞑想を行なう。(例えば「四神足」で説かれている瞑想)

四念住(四念処)法以外の仏陀の修行法も全て、同じような手順で構成されていると思われる。

1の我(煩悩)を見究める方法は、「四念住(四念処)法」で説かれているように、「常に自分の心(言動)に注意すること」以外には方法はないので、仏陀の修行法全てに共通であると思われる。

2の見究めた我(煩悩)を解消・消滅する方法は、弟子達の能力や性格・気質、修行段階に応じて工夫されたものと思われる。

そのため「四神足瞑想法」は、全体としては「四神足」を主体としているけれども、最初に基本課程として「四念住(四念処)法」を織り込んだ「心の浄化・強化法」を編成している。

すでに、お気づきのこととは思うが、「四神足瞑想法」を実践する際の最も重要な点の一つ目である、「習得するまで決してあきらめないこと」も、お釈迦様が臨終の際に、最後の教えとしてお説きになった「怠ることなく、修行を実践し、成就しなさい」を言い換えたものである。

すなわち、「四神足瞑想法」を実践する際の最も重要な点の2つとも、お釈迦様が臨終の際に、念を押すようにしてお説きになった最後の教えなのである。

筆者は学生時代までは、ヨガや瞑想には少しは興味はあったものの、「大生命」とか我(煩悩)とかは考えたことはない。そして、気(のエネルギー)が存在するということさえ懐疑的であった。

筆者が小学2年生の時に、父は脳溢血で倒れ、それ以来、健康な体を取り戻したい一心で色々努力していた。

父は知人から勧められて新興宗教に没頭していた時期があり、何人かの会員さんが家に来ては奇跡的な話をしていた。真剣に取り組んだにもかかわらず、父の病状にはあまり変化がなかった。

その頃から筆者は、宗教とか奇跡とか科学的に証明できないものに対して懐疑的になった気がする。例えば、誰かが「気(のエネルギー)は存在する」と言おうものならば、筆者は「そんなものは存在する訳がない。存在するならば今ここで証拠を見せてみろ。そんな非科学的で馬鹿げたことを言うんじゃない。」とすぐに否定するタイプであった。

筆者にとっては、正直、そんなことはどうでもよかった。

筆者は学生時代は空手をやっており、健康と体力だけは自信があった。

ところが何と、企業に入社してから体調を崩して入院したのである。

他人に誇れる数少ない自分の取り柄だった健康と体力を、朝目覚めたら突然失っていたのである。

その健康と体力を取り戻すべく、退院後にリハビリテーションとして始めたトレーニングが偶然にも「四神足瞑想法」の第一課程であった。

以前の健康と体力を取り戻そうと、それこそ毎日真剣にトレーニングを行なった。

そのおかげかも知れないが、予期せずに気(のエネルギー)が存在することを体験した。

それでもヨガや仙道の本に書かれていた多くの内容については、突拍子もないものに思えて半信半疑であった。

その頃から時々、見よう見まねで瞑想を行なっていたが、体質に合っていたものとみえて、時間を忘れるほど熱中してしまうこともあった。

そして、半信半疑であった内容を一つずつ体験することで、さらに好奇心が湧き上級課程へといつの間にか進んでいった。

そうして習得できた技術は、親しい人には使うことがあったが、ほかの人達には秘密にしていた。

それがどういう訳か、今回「四神足瞑想法」を公開することになり、筆者自身、不思議な気がしている。

尚、父が新興宗教を信仰していたことは、父の病状には特に影響はなかったけれども、それ以外の家族のいろんな面において良い影響(良い効果)をもたらしていたような気がする。

しかも、ありがたいことに新興宗教の会員さん達から、両親とも亡くなるまでずっと多くの親切を受けていた。

伝統的な宗教にしろ新興宗教にしろ、きちんとした宗教を真摯に信仰すると、何らかの良い影響(不思議な効果)があるような気がする。

最後に、筆者は「四神足瞑想法」のトレーニングが上級課程へと進むにつれて、これまで実に多くの人達に迷惑をかけ、そして家族や学校の先生方を始めとする多くの人達から助けられてきたことに気付かされるようになった。

上級課程へと進んだある日、瞑想中に突然、それまで思い出したことがなかった記憶が甦ってきた。

今となっては懐かしい思い出であるが、中学三年の夏までは、朝起きて学校で授業を受け、授業が終わると同級生数人と一緒に夕方過ぎまで遊び、そのあと家に帰って宿題をして寝ていた。

毎日が同じ繰り返しで、特に深刻な心配事もなく、人生とか将来とかを考えたこともなかった。

ところが、中学三年の夏になると、生まれて初めて、人生とか将来とかを考えさせられることになった。

突然に甦ってきた記憶とは、中学三年の夏の記憶であった。

それまで、自分の人生というものについては全く意識したことがなかったのに、その時初めて、公立高校への進学か、受験に失敗すれば就職かという人生の岐路にあることを意識させられたのである。

まるで映画やテレビの映像を見ているかのように記憶が甦ってきたことと、当時の心境というか感情までも甦ってきたために、当時を再体験するかのような、当時にタイムスリップしたかのような不思議な感覚であった。


それを契機として、すっかり忘れていたものも含めて、昔の記憶がアトランダムに甦ってきた。

最初の頃は、中学三年からの約一〇年の記憶がなぜか多かった。

そして正直、心が痛む記憶の方が多かった。


迷惑をかけたことについては、それまでも全部と言っていいほど記憶していたが、助けられたことについては記憶になかったことも多く、瞑想中での記憶の甦りによってようやく気付いたものも多かった。

本当にありがたいことに、これまで実に多くの人達から助けられ、お世話になっていた。

恥ずかしい話だが、それまでは、「自分の力で生きてきた」という思いの方が強かった。

しかしそうではなく、多くの人達から助けられお世話になって、「多くの人達のおかげで生かされてきた」という至極当たり前のことに、ようやく心の底から気付くことができた。

幼児時代は勿論のこと、大人になってからもずっと多くの人達のおかげで生かされてきたのである。


心が痛む記憶が一つ甦るたびに、後悔というか懺悔させられることになった。

そのため、結果的には心の奥の我(煩悩)が少しづつ浄化されてきたように感じている。

当時、迷惑をかけたりお世話になった人達の中には既に亡くなられた方も多いが、記憶の甦りにより亡くなられた今でも心の浄化という新たな恩恵を受けている。

そういう人達に少しでも恩返しをするためにも、本書を公開しなければならないと思うようになった。

今回、何とか本書を公開することができたので、少しは恩返しができたものと思っている。

誌上をかりて、これまで迷惑をかけた人達にお詫びし、お世話になった方々に深く感謝申し上げたい。

そして、そういう方々に本書を捧げたい。

本書を書くに当たって、参考にさせていただいた文献の著者の方々にも深く感謝しつつ。

平成二十七年

追記

仏陀の修行法の中心である「四神足」は、ヨガの王者と呼ばれる「ラージャ・ヨーガ」や中国仙道の修行法のまさしく原型と言っても過言ではない。

筆者はいつの間にか「四神足」をトレーニングしていた訳だが、上級課程に進めば進むほど「四神足」の合理性に驚かされた。

「四神足」をトレーニングしているとはっきりと自覚した最初の頃は、それまで伝説上の存在か神に等しい存在であった仏陀が、我々と同じ人間であったんだという一種の親しみさを感じていた。

ところが、上級課程に進めば進むほど、「四神足」を確立された仏陀の偉大さと、我々凡人との間の次元が違うような隔絶した差に気付かされるようになった。

近代から現代にかけて多くの天才達の長年の研究によって、医学・生理学・心理学を始めとする科学が進歩してようやく少しづつ明らかになってきた事柄を、二五〇〇年も前に仏陀はすでにご存じであり、それらを基に「四神足」を確立されたとしか思えないのである。

おそらく、それら全ての知識を仏陀一人で解明した訳ではなく、仏陀以前の聖者や天才達さらには当時のバラモン教やジャイナ教などの聖者や天才達が解明し説いていた真理や知識を同じように伝えた部分があったかもしれないが、とにかくそれらを基に「四神足」を確立されたものと思われる。

そして、解脱を妨げている原因が我(煩悩)であることを、懇切丁寧に人々(弟子達)に教えている。

これ以上ないと言ってもいいほど合理的に説明されている。

きっと、我(煩悩)を解消・消滅する方法(成仏法)である「四神足」の一つ一つの修行法についても、同じように合理的に懇切丁寧に説明されたことであろう。

今回、それに倣って、「四神足瞑想法」を少しでも合理的に懇切丁寧に説明しようと努めたつもりだが、はたしてどの程度出来たのであろうか。

◆参考文献

『図解ブッダの教え(普及版)』 監修・田上太秀 (西東社)
『ブッダのことば(スッタニパータ)』 中村 元訳 (岩波文庫)
『仏陀の真実の教えを説く(上)』 桐山靖雄 著 (平河出版社)
『催眠 心の平安への医学』 池見酉次郎 著 (NHKブックス)
『セルフ・コントロールの医学』 池見酉次郎 著 (NHKブックス)
『心がやすまる 瞑想法入門』 無能唱元 著 (青春文庫)
『ヨーガのすすめ』 佐保田鶴治 著 (ベースボール・マガジン社)
『ヨーガ根本経典』 佐保田鶴治 著 (平河出版社)
『続 ヨーガ根本経典』 佐保田鶴治 著 (平河出版社)
『ここまでわかった 脳と心』 監修・大島 清 訳・山下篤子 (集英社)
『秘法 超能力仙道入門』 高藤聡一郎 著 (学研)
『中国気功法』 張恵民 著 日本気功協会 訳 (徳間書店)
『仏陀(メシア)の法』 桐山靖雄 著 (平河出版社)

『求聞持聡明法秘伝』 桐山靖雄 著（平河出版社）
『太極拳技法』 原著・楊澄甫 編著・笠尾恭二（東京書店）
『クンダリニー』ゴーピ・クリシュナ 著 中島 巌 訳（平河出版社）
『チャクラ』C・W・リードビーダー 著 本山 博・湯浅泰雄 共訳（平河出版社）
『鉄人を創る肥田式強健術』高木一行 著（学研）
『白隠禅師健康法と逸話』直木公彦 著（日本教文社）
『失われたミカドの秘紋』加治将一 著（祥伝社）
『引き寄せの法則』ウィリアム・W・アトキンソン 著 林 陽 訳（KKベストセラーズ）
『引き寄せの法則 実効篇』ウィリアム・W・アトキンソン著 林 陽 訳（KKベストセラーズ）
『DaiGoメンタリズム VS Dr.苫米地 〝脱洗脳〟』 DaiGo 苫米地英人 共著（ヒカルランド）
『みるみる理解できる 宇宙論 第2版』Newton別冊（ニュートンプレス）
『天と地をつなぐ者』五井昌久 著（白光出版）
『中村天風 自分に奇跡を起こせ！』池田 光 著（三笠書房）
インターネット検索 Wikipedia

■著者紹介

湯 田 浩 二

1953年、鹿児島市に生まれる。

県立甲南高校、九州大学工学部、同大学院卒。

川崎製鉄（ＪＦＥスチール）を経て、

現在、自動車関連企業に在職。

仏陀の修行法・四神足より

四 神 足 瞑 想 法

発 行 日　　2018年4月24日　改訂版

著　　者　湯 田 浩 二

発 行 所　一 粒 書 房

〒475-0837 愛知県半田市有楽町7-148-1
TEL(0569)21-2130
URL:www.syobou.com　mail:book@ichiryusha.com

編集・印刷・製本　有限会社一粒社

Printed in Japan

落丁・乱丁はお取替えいたします

ISBN978-4-86431-680-4 C0015